제주
도구

고광민

1952년 제주도 출생. 서민 생활사 연구자.
저서 《제주도 도구의 생활사》, 《동東의 생활사》, 《고개만당에서 하늘을 보다》, 《미라도의 역사와 민속》, 《제주 생활사》, 《섬사람들의 삶과 도구》, 《흑산군도 사람들의 삶과 도구》, 《조선시대 소금생산방식》, 《돌의 민속지》, 《제주도의 생산기술과 민속》, 《제주도 포구 연구》, 《사진으로 보는 1940년대의 농촌풍경》, 《한국의 바구니》 외.

제주 도구
섬땅의 삶을 일군 지혜

2022년 11월 30일 초판 1쇄 발행

지은이 고광민
펴낸이 김영훈
편집장 김지희
디자인 나무늘보, 이은아, 최효정, 강은미, 김지영
펴낸곳 한그루
　　　　출판등록 제6510000251002008000003호
　　　　제주특별자치도 제주시 복지로1길 21
　　　　전화 064 723 7580 전송 064 753 7580
　　　　전자우편 onetreebook@daum.net 누리방 onetreebook.com

ISBN 979-11-6867-066-2 (93380)

값 22,000원

제주학연구센터 제주학총서 63

제주 도구

섬땅의 삶을 일군 지혜

고광민 著

한그루

머리말

       도구는 일할 때 쓰는 연장을 통틀어 이르는 말이다. 그래도 이 글에서는 옷과 신발 따위도 도구의 범주에 넣는다. 이 책에서 다루는 도구는 원초 경제사회 때의 것들이다. 원초 경제사회란 백성들이 삶에 필요한 자원을 자연에서 마련하며 살았던 시대이다. 제주도에서 원초 경제사회는 언제까지 이어져 왔을까. 1968년 9월 21일, 제주도농촌지도소에서는 제1회 경운기 교육수료식이 있었다. 이때부터 제주도 사람들은 하나둘 쟁기 대신 경운기로 밭을 갈기 시작하였다.

  쟁기가 원초 경제사회 시대의 도구라면, 경운기는 개발 경제사회 시대의 도구였다. 쟁기는 자연에서 마련한 소재로 한 농부가 처한 농토에 맞게 만든 것이라면, 경운기는 한국의 경운기 공장에서 이 것저것 가리지 않고 똑같은 구조로 만든 것이었다. 제주도 도구는 제주도 사람들이 원초 경제사회 때 제주도 풍토에서 살아가기 위하여 제주도 자연에서 마련한 것들이다. 그러니 원초 경제사회의 도구는 한 지역의 역사와 문화의 당당한 유산이다.

제주도 도구 중에는 제주도 자연에서 생산된 소재로 만들지 않은 것도 있다. 제주도 사람들은 야자 열매를 바다에서 주워다가 도구를 만들기도 하였기 때문이다. 제주도 사람들은 남쪽 나라에서 파도를 타고 온 야자 열매를 '대♀름'이라고 하였다. 조선조 영조 41년(1765)에 편집된《증보 탐라지》(增補耽羅誌, 김영길 번역본)에서는, "야자가 바다에서 떠오르는데, 이를 제주도 사람들은 죽실(竹實)이라 부른다."(椰子自海中浮來 州人謂之竹實)라고 기록하였다. 그 당시에도 제주도 사람들은 야자 열매를 '대♀름'이라고 일렀던 셈이다. 야자나무는 열대식물이기 때문에 인도네시아 등 열대지방에서 물살을 타고 제주도까지 흘러와 닿는 수가 있었다. 이것을 두 쪽으로 내어 일상에 필요한 도구를 만들었다. 야자 열매는 제주도에서 생산한 것은 아니지만 파도를 타고 제주도로 온 것이니, 이것도 제주도 자연에서 마련한 것이나 다름없다.

조선조 영조 때 제주 목사로 다녀간 정언유(鄭彦儒, 1687~1764)는《탐라별곡》(耽羅別曲)에서, 제주도의 농법과 농기구 특징에 대하여 다음과 같이 노래하였다. "八陽足踏 겨우 하여 薄田을 경작하니 / 자른 허뫼 적은 보십 辛苦히 매갓구어"라고 말이다. '八陽'(팔양)은 '바령'이다. '바령'은 마소의 배설물로 지력을 회복하기 위하여 일정한 밭에 소를 몰아넣는 일이라는 말이다. 그리고 '족답'(足踏)은 '밧볼림'이다. '밧볼림'은 여름 농사를 지으려고 밭벼나 조를 파종한 밭에 마소를 몰아넣고 밭을 튼실하게 밟아주는 일이다. '밧볼림'은 수분증발을 차단하기 위한 수단이었다.

《탐라별곡》속의 '허뫼'는 호미이다. 국어사전 속의 호미는 김을 매거나 감자나 고구마 따위를 캘 때 쓰는 쇠로 만든 농기구인데, 끝은 뾰족하고 위는 대개 넓적한 삼각형으로 되어 있으며 목을 가늘게 휘어 구부린 뒤 둥근 나무 자루에 박는다는 것이다. '자른 허뫼'의 '자른'은 짧다[短]라는 말이다. 제주도 사람들은 호미를 '굴갱이'라고 한다. 제주도 이외의 육지부에서 전승되는 호미와 제주도에서 전승되는 '굴갱이'를 대비하면 짧은 것의 실체가 드러난다.

한반도 백두대간 동쪽 경상도 사람들은 호미를 '호맹이'라고 한다. 미륵도(경상남도 통영시 산양읍 풍화리 혜란마을) 서정민(1939년생, 남) 씨 집에 있는 '호맹이'는 쟁기의 볏처럼 직삼각형으로 생긴 날(길이 10.0cm, 폭 6.0cm)의 목을 가늘게 휘어 구부린 뒤 둥근 나무 자루(길이 14.0cm, 폭 3.0cm)에 꽂았다. 이 '호맹이' 날은 왼쪽으로 쏠리게 만든 오른손잡이용이다. 서 씨는 호미 따위의 자루 속에 박히는 뾰족하고 긴 부분인 슴베를 '채'라고 하였다. 그리고 자루에는 앞뒤로 'X'자 모양을 새겨 놓았다. 이는 '호맹이' 자루가 손에서 미끄러지는 것을 막는 구실을 하였다. 이 '호맹이'로 밭에서 김도 맸고 바다에서 바지락조개도 캤다(도0-1).

제주도 사람들은 호미를 '굴갱이'라고 한다. '굴갱이'는 밭에서 김을 매거나 바다에서 해산물을 캘 때 썼다. 안덕면 감산리 강○○ (1919년생, 여) 씨는 쓰던 '굴갱이'를 감산리 민속자료실에 기증하였다. '굴갱이' 길이는 29.0cm, 날의 길이는 10.0cm, 날의 폭은 2.0cm이다. '굴갱이' 날은 45도 정도 아래쪽으로 구부렸다. 오른손잡이용이다. 이런 '굴갱이'를 'ᄂ단굴갱이'라고 일렀다. 그 반대쪽으로 구부러진 '굴갱이'도 있다. 이것은 왼손잡이용이다. 이런 '굴갱이'를 '웬굴갱이' 라고 일렀다. '굴갱이' 목인 슴베가 손잡이를 뚫고 그 밑까지 나오게 하여 구부렸다. 그리고 손잡이는 헝겊으로 감았다. '굴갱이'를 잡고 김을 매는 동안에 미끄러짐을 막으려는 수단이다(도0-2).

미륵도 '호맹이' 날의 길이와 제주도 '굴갱이' 날의 길이는 10.0cm

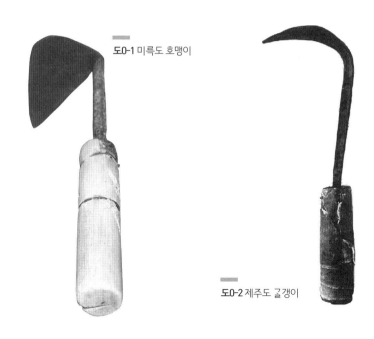

도0-1 미륵도 호맹이

도0-2 제주도 글갱이

로 같다. 그렇지만, 미륵도 '호맹이' 날의 폭은 6.0cm, 제주도 '글갱이' 날의 폭은 2.0cm이다. 미륵도 '호맹이' 날의 폭은 제주도 '글갱이' 날의 폭보다 3배 길다. 그래서 정언유의 《탐라별곡》(耽羅別曲) 속의 '자른 허뫼'는 제주도 이외의 육지부에서 전승되는 호미 날의 폭보다 짧다는 것이다. 이런 모습의 '글갱이'는 제주도에서 전승되는 일반적인 제초 도구이다. 도구의 주체는 도구를 쓰는 사람들이니, 제주도 '글갱이'는 제주도 사람들이 오랫동안 창조하고 계승한 문화유산인 셈이다. 제주도 사람들은 왜 이런 모습의 '글갱이'를 창조하였을까.

《탐라별곡》 속의 '보십'은 쟁기의 보습이다. 국어사전 속의 보십은 "쟁기, 극쟁이, 가래 따위 농기구의 술바닥에 끼우는, 넓적한 삽 모양의 쇳조각. 농기구에 따라 모양이 조금씩 다르다."는 것이다. 제주도 사람들은 제주도 이외의 육지부에서 전승되는 쟁기의 술을 '몽클'이라고 한다. 나의 연구실에는 제주도 이외의 육지부에서 전승되는 보습과 제주도의 보습이 있다. 두 지역에서 전승되는 보습을 사진으로 담아 보았다. 제주도 이외 육지부에서 전승되는 보습은 크고, 제주도에서 전승되는 보습은 작다(도0-3).

제주도 이외 육지부에서 전승되는 보습은 강원도 홍천군 서석면 검산2리 명동마을 이명윤(1936년생, 남) 씨가 쓰던 것이다. 이 마을에는 세 가지 '보섭'(보습)이 전승되었다. 가장 큰 것을 '대보섭'이라고 하였는데, '연장'(쟁기)에 소 두 마리를 채우고 밭을 일구는 '보섭'이었다. 중간 크기의 것을 '중보섭'이라고 하였고, '중보섭'은 '연장'에 소 한 마리를 채우고 보리 그루의 콩밭을 사이갈이하는 '보섭'이다. 가장 작은 것을 '소보섭'이라고 하였고, 한 사람이 끄는 '연장'인 '인걸이'를 끌게 하여 콩밭을 사이갈이하는 '보섭'이다. 사이갈이는 작물이 자라는 도중에 김을 매어 두둑 사이의 골이나, 그 사이의 흙을 부드럽게 하려고 밭을 가는 일이다. 사진은 '중보섭'이다(가로 39.0cm, 세로 44.0cm).

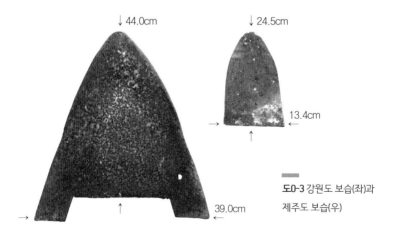

↓ 44.0cm

↓ 24.5cm

13.4cm

39.0cm

도0-3 강원도 보습(좌)과 제주도 보습(우)

제주도에 전승되는 보습은 거의 안덕면 덕수리 풀무 마당에서 만들어진 것들이다. 그러니 제주도 농촌사회에서는 하나의 보습만 전승되었다. 제주도 보습은 가로 13.4cm, 세로 24.5cm로 그 크기도 일정하다. 그러니 강원도 홍천 지역의 보습은 제주도 지역의 보습보다 가로 크기는 3배, 세로 크기는 2배 정도 큰 셈이다. 강원도와 제주도 두 지역의 보습은, 보습을 사용하는 농민들의 요구에 따라 대장장이들이 만든 것이다. 그러니 두 지역의 보습은 그 지역 농민들이 창조한 것이다.

왜 두 지역의 농민들은 보습을 각각 이렇게 창조하였을까. 두 지역 농민들이 처한 농업환경과 농법에 맞게 창조하고 계승한 것이다. 한 지역의 도구는 그 지역 사람들이 창조하고 계승한 역사 문화유산인 셈이다. 그러니 전통적인 도구의 조사 연구는 매우 필요한 과제로 우리 앞에 놓여 있다. 제주도의 전통적인 도구에 대한 관심은 예로부터 있었지만, 본격적인 관심은 일제강점기 때부터였다.

일본인 인류학자 토리이 류우조오(鳥居龍藏)는 1914년 5월에 제주도에서 조사하고, 그 결과를 《日本周圍民族の原始宗教》(일본 주위 민족의 원시종교)에 발표하였다. 토리이 류우조오는 제주도 사람들의 습속 중에 개가죽으로 만든 모자와 두루마기, 허벅, 아기구덕, 모자 등을 조사 기록하였다.[1] 그중에서 개가죽으로 만든 모자와 두루마기는 사진으로도 남겼다(도0-4).

조선총독부(朝鮮總督府)는 《生活狀態調查一》(생활상태조사1)에서 제주도 사람들의 복장(服裝)을 조사·기록하였다. 제주도 사람들의 복장을 남자의 복장과 여자의 복장으로 구분하고, 그림으로 남겼다.[2]

타카하시 노보루(高橋 昇)는 1939년 5월 20일부터 6월 3일까지 제주도의 농법을 조사하였다. 그 결과는 1988년 2월 일본 미라이샤(未

도0-4 두 노인은 가죽두루마기를 입었다.(1915년 5월, 구좌읍 김녕리)
촬영 토리이 류우조오(鳥居龍藏)

來社)에서《조선반도의 농법과 농민》(朝鮮半島の農法と農民)이라는 이름으로 출판되었다. 그 속에는 제주도 전통 농기구 조사를 하나의 도표로 제시하였다.3) 타카하시 노보루는 제주도의 농기구를 경운농구(耕耘農具), 정지농구(整地農具), 제초농구(除草農具), 운반농구(運搬農具), 관수농구(灌水農具), 베기탈곡제조저장농구(刈取脫穀調製貯藏農具), 농산가공농구(農産加工農具), 축산기(畜産器)로 분류하고, 농기구마다 농기구 이름, 사용 연한, 값 등을 기록하였다.

1945년 해방 이후에도 일본인 학자들의 연구는 이어졌다. 이이즈미 세이이치(泉靖一)는 문화인류학적 관점에서 연구한《제주도》(濟州島)를 출간했다. 이이즈미 세이이치는 그 책〈제주도 민구의 해설〉(濟州島民具の解說)에서 제주도의 의류, 식기류와 기타 생활 용구, 농구류(農具類), 어구(漁具), 가옥(家屋) 등을 그림으로 기록하였다.4)

고광민은 1984년에〈제주도 민구Ⅰ-보습〉, 1985년에〈제주도 민구Ⅱ-제주도의 떼배와 어로행위들〉, 그리고 1986년에〈제주도 민구Ⅲ-푸는체〉를 제주대학교 탐라문화연구소 학술지《탐라문화》(耽羅文化)에 발표하였다. 그리고 1988년에 경기대학교박물관《한국의 농경문화》에〈제주도 쟁기의 형태와 밭갈이법〉을 발표하였다. 그리고 단행본《한국의 바구니》(제주대학교출판부, 2000년)와《돌의 민속지》(도서출판 각, 2006년)를 발표하였다.

2002년에 김동섭은〈제주도 전래 농기구 연구〉(제주대학교대학원 국어국문학과)로 박사가 되었다.5) 김동섭 박사는 학위논문에서 제주도 농기구 분류를《조선의 재래농구》(朝鮮の在來農具)의 분류에 따랐다.6)

2015년에 제주특별자치도민속자연사박물관은《제주인의 삶과 도구 총서Ⅰ-애월읍》을 출간하였다.7) 지금 '제주인의 삶과 도구' 총서는 제주도 읍면 단위로 계속되고 있다.

고광민은 1984년부터 띄엄띄엄 제주도 여러 마을을 다니면서 여러 어르신이 소장하고 있는 도구를 실측하고, 또 어르신에게 도구의 이름과 쓰임 등을 가르침받았다. 어르신을 박물관으로 모셔다가 가르침을 받거나, 박물관에 소장하고 있는 자료를 사진으로 담은 뒤 어르신에게 찾아가 가르침을 받기도 하였다.

제주도 도구의 이름은 지역마다 차이가 있는 수도 있지만, 조사 지역의 이름에 따랐다. 그리고 도구를 분류하였다. 제주도 도구를 분류하는 데는 미야모토카오루타로(宮本馨太郎)의《도록 민구입문사전》(圖錄 民具入門事典)을 참고하였다.[8)]

이《제주 도구》에서는 제주도에서 전승되었거나 전승되는 도구를 모두 망라하지는 못하였다. 원초 경제사회 때의 도구는 지역에 따라 달랐고, 또 그 수도 많았기 때문이다.

이 책은 모두 6장으로 구성되었다.

제1장 의생활과 도구에서는 쓰개와 모자, 옷, 바느질 도구와 빨래 도구, 신발, 비옷, 옷감 짜는 도구로 분류하였다.

제2장 식생활과 도구에서는 음식의 재료나 음식물 저장에 따른 도구, 취사도구, 식기(食器), 양조(釀造) 도구, 담배에 따른 도구로 분류하였다.

제3장 주생활과 도구에서는 '주먹돌'과 정주석, 지붕 이기와 도구, 청소 도구, 난방 도구, 조명 도구로 분류하였다.

제4장 생산·생업과 도구에서는 산야의 생활에 따른 도구, 사냥도구, 가축 사육 도구, 밭갈이와 파종 도구, 밭매기 도구, 거름에 따른 도구, 수확과 탈곡 도구, 그물질 도구, 낚시질 도구, 해녀들의 도구와 어부들의 도구, 잔손질에 따른 도구로 분류하였다.

제5장 운반과 도구에서는 육상 운반 도구와 해상 운반 도구로 분류하였다.

제6장 사회생활과 도구에서는 계량(計量) 도구와 놀이 도구로 분류하였다.

제주 도구 **차례**

제1장

의생활과
도구

제주도 사람들의 의생활과 도구는 머리에 쓰는 것, 의복, 신발 등으로 분류하였다. 오늘날 의생활 변화가 너무 커 전통적인 의생활과 도구는 극히 드물게 전승되었다.

쓰개와
모자

　　제주도 사람들의 쓰개와 모자는 수건
부터 모자까지 머리에 쓰는 물건을 통틀었다. 머리를 손질할 때 쓰
는 얼레기와 참빗 등도 여기에 포함했으나, 이 외에 제의 때 쓰는 유
건(儒巾), 혼례 때 쓰는 사모(紗帽) 등도 전승되었다. 제주도 모자의
역사에 대하여, 이마무라 토모(今村鞆)는 다음과 같이 지적하였다.

　　동양에서 서양식 모자를 만들기는 제주도가 맨 처음일 것이다. 재
　　미있는 역사가 있다. 이조 효종 때(1653) 털 빛깔이 색다른 사람이
　　제주도에 표착(漂着)하였다. 그것은 네덜란드 상선(商船)이었다.
　　지금 제주도 사람들의 손으로 만들어 쓰고 있는, 쇠털을 압착(壓搾)
　　하여 만든 서양풍의 다색(茶色) 모자는 잘 만들어진 것이다. 이것은
　　네덜란드의 표류민이 섬에 머무르는 동안 지루함을 이기려고 그 제
　　작법을 섬사람들에게 전한 뛰어난 기념물이었다.[9)]

　　제주도에서 전승되는 전통적인 모자는 동양 어디에도 없는 것으

로 서양식 모자인데, 그 모자는 효종 때 제주도에 표류한 하멜 일행이 그 제작법을 제주도 사람들에게 가르쳐준 기념물이라는 것이다. 이와 같은 이마무라 토모의 제주도 모자의 역사론은 잘못된 것이었다.

네덜란드 상선이 제주도에 오기 전인 성종 8년(1477) 제주도 사람 김비의(金非衣) 일행은 진상선(進上船)을 타고 제주도 이외의 육지부로 가던 중 추자도(楸子島) 근해에서 북풍에 밀려 오키나와(沖繩)까지 표류하였다. 오키나와에서 여러 섬에 머물다가 1479년 4월에 울산에 도착한 후 한양으로 이동하여 2개월 동안 생활하였다.

김비의 일행이 한양에 머무는 동안, 홍문관(弘文館)에서는 김비의 일행이 체험한 오키나와의 풍속 등을 상세히 기록하였다. 그 내용은 《성종실록》(成宗實錄)에 들어있는데, 그 속에는 제주도와 오키나와의 전통적인 모자를 가늠할 수 있는 내용도 들어있다.

오키나와 풍속에는 관대(冠帶)는 없다. 무더울 때는 '직엽'(櫻葉)으로 삿갓을 만들어 쓰는데, 우리나라 승려(僧侶)들의 모자와 같았다(俗無冠帶 署則或用櫻葉 作笠狀 如我國僧笠).[10]

'직엽'(櫻葉)은 야자수 잎이라는 말이다. 오키나와 사람들은 야자수 잎으로 만든 모자를 '쿠바가사'(クバ笠)라고 한다. '쿠바가사'는 댓가지로 기둥을 세우고, 거기에 야자수 잎을 씌워 만들었다.

그 당시 오키나와 사람들이 쓰고 있었던 모자는 우리나라 승려들이 쓰는 모자와 같은 '△'자 모양의 것이었다. 이로 미루어볼 때, 그 당시 제주도 사람들이 썼던 모자 모양은 '凸'자 모양이었음을 미루어 짐작할 수 있다. 이로 미루어보더라도 이마무라 토모(今村鞆)의 제주도식 모자의 기원설은 설득력을 잃는다. 하멜 일행이 제주도에 표류한 1653년 이전에 제주도 백성들의 일상적인 모자는 '凸' 자 모양의 것이었기 때문이다.

정동벌립[도1-1]

'정동벌립'은 댕댕이덩굴로 엮어 만든 '벙거지'의 하나로 차양이 넓은 모자이다. 이것은 제주대학교박물관에 있는 것인데, 410개의 씨줄과 158개의 날줄로 구성되었다. 가을에 댕댕이덩굴을 채취하였다. 댕댕이덩굴을 이슬을 맞혀가며 햇볕에 25일 정도 말렸다가 물을 축여 부드럽게 해서 엮었다. '정동벌립' 정상부 중심축을 '가마귀방석'이라고 하였다. '가마귀방석'은 불가사리의 제주어다. '정동벌립'의 '가마귀방석'은 원래 불가사리처럼 네 개의 가닥이다. '정동벌립' 정상부를 '절벤', 둥근 기둥을 '망', 차양을 '천'이라고 한다. 제주도의 남정네들이 눈이나 비 오는 날, 무더운 날 바깥에서 잡다한 일을 할 때 '정동벌립'을 썼다. '정동벌립'은 방한(防寒), 방수(防水), 차양(遮陽)의 기능을 갖추었다. 제주도에서 '정동벌립'의 생산지는 한림읍 귀덕리인데, 제주도무형문화재 8호로 지정하여 보호하고 있다.

1914년 5월 25일, 일본인 인류학자 토리이 류우조오(鳥居龍藏)가 지금의 대정읍 상모리와 하모리에서 '털벌립'과 '정동벌립'을 쓰고 밭으로 가는 사람을 만났다. 어쩌면 연출시켰을 가능성도 없지 않다. 그리고 사진도 찍었다(도1-2). 토리이 류우조오는 〈민족학상으로 본 제주도〉(民族學上より見たる濟州島)에서, 제주도의 '털벌립'과 '정동벌립'을 다음과 같이 기록하였다.

제주도 사람들은 말[馬]의 털로 만든 모자를 쓴다. 이것은 다른 데
서 볼 수 없는 풍습이다. 또 풀[草]로 만든 모자도 쓴다. 이 또한 다른
데서는 볼 수 없는 풍습이다.[11]

'말의 털'로 만들었다는 모자는 '털벌립', '풀'로 만들었다는 모자
는 '정동벌립'이다. '털벌립'과 '정동벌립'은 다른 나라에서는 볼 수
없는 모자라는 것이다. '털벌립'은 쇠털로 만든 모자이고, '정동벌립'
은 댕댕이덩굴로 만든 모자이다.

도1-1 정동벌립(지름 49.5cm)

도1-2 정동벌립과 털벌립을 쓴 농부가 밭으로 가다.(1914년 5월 25일, 대정읍 상모리)
촬영 토리이 류우조오(鳥居龍藏)

털벌립[도1-3]

　'털벌립'은 소가 털을 갈 때나 '부구리'를 긁을 때 빠지는 털을 모아 콩풀로 반죽하여 '모자골'에 맞게 만든 제주 특유의 것으로, 차양이 단단하고 넓어 주로 남자들이 밭이나 들에 갈 때는 물론 비 올 때나 아니면 화살을 피하기 위해서도 쓰는 벙거지이다. 이것은 제주대학교박물관에 있는 것이다. 구좌읍 행원리 홍복순(1931년생, 여) 씨는 이런 모자를 '고넹이벙것'이라고 하였다. 안덕면 감산리 고병수(1916년생, 남) 씨는 5~6살 때, 이웃집 김 씨 할아버지가 '털벌립'을 만들 쇠털을 활 모양의 도구로 태우는 모습을 보았다. 고부자는 '털벌립'(털벙것) 만들기를 다음과 같이 기록하였다.

　　'털벙것'의 제작 과정은 털을 모아서 깨끗이 빨아 말리고 활로 골고루 태워서 편 다음 '모자골'에 맞춰 가면서 '콩풀'로 접착시켜 만든다. 모자 하나를 만들 수 있는 쇠털의 분량은 약 12근 정도이다. 털은 소가 털갈이할 때나 '부구리'를 긁어낼 때 빠진 것을 모아서 '털벙것'을 만들 때 썼다.[12]

도1-3 털벌립(지름 49.0cm, 높이 10.3cm)

삿갓[도1-4]

'삿갓'은 대오리로 엮어서 만든 '△' 모양의 모자이다. 이것은 제주시 아라2동 양경찬(1924년생, 남) 씨 부인이 쓰던 모자이다. 양 씨의 부인은 지금의 제주시 노형동 속칭 '월랑마을'에서 태어났다. 18세가 되는 해에 양 씨와 혼사(婚事)하였다. 양 씨의 부인은 시부모에게 무명 1필과 삿갓을 선물받았다. 무명 1필로는 갈옷을 만들어 입고, 삿갓은 밭일 때 쓰라는 말과 함께였다. 삿갓은 오죽(烏竹) 대오리 여섯 개의 날을 세우고 씨줄을 얽고 뼈대를 세워 만들었다. 그 위에 대오리로 그물처럼 엮은 것을 덮고 세 개의 대오리를 붙여 만들었다. 그리고 삿갓의 테두리가 해어질 때마다 양 씨의 부인은 헝겊을 대고 기웠다.

제주도 사람들은 여름에 더운 모래를 이용하여 찜질하는 수가 있었다. 이를 '모살찜질'이라고 하였다. 제주시 건입동 고봉만(1934년생, 남) 씨 가르침에 따르면, '모살찜질'을 하는 동안에 머리에 삿갓을 썼다.

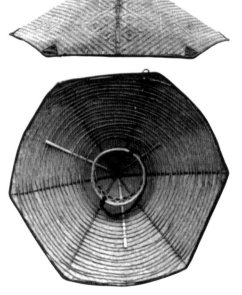

도1-4 삿갓(지름 69.2cm, 높이 26.5cm)

얼레기[도1-5]

'얼레기'는 빗살이 굵고 성긴 큰 빗이다. 이것은 애월읍 어음리 김종일(1912년생, 여) 씨가 쓰던 것이다. 김 씨 할머니는 지금의 제주시 도남동에서 태어났다. 14세가 되는 해(1927년)에 일본으로 건너가 방직공장에서 취업하였다. 그 당시 제주도에서 '14세'는 생업전선에 뛰어드는 나이일까, 그 나이에 해녀가 되려고 잠수질을 익혔다는 이야기도 제법 들려서다. 25세가 되는 해(1938년)에 귀국한다. 결혼을 독촉하는 아버지의 성화가 드세어서다. 시집갈 때 아버지로부터 받은 얼레빗이다. 김 씨는 나에게 얼레빗을 이용한 다른 쓰임도 알려주었다. 얼레빗에는 머릿기름과 손때가 잔뜩 묻어 있기 마련이다. 이를 '개지름'이라고 한다. 겨울에 아이들은 코밑이 허는 현상이 일어나는 수가 많다. 이를 '코 케었다'고 한다. 그러면 얼레빗을 불에 살짝 달군다. '개지름'이 피어오른다. 코밑 헌 데를 댄다. 이런 일을 "얼레기로 코 켄디 울린다"고 한다.

《한국수산지(韓國水産誌) 3권》(조선총독부 농공상부, 1910)에는 다음과 같은 내용이 들어있다.

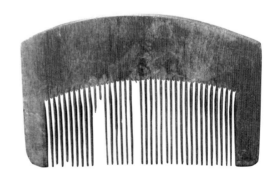

도1-5 얼레기
(가로 9.8cm, 세로 6.0cm)

제주도에서 얼레빗은 1년에 1만5천 통(桶)이 생산되었다. 얼레빗 30개씩 묶어 놓은 것이 1통이다. 제주도 얼레빗은 경성, 평양, 대구, 의주까지 팔려나갔다.[13)]

얼레빗의 재료는 조록나무이다. 제주도 얼레빗은 조천리(조천읍)에서 만들었다고 한다. 제주도의 물산(物産) 중에서 얼레빗은 1년에 1만5천 통(桶)을 생산하였다. 얼레빗 30개씩 묶어 놓은 것이 한 통이다. 경성(지금의 서울), 평양, 대구, 의주(평안북도)까지 팔려나갔다. 그 당시(1980년) 제주도에서는 1년에 45만 개의 얼레빗이 제주도 이외의 육지부로 팔려나간 셈이다. 제주도 어느 마을에서 얼레빗을 만들어내었을까. 수소문(搜所聞) 끝에 조천리(조천읍)에서 얼레빗을 만들었다는 이야기를 들었다. 하지만 이 마을에서 얼레빗을 만드는 기능 보유자를 찾지 못하였다.

쳉빗[도1-6]

'쳉빗'은 빗살이 아주 가늘고 촘촘한 참빗이라는 말이다. '쳉빗'은 빗살이 '얼레기'(얼레빗)보다 가늘고 촘촘하다. '얼레기'로 머리를 빗고 나서 '쳉빗'으로 다시 빗질한다. 이것은 안덕면 감산리 민속자료실에 있는 것인데, 이 마을 고경용 씨 집안에서 쓰던 것이다.

제주도 사람들은 '쳉빗'을 육지에서 온 도붓장수에게 사는 경우가 많았다. 표선면 가시리 한신화(1921년생, 여) 씨 가르침에 따르면, '쳉빗'을 팔러 다니는 도붓장수를 '얼레기장시'라고 하였다. '얼레기장시'는 바늘, 실, '쳉빗' 따위를 지고 "얼레기 사시오!"라고 외치면서 팔러 다녔다. '얼레기' 생산지는 제주도이지만, '쳉빗' 생산지는 어디였을까. 전라남도에서는 참빗을 만드는 기능을 무형문화재 제15호(1986. 11. 13.)로 지정하여 보호하고 있다. 전라남도 담양군 문화관광과에 따르면, "참빗은 예로부터 전라남도의 영암, 담양, 나주, 남원 등지에서 만들었으나 현재는 오직 영암과 담양에서 만들고 있을 뿐이다. 영암의 참빗이 질이 좋고 오래 사용할 수 있어 전국적으로 유명하다. 전남 영암의 이 씨는 5대째 참빗을 만들고 있어 전라남도에서는 참빗 제작기술의 전통을 계속 이어나가고자 영암의 이씨와 담양의 고씨를 참빗 기능보유자로 인정하여 보전하고 있다."는 것이다.

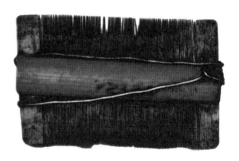

도1-6 쳉빗(가로 9.0cm, 세로 5.0cm)

빈네[도1-7]

'빈네'는 여자의 쪽 찐 머리가 풀어지지 않도록 꽂는 장신구인 비녀라는 말이다. 제주도 사람들은 비녀를 '빈네'라고 한다. 이것은 제주대학교박물관에 있는 것으로, 흑산호로 만들었다. 제주도 사람들은 흑산호를 '무히낭'이라고 한다. 조선조 영조 41년(1765)에 편집된 《증보 탐라지》(增補耽羅誌, 김영길 번역본)에서는 '무히낭'을 '무회목'(無灰木)이라고 하면서, "우도에서 난다. 바닷물에 잠겨 있을 때는 부드럽고 무르다. 물결을 타고 오르락내리락하다가 물 밖으로 나오면 굳어져 단단해진다."(出牛島 在海中柔脆 隨波上下 出水乃堅硬)라고 하였다. 흑산호는 제주도 깊은 바닷속에서 자란다. 그러니 '빈네'는 제주도에서 만든 것이다.

도1-7 빈네(길이 11.7cm)

옷

　　　　　　　　　　제주도의 옷은 남녀에 따라 달랐다.
남자 평상복은 바지와 저고리인데, 계절에 따라 옷감과 그것을 대
는 법이 여자 평상복과 조금 달랐다. 봄과 가을에는 무명으로 만든
겹옷, 여름에는 삼베나 무명으로 만든 홑옷, 그리고 겨울에는 무명
겹옷 사이에 솜을 넣어 만든 옷을 입었다. 저고리를 예로 들어보면,
겹으로 만든 것을 '접저고리', 홑으로 만든 것을 '홑적삼' 또는 '홑저
고리', 그리고 솜을 넣은 것을 '소개저고리'라고 하였다. 홑옷에는 감
물을 들여 입는 수가 많았다. 다만 두루마기와 버선은 방한(防寒) 목
적으로 착용하였을 뿐, 여름에 착용하는 일은 없었다. '웃드르' 사람
들은 개가죽으로 만든 두루마기를 입는 수도 있었다. 이런 옷을 '가
죽두루마기'라고 하였다.

　여자 평상복은 치마저고리, '소중의' 등이었다. 계절에 따라 남자
옷과 같이 봄과 가을에는 무명으로 만든 겹옷, 여름에는 삼베나 무
명으로 만든 홑옷, 그리고 겨울에는 무명의 겹옷 사이에 솜을 넣어
만든 옷을 입었다. 홑옷에 감물을 들여 입는 수도 있었다. 해녀들은
잠수할 때 '물소중의'라는 옷을 입었다.

봇디창옷[도1-8]

'봇디창옷'은 삼베로 두루마기 모양으로 만들어 갓난아기에게 입히는 홑옷이다. 안덕면 감산리 민속자료실에 있는 것이다. 아기가 태어나면 목욕도 시키지 않고 보자기에 싼다. 사흘이 되는 날 향수(香水)에 목욕을 시킨다. 20일쯤 지나서 '봇디창옷'을 입힌다. '봇디창옷'에 따른 아래옷은 없다. '봇디창옷'은 재단(裁斷)한 거친 베를 바늘로 기워 간단하게 만든다. 갓난아기의 몸체에 비하여 소매를 길게 늘어뜨린다. 손이 소매로 나와 얼굴을 긁어 흉터가 생기는 일을 막기 위해서다. '봇디창옷'을 입히고 끈으로 묶는데, 그 끈을 '옷곰'이라고 한다. '봇디창옷'은 함부로 다루지 않는다. 정성이 지극한 이는 어린애를 잘 보살펴준다고 믿는 궤에 잘 보관한다. 한번 만든 '봇디창옷'은 두고두고 보관해두었다가 아기가 태어날 때마다 입힌다. 또 아기 복력(福力)이 빈곤한 이는 다복한 이가 만들어 입히던 '봇디창옷'을 빌려다가 입히는 수도 있다. 그것을 입었던 아기가 자라나서 유학(留學)이나 군역(軍役) 등 출타할 때는 '봇디창옷'의 한 조각을 잘라내어 상의 안쪽에 기워 붙이기도 했다.

도1-8 봇디창옷

베적삼[도1-9]

베적삼은 베로 지어 여름에 입는 홑저고리다. 적삼은 윗도리에 입는 홑옷으로 저고리 모양과 같다. 이것은 〈만덕기념관〉(萬德記念館)에 있는 것인데, 서귀포시 대포동 김순정(1927년생, 여) 씨에게 가르침받았다. 베적삼은 여름에 여자들이 외출복으로 입는 수가 많았다. 적삼의 몸통을 이루는 부분을 '이몸'이라고 한다. '이몸'에 옷깃과 소매를 붙였다. 옷깃의 바른 자락을 '밧짓', 왼쪽 자락을 '안짓'이라고 한다. '안짓'은 길고 '밧짓'은 짧다.[14] 그 위에 동정처럼 무명을 새겨 붙여 멋을 부렸다. '이몸'에 이어 붙인 소매를 '질스미'라고 하였다. 그리고 겨드랑이에 삼베 조각을 덧붙였다. 이를 '젓바대'라고 한다. 옷고름 대신 매듭단추를 달았다. 그것을 '돌막이'라고 한다. '돌막이'를 걸어 끼우는 데를 '돌막이고망'이라고 한다. '돌막이'는 '안짓'에 가려 보이지 않는다. 무명으로 적삼을 만들기도 하였는데, 이를 '미녕적삼'이라고 하였다. '미녕적삼'에 감물을 들여 입는 수도 있었는데, 이런 옷을 '갈적삼'이라고 하였다.

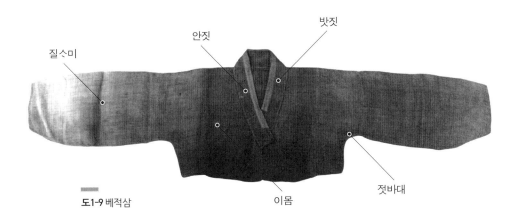

도1-9 베적삼

갈적삼[도1-10]

'갈적삼'은 베로 지은 여름에 입는 홑저고리에 감물을 들인 적삼이다. 적삼은 윗도리에 입는 홑옷으로 모양은 저고리와 같다. 이것은 〈만덕기념관〉(萬德記念館)에 있는 것인데, 서귀포시 대포동 김순정(1927년생, 여) 씨에게 가르침받았다. 무명으로 만든 적삼에 감물을 들였다.

마고자[도1-11]

'마고자'는 여름에 여자들이 집 안에서 입는 웃옷이다. 제주도에서 전승되는 '마고자'는 제주도 이외의 육지부 사람들이 저고리 위에 덧입는 웃옷을 마고자라고 하는 것과는 대조적이다. 일제강점기 때 만든 제주도《생활상태조사》(生活狀態調查)에서도, 제주도에 저고리 위에 덧입는 마고자 같은 옷을 입는 일은 전혀 없다고 하였다.[15] 이것은 〈만덕기념관〉(萬德紀念館)에 있는 것인데, 서귀포시 대포동 김순정(1927년생, 여) 씨에게 가르침받았다. 이것은 삼베로 옷깃과 옷섶이 없이 간단하게 만들었다. 여름에 입는 옷인 만큼 소매도 짧다. 그리고 옷고름 대신 단추를 달 수 있게 만들었다. 단추가 흔해지면서부터 제주도식 마고자가 고안되었던 것일까.

도1-10 갈적삼

도1-11 마고자

소중의[도1-12]

　'소중의'는 무명이나 삼베로 만든 여자의 속옷이다. '소중의'는 폭
이 넓고 길이는 무릎까지 이르게 만들었다. 이것은 〈만덕기념관〉(萬
德紀念館)에 있는 것인데, 서귀포시 대포동 김순정(1927년생, 여) 씨에
게 가르침받았다. 이것은 삼베로 만든 '베소중의'이다. '소중의' 구조
는 크게 '허리'와 '바대'로 구성되었다. '허리'와 '바대' 사이에 끈이
있다. 이를 '진곰'이라고 한다. '진곰'은 기다란 '곰'(옷고름)이라는 말
이다. '바대'는 옷감 조각을 '이몸', 좌(左)의 왼쪽 조각을 '숫굴', 우(右)
의 오른쪽 조각을 '암굴'이라고 한다. '소중의'는 상하좌우(上下左右)
4개로 구성되었다. 상(上)의 위쪽 조각을 '처지', 하(下)의 아래쪽 조
각을 '이몸', 좌(左)의 왼쪽 조각을 '숫굴', 우(右)의 오른쪽 조각을 '암
굴'이라고 한다. '숫굴'과 '암굴'을 눈여겨볼 필요가 있다. '숫굴'은 막
힌 가랑이다. 한쪽 다리를 '숫굴'에 들이민다. '암굴'은 터진 가랑이
다. '암굴'을 나머지 한쪽 다리에 붙이고 나서 '옷곰'(옷고름)을 묶는
다. 이때의 '옷곰'을 'ᄌᆞ른곰'이라고 한다. 'ᄌᆞ른곰'은 '허리'에 붙인 기
다란 곰보다 짧은 곰이라는 말이다. '소중의'는 제주도 해녀 사회에
서 전승되었던 원초적인 아랫도리 해녀복이기도 하였다.

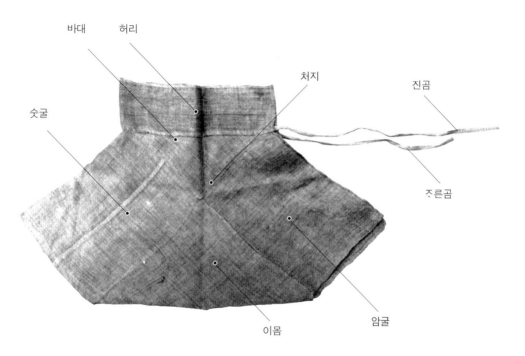

바대　　　허리

처지　　　　　　　　　진곰

숫굴

즈른곰

이몸　　　　암굴

물소중의[도1-13]

'물소중의'는 해녀들이 바다에서 물질할 때 입는 옷이다. 이것은 구좌읍 행원리의 장문옥(1934년생, 여) 씨가 만들어 입던 옷이다. '물소중의'는 다음과 같이 구성되었다.

① 멜빵: '물소중의'가 흘러내리지 않게 어깨에 걸치는 끈이다. 달리 '메친'이라고도 이른다.

② 허리: '물소중의'에서 허리를 감싸는 윗부분이다.

③ 벌므작: 헝겊을 써서 가는 끈을 만들어 손으로 매듭을 지어 만든 매듭단추이다. '벌므작'을 끼우는 고리를 '벌므작코'라고 한다.

④ 처지: '물소중의' 가운데 부분이다. 감물을 들인 무명으로 대었다.

⑤ 몸체: '물소중의'의 좌우 허벅지를 감싸는 부분이다.

⑥ 밋: '물소중의'에서 여성 생식기의 바깥 부분을 감싸는 부분이다.

⑦ 바대: '물소중의'의 '몸체'와 '밑'을 덧대는 헝겊 조각이다. 다이아몬드 모양으로 누볐다.

⑧ 곰: '물소중의'에 달아 옷깃을 여밀 수 있도록 한 헝겊 끈이다.

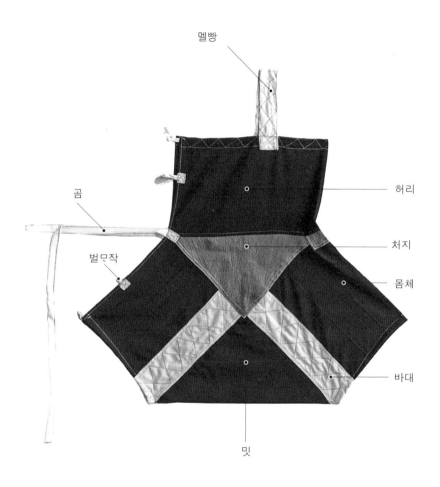

멜빵

허리

곰

처지

벌무작

몸체

바대

밋

물적삼[도1-14]

　'물적삼'은 '물소중의'를 입을 때 윗도리로 입는 홑옷이다. 이것은 구좌읍 행원리의 장문옥(1934년생, 여) 씨가 만들어 입던 옷이다. 무명을 누벼 만들었다. '물적삼'에는 매듭단추 3개를 달았다.

갈굴중의[도1-15]

　'갈굴중의'는 여자들이 일할 때나 집 안에서 아랫도리에 입었던 통이 넓은 홑바지다. 이것은 〈만덕기념관〉(萬德紀念館)에 있는 것이다. 서귀포시 대포동 김순정(1927년생, 여) 씨에게 가르침받았다. '갈굴중의'는 양쪽 가랑이 사이에 '밋'을 덧붙이고, 주름을 잡아 '허리'를 붙이고, '허리'에 붙인 여며 매는 끈으로 젖가슴에 매게 되어 있다. '허리'에 붙인 끈 아래쪽은 입고 벗기 편하게 15.5cm 정도 터졌다. 가랑이를 '굴', 밑을 '밋'이라고 한다. 이것은 삼베로 만들고 나서 감물을 들였다. 감물을 들이지 않은 채 입는 수도 있었다. 감물을 들이지 않은 옷을 '굴중이' 감물을 들인 것을 '갈굴중이'라고 하였다. '굴중의'를 입고 '정갱이'(종강이) 위에 끈으로 묶었다. '정갱이' 위의 끈을 '다님'이라고 하였고, 이렇게 묶는 일을 '다님 친다'고 하였다.

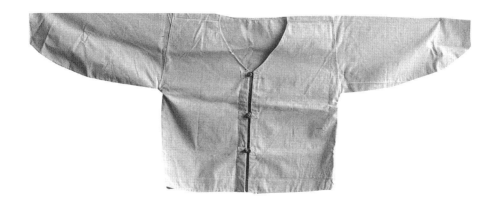

도1-14 물적삼

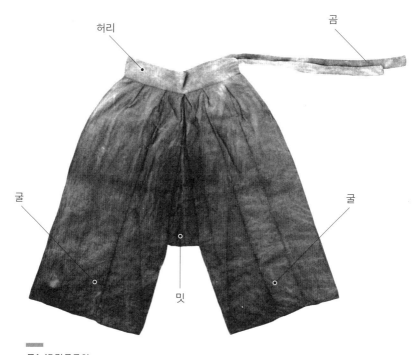

허리

곰

굴

굴

밋

도1-15 갈굴중의

저고리[도1-16]

'저고리'는 남자들이 봄가을에 입었던 겹옷이다. 무명으로 만들었다. 그래서 '무명저고리'라고도 한다. 이것은 〈만덕기념관〉(萬德紀念館)에 있는 것이다. 서귀포시 대포동 김순정(1927년생, 여) 씨에게 가르침받았다. 옷깃의 바른 자락을 '밧짓', 왼 자락을 '안짓'이라고 한다. '안짓'은 길고 '밧짓'은 짧다. 그 가까이에 옷고름을 붙였다. '이몸'에 이어 붙인 소매를 '질스미'라고 한다. 남자들이 입는 저고리라서 '질스미'는 직선으로 만들었다.

질스미　　　안짓　　　밧짓　　　질스미

이몸

도1-16 저고리

보선[도1-17]

　'보선'은 양말이 일반화되기 이전에 천으로 발 모양과 비슷하게 만들어 종아리 아래까지 발에 신었던 물건이다. 제주도 사람들은 버선을 '보선'이라고 하였지만, 제주도 이외의 육지부 사람들의 버선과 크게 다르지 않았다. 버선은 한자어로 '말'(襪)이다. 지금 우리가 신고 있는 양말(洋襪)도 이것에서 말미암았다. 양말은 좌우 쪽을 구별하지 않지만, 버선은 그게 아니었다. 이것은 서귀포시 대포동 김순정(1927년생, 여) 씨가 손수 무명으로 만든 것인데, '보선'은 여러 개의 부분 명칭을 갖추고 있었다.

　　① 고지: '고지'는 버선코(버선 양쪽 끝에 뾰족하게 올라온 부분)라
　　　는 말이다.

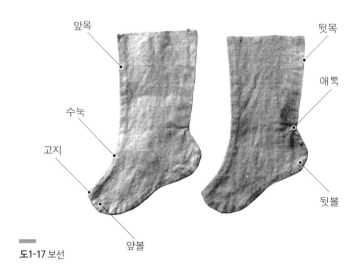

도1-17 보선

② 수눅: '수눅'은 '고지'(버선코)에서 휘어 들어가는 지점까지 구 폭을 맞대어 꿰맨 줄이다.

③ 앞목: '앞목'은 버선의 '수눅'에서 버선의 '목'(버선의 위쪽으로부터 발목에 닿는 구부러진 부분)까지 이어지는 선이다. '고지'(버선코)에서 '수눅'을 지나고 '목'까지 꿰매어 접은 선이 바깥쪽으로 향하게 신었기에 좌우를 구별할 수 있게 되었다.

④ 애특: '애특'은 버선 뒤꿈치 위에 턱이 진 부분이다. 버선에 '애특'이 있기에 신었을 때 쉬 벗겨지지 않았다.

⑤ 뒷목: '뒷목'은 '애특'에서부터 '목'까지 이어지는 선이다.

⑥ 볼: '볼'은 버선 앞쪽의 넓적한 부분이다. 보선의 '볼'에서 앞쪽의 넓적한 부분은 해어지는 수가 많았다. 이런 데를 천으로 대어 붙이는 수가 있었는데, 이런 일을 '볼 받는다'고 하였다. 앞쪽을 '앞볼', 뒤쪽을 '뒷볼'이라고 하였다.

바느질 도구와
빨래 도구

요즈음 제주도에도 옷 수선하는 집이 여기저기 늘어섰지만, 원초 경제사회 때 바늘에 실을 꿰어 옷 따위를 짓거나 꿰매는 일은 어느 집에서나 이루어졌다. 그러니 바느질 도구는 어느 집에서나 갖추고 있었다. 다만 바늘과 실을 마련하는 일이 쉽지 않았다. 바늘, 실, 얼레기, '쳉빗'(참빗) 따위를 행상하는 사람에게 사서 쓰는 수가 많았다. 그리고 빨래 도구로는 '서답마께'(빨랫방망이)가 눈길이 간다. 이훈종은 제주도 '서답마께'를 두고, "넓적하고 짧은 것이 특이하여 좋은 기념품이 되는데, 프랑스에서 사용하는 것과 외형이 똑같다니 신기한 일이다."라고 강조하였다.16)

자[도1-18]

'자'는 바느질할 때 옷감의 길이를 가늠하는 도구다. 이것은 서귀포시 대포동 김순정(1927년생, 여) 씨가 시집올 때 혼수품으로 가지고 와서 쓰고 있는 것이다. 김 씨의 자는 '사오기'(벚나무)로 만들었다. 자 양면에 다섯 치씩 금을 그었다. 한 치는 평균 5.3cm이다. 그리고 한 치마다 한가운데 반쯤만 금을 내었다. 이를 '뽄'(푼)이라고 한다. 그 길이는 2.6~2.7cm이다.

ᄀ세❶[도1-19]

'ᄀ세'는 옷감 따위를 자르는 도구인 가위이다. 'ᄀ세'①은 〈만덕기념관〉(萬德記念館)에 있는 것이다. 날이 있는 두 개의 쇠를 교차시켜 가운데 사북을 박고, 지레의 원리를 이용하여 다리를 벌렸다 오므렸다 하며 옷감을 자른다. 'ᄀ세'① 손잡이는 가윗날보다 좁은 쇠를 바깥쪽으로 구부려 손잡이 좌우가 같은 고리 모양으로 만들었다. 'ᄀ세'①은 일제강점기 이전에 쓰던 것이다.

ᄀ세❷[도1-20]

ᄀ세②는 옷감 따위를 자르는 도구인 가위이다. 이것은 제주시 영평동 강여옥(1913년생, 여) 씨가 쓰던 것이다. 1933년에 강 씨가 기미가요마루(君代丸)를 타고 일본열도로 건너가 오사카 방직공장에서 여공으로 일하는 동안에 쓰던 것이다. 강 씨는 태평양전쟁이 한

창인 1942년에 제주도로 귀향할 때 'ㄱ세'②를 가지고 왔다. 가위에
는 '東京'(동경)이라고 새겨진 마크도 보인다. 손잡이 좌우가 다른 것
이다. 일제강점기 때부터 손잡이 좌우가 다른 'ㄱ세'②가 일반화되
면서부터 손잡이 좌우가 같은 옛 'ㄱ세'①은 차차 자취를 감추기에
이르렀다.

도1-18 자(길이 53.2cm, 폭 3.0cm)

도1-19 ㄱ세❶(길이 21.2cm)

도1-20 ㄱ세❷(길이 16.1cm)

바농절레[도1-21]

'바농절레'는 부녀자들이 바늘을 꽂아 둘 목적으로 헝겊 속에 솜이나 머리카락을 넣어 만든 바늘겨레라는 말이다. 이것은 제주시 영평동 강여옥(1913년생, 여) 씨가 만들어 쓰던 것이다. 1933년에 강씨는 기미가요마루(君代丸)를 타고 일본열도로 건너가 오사카에 있는 방직공장 여공으로 일하다가 태평양전쟁이 한창인 1942년에 귀국하였다. 제주도 여공들은 오사카에 있는 방직공장에서 '광목'을 만들었다. '광목'은 무명실로 서양목처럼 너비가 넓게 짠 베라는 말이다. 강 씨는 방직공장에서 하루 8시간씩 3교대로 일하였다. 방직공장에서 숙식도 해결하였다. 하나의 방에서 12명이 같이 짰다. 이것은 강 씨가 22세 되던 해인 1935년에 오사카 방직공장 생활 중에 만든 것이다. 얼레빗과 참빗으로 머리를 빗을 때마다 빠지는 머리카락을 모아두었다. 모아둔 머리털을 어느 날 비눗물에 곱게 빨고, 헝겊 조각에 담아 '바농절레'를 만들었다. 한쪽 귀퉁이에 '△' 모양의 문양을 새겨놓았는데, 이것은 소유 표시의 목적으로 새겨놓은 것이다.

도1-21 바농절레(지름 5.8cm, 높이 3.7cm)

바농상지[도1-22]

'바농상지'는 바늘, 실, 골무, 헝겊 따위의 바느질 도구를 담는 반 짇고리이다. 이것은 제주시 영평동 강여옥(1913년생, 여) 씨가 쓰던 것이다. 대바구니 헌 것을 손질하여 쓰고 있다. 강 씨 친정집이 있는 애월읍 광령리 사람들은 이런 바구니를 '동의바구리'라고 한다. '동의바구리'의 '동의-'는 동쪽이라는 말이다. 제주시 중심에서 동쪽에 있는 어느 마을에서 만든 바구니이기 때문에 이름을 그렇게 지었던 모양이다. 바구니 바닥은 직사각형, 그리고 입 쪽은 타원형을 이룬다. 제주도에서 전승되는 'ᄀᆞ는대구덕'을 짜 만들 듯이 대오리를 가늘게 쪼개어 만들었다. 'ᄀᆞ는대구덕'은 "가는 대오리로 만든 구덕"이라는 말이다. 1948년 어느 날, 강 씨는 관덕정 앞마당 오일장에서 '동의바구리'를 샀다. 친척 집에 제사 보러 갈 때 떡이나 쌀 등을 '동의바구리'에 담고 가려고 샀다. 그러면 'ᄀᆞ는질구덕'에 쌀이나 떡을 담은 '동의바구리'를 담아 등에 지고 다녔다. 1963년에 '동의바구리'는 '에움'이라는 테두리가 빠져 버렸다. 그것을 걷어내 버리고, 그 자리에 나일론 줄을 얽어 묶어 '바농상지'로 쓰고 있다.

도1-22 바농상지(가로 22.0cm, 세로 18.6cm, 높이 13.5cm)

서답마께 [도1-23]

'서답마께'는 빨랫감을 두드려서 빠는 데 쓰는 방망이인 빨랫방망이다. 이것은 안덕면 감산리 오임규(1939년생, 남) 씨 집에 있는 것이다. 1970년 전후 오 씨 아버지(1916년생)가 살아생전에 '숙대낭'(삼나무) 뿌리를 캐어다 다듬어 만들었다. 이 마을에서 '숙대낭'은 1958년 마을 '창고내' 냇가에 관상수로 심기 시작하였고, 1969년부터는 밀감을 재배하려고 밭담 주위에 방풍 목적으로 심기에 이르렀다. 이 '서답마께'는 1958년에 '창고내' 관상수로 심었던 '숙대낭'으로 만든 것이다. '숙대낭' 뿌리는 나뭇결이 촘촘하여 쉬 깨어지지 않았다. 이렇게 나뭇결이 촘촘한 모양을 '궹이졌다'고 하였다. '궹이졌다'의 '궹이'는 나무에 생긴 옹이라는 말이다. '서답마께' 등 쪽에는 별표 모양의 문양을 새겼다. 제주도 이외의 육지부에서 전승되는 빨랫방망이는 대부분 기름하고 긴 것이지만, 제주도에서 전승되는 '서답마께'는 넓적하고 짧았다.

도1-23 서답마께(길이 32.1cm, 폭 9.4cm)

다듬잇돌[도1-24]

　‘다듬잇돌’은 다듬이질할 때 밑에 받치는 돌이다. 이것은 표선면 성읍리 김을정(1925년생, 여) 씨가 쓰던 것이다. 김 씨의 다듬잇돌은 화강암으로 곱게 다듬어 만든 것이다. 다듬잇돌 윗면은 살짝 볼록하고, 앞면과 측면은 마름모꼴이다. 다듬잇돌을 앉히고 다듬이질을 하더라도 흔들림을 줄이려고 밑면에 홈을 냈다. 제주도는 원래 다듬잇돌에서 다듬이질하는 일이 없었으니, 제주도에서 다듬잇돌을 생산하는 일도 없었다. 김정(金淨, 1486~1520)은 〈제주풍토록〉(濟州風土錄)에서, "다듬잇돌에서 옷을 다듬지 않는다.(擣衣無砧)"라고 하였다. 그리고 협주(夾註)에서는 옷감이나 옷을 "손으로 다듬는다."(以手敲打)라는 것이다. 그 당시 제주도 사람들은 다듬잇돌로 옷을 다듬지 않았다. 그러니 제주도에는 1900년대 초까지만 하더라도 이에

도1-24 다듬잇돌 (가로 56.4cm, 세로 20.6cm, 높이 10.0cm)

따른 홍두깨, 다듬잇돌, 다듬잇방망이 따위도 전승되지 않았다.

　김 씨에게 이 다듬잇돌을 간직하게 된 연유에 대하여 가르침받았다. 김 씨 남편은 초등학교에서 교편생활을 하였다. 1950년 무렵, 성산읍 시흥리에 있는 지금의 시흥초등학교에서 교편을 잡으라는 발령을 받았다. 김 씨는 남편 따라 성상읍 시흥리로 삶터를 옮긴다. 성산읍 시흥리에는 예나 지금이나 해녀들이 많았다. 그 당시 이 마을의 해녀들은 음력 3월에 미역 채취가 끝나면, 선단(船團)을 갖추고 제주도 이외의 육지부 여기저기로 '물질'을 갔다. 이를 '바깟물질'이라고 하였다. '바깟물질'을 나갔다가 추석 전에 고향으로 돌아왔다. '바깟물질'을 갔던 해녀들은 돌아올 때마다 다듬잇돌과 다듬잇방망이를 사고 오는 수가 많았다. 김 씨는 이 마을에서 생활하는 동안에 '바깟물질' 나갔던 어느 해녀에게 이 다듬잇돌을 사서 쓰다가 지금까지 간직하고 있다. 제주도 해녀들이 1900년대 전후부터 제주도 이외의 육지부로 '바깟물질'을 많이 나가게 되면서 하나둘 다듬잇돌이 들어왔다.

　제주도 옛사람들은 왜 다듬잇돌에서 옷을 다듬지 않았을까. 다듬이질에 따른 도구를 만들 재료가 없었기 때문일까. 아니면 좋은 옷으로 몸을 보기 좋게 꾸밀 옷치레할 여유가 없었기 때문일까. 다듬잇돌은 화강암 따위로 만들었으나, 제주도에는 화강암이 없다. 제주도의 화산암은 구멍이 숭숭하다. 이것으로 다듬잇돌을 만들어 옷감이나 옷을 다듬는다면 구멍이 숭숭 뚫리고 말았을 것이다. 그러니 제주도에는 다듬잇돌에서 옷감이나 옷을 다듬지 않았던 것일까.

　제주도 이외의 육지부 사람들은 박달나무로 다듬이나 다듬잇방망이를 만드는 수도 있었다. 제주도는 아열대 지역이니 박달나무가 귀하였다. 박달나무로 만든 도구도 전승되지 않았다. 그러나 다듬이 나무판을 만들겠다고 마음만 먹는다면 박달나무 대신 '굴묵이 낭'(느티나무)으로 다듬이 나무판과 다듬잇방망이를 만들 수 있었을 것이다. 다듬잇돌로 옷이나 옷감을 다듬는 시대에 접어들자 다듬잇돌이 없는 집안에서는 '안반'에서 옷을 다듬었으니 말이다. '안반'은 떡을 만들 때 쓰는 크고 두껍고 넓은 나무판이다.

제주도의 해녀들은 '바깥물질'을 나갔다가 귀향할 때마다 왜 그 무거운 다듬잇돌을 들고 왔을까. 제주도 여성들은 1910년부터 해방(1945)이 될 때까지 일본 방직공장에서 노동자로 일하는 수도 있었다. 방직공장에서는 무명실로 서양목처럼 너비가 넓은 광목(廣木)을 대량으로 만들어냈다. 이래저래 제주도에도 광목이 많이 들어왔다. 그래서 제주도 사람들도 다듬잇돌로 다릴 만큼 옷치레할 여유가 생겼기 때문이었을까.

신발

　　　　　　　　　　　제주도 사람들은 전통적으로 풀, 나무, 가죽으로 신발을 만들어 신었는데, 밭벼 짚과 여러 가지 풀로 만든 신을 '초신'이라고 하였다. 제주도 '초신'은 제주도 이외의 육지부에서 전승되는 '짚신'과 크게 다르지 않았다. 다만, 재료에서는 차이가 있었다. 제주도 '초신'은 밭벼 짚으로 만들었다면, 제주도 이외의 육지부 사람들의 짚신은 볏짚으로 만들었다. 제주도에서도 논농사를 짓는 집안에서는 볏짚으로 '초신'을 만들었음은 물론이다.

　제주도는 논이 귀한 섬이었기에 대부분의 제주도 사람들은 '초신'을 밭벼 짚으로 만들었고, 제주도 아닌 육지부는 논이 많은 섬이었기에 볏짚으로 만들었다. 볏짚으로 만든 신은 세계적으로 볼 때, 한국, 일본, 중국 남부 소수민족, 동남아시아 여러 나라, 그리고 서아프리카 등 도작 지대(稻作地帶) 사람들이 만들어 신었다. 기원전 1천년에 이집트 왕이 신었다는 짚신이 세계에서 가장 오래된 것으로, 지금 카이로시 이집트박물관에서 전시되고 있다.[17] 그러나 제주도는 위도상으로는 도작 문화권에 있지만, 화산섬이기에 논이 귀했으니 볏짚을 구하기가 손쉽지 않았다. 그래서 제주도 사람들은 밭벼 짚으로 '초신'을 만들었다. 화산섬인 제주도의 길바닥은 바윗돌과 자갈이 울퉁불퉁하고 거칠다. 그래서 '초신'은 단단하게 잘 만들지 않으면 안 되었다. 이원진(李元鎭, 1594~1665)은 《탐라지》(耽羅志)에 서, 제주도 '초신'을 '초리'(草履)라고 하면서 "남녀가 초리 신기를 좋 아한다."(男女好着草履)라고 하였으니 말이다.

제주도 사람들은 벼를 '나록', 밭벼를 '산디'라고 하였다. '산디'는 한자어 '산도'(山稻)에서 온 말이었다. 제주도 사람들은 '나록'과 '산 디'에서 짚을 얻었는데, '나록짚'으로 만든 '초신'은 질기면서도 부드 러웠고, '산디짚'으로 만든 '초신'은 약하면서도 거칠었다. 그러나 논 이 귀했던 제주도 사람들은 '나록짚' 구하기가 예사롭지 못했으니, '산디짚'으로 '초신'을 삼을 수밖에 없었다. 이외에도 '초신'의 보조 재료로 '정갈피'나 '진'으로 '초신'을 삼기도 하였다. '정갈피'는 칡 껍 질에서 섬유질만 뽑아낸 것이고, '진'은 모시풀 껍질에서 섬유질만 뽑아낸 것이었다(도1-25). '정갈피'로 '초신'처럼 삼은 신을 '정갈피 신', '진'으로 '초신'처럼 삼은 신을 '진신'이라고 하였다. 제주시 건입 동 고봉만(1934년생, 남) 씨 가르침에 따르면, 제주도에는 다음과 같 은 '초신'이 전승되고 있었다.

○ 신깍신: 신의 운두 격인 '깍'이 가장 성긴 '초신'이다. '깍'은 짚신 삼 을 때, 발의 앞쪽을 가리도록 두 편으로 둘러 박은 낱낱의 올이라 는 말이다. '신깍신'은 상을 당한 상주들이 신 삼을 시간이 여의치 못하여 신는 수가 많았다.

○ 붓깍신: '깍'(총)을 따로 세우지 않고 바닥을 결었던 짚을 비벼 '깍' 을 내어 만든 '초신'이다.

○ 튼깍신: '붓깍신'과는 달리 '깍'(총)을 따로 세워 만든 '초신'이다. '튼'은 '다른'의 제주어이니, '튼깍신'은 "'깍'이 다른 신"에서 비롯한 말이다.

○ 미투리: 벼나 밭벼 이삭이 달리는 줄기나 그것의 끝부분인 '소독'만으로 '깍'을 따로 세워 곱게 만든 '초신'이다. 볏짚이나 밭벼 짚만으로 만든 '초신' 중에서는 최고급품으로 대접받았다.

○ 정갈피신: 칡 껍질에서 뽑아낸 섬유질만으로 삼은 '초신'이다. '정갈피신'을 만들면 하얗게 보였기 때문에 치자 물을 들이기도 하였다. '정갈피신'은 비 오는 날 신어도 물이 쉬 스며들지도 않을 뿐만 아니라 질겼다.

도1-25 진(1999년, 조천읍 선흘리) 촬영 고광민
모시풀에서 섬유질만 뽑아낸 것을 '진'이라고 한다.

제주도는 논이 귀하여 볏짚을 구하기가 쉽지 않은 곳이었기에, '초신'은 다양하게 전승되었다. 그리고 애월읍 상가리 현원경(1921년생, 남) 씨 가르침에 따르면, 한 사람이 볏짚이나 밭벼 짚으로 만든 '초신'은 보통 보름 정도 신을 수 있었다. 그러니 한 사람이 1년에 24 켤레를 신었던 셈이다. 일이 많은 사람의 경우는 30켤레까지 신었다. 식솔을 많이 거느리고 있는 집에서는 매일 '초신'을 삼았다. 어떤 이는 '초신'을 아끼려고 사돈댁에 조문 갈 때라도 맨발에 갔다가 집 앞에서 버선을 신고 '초신'을 신는 일도 있었다.

제주도에서 나무로 만든 신은 나막신과 '굴묵이발신'이 전승되었다. 제주도 사람들은 나무토막으로 신을 만들어 신기도 하였는데, 나무토막으로 만든 신을 '나막신'이라고 하였다. '나막신'은 일상적인 신이라기보다 눈비로 말미암아 질퍽거리는 땅바닥을 걸을 때 신는 신이었다. 제주도 사람들은 느티나무 뿌리로 신을 만들어 신기도 하였는데, 느티나무 뿌리로 만든 신을 '굴묵이발신'이라고 하였다. '굴묵이발'은 느티나무 뿌리라는 말이다. '굴묵이발신'은 질겨서 하나를 만들면 3개월 정도는 신을 수 있었다.

제주도 사람들은 가죽으로 신을 만들어 신기도 하였다. 조선왕조 영조 41년(1765)에 편집된 《증보 탐라지》(增補耽羅誌, 김영길 번역본)에서는, 목이 없는 가죽신을 만드는 사람을 혜장(鞋匠)이라고 하였다. 제주도에는 '갑실신'도 전승되었다. '갑실신'의 '갑실'은 말의 뱃가죽을 가늘게 오려내어 만든 실이라는 말이다. '갑실신'은 1년 정도 신을 수 있었다.

제주도에 고무신은 1923년부터 들어왔던 모양이다. 마라도 김찬부(1911년생, 여) 씨 가르침에 따르면, 1925년에 한 켤레의 고무신이 마라도에 배급 명목으로 들어왔다. 그 당시 마라도의 한 집에 홀어머니와 13세의 딸이 살고 있었다. 너나없이 가난하게 살고 있었지만, 그 집은 유독 가난하였다. 그런 집을 두고 '채 갈면서 먹는 집'이라고 하였다. '채'는 '겨'의 제주어이다. 마라도에 흉년이 들 때는 보리나 조의 여물이 절반밖에 들지 않았다. 이럴 때는 보리와 쌀겨를 'ᄀ레'(맷돌)에 갈아 밥을 지어 주린 배를 채웠다. 마라도 사람들은 그 고무신을 이 집의 어린이에게 주었다. 부잣집의 아이들이 가난한 집의 아이를 부러워하였다. 고무신을 배급받은 어린이는 누워잘 때도 그 고무신을 보듬어 안고 잤다.

초신[도1-26]

'초신'은 여러 가지 풀로 만든 짚신이다. 이것은 안덕면 감산리 민속자료실에 있는 것이다. 이 마을 오임규(1939년생, 남) 씨는 초등학교 3학년 때인 1949년에 맨 처음 검은 고무신을 신었고, 그 이전에는 '초신'을 신었다. 이 마을에는 논이 제법 전승되고 있었기 때문에 이 마을 사람들은 거의 볏짚으로 짚신을 만들었는데, '초신'의 구조는 다음과 같았다.

① 늘: '늘'은 짚신의 날이라는 말이다. 짚으로 한 발쯤 새끼를 꼬아 넉 줄로 곱친 짚신 바닥의 날이다. '신서란'(석창포)을 새끼 꼬듯이 꼬아 만들었다. '늘'은 두 팔을 펴서 벌린 한 발 정도였다.
② 뒤치기: '뒤치기'는 신의 뒤축이다. 네 개의 날을 둘로 겹쳐 세웠다.
③ 갱기: '갱기'는 뒤치기에서 '신돌갱이'까지 이어진 줄이다. 뒤치기에서 두 겹으로 모은 날을 '신돌갱이'까지 이어 묶었는데, 그 위에

나일론 줄로 감았다.

④ 신돌갱이: '신돌갱이'는 발에 맞게 짚신을 맞추는 끈이다. 짚신의
중심부다.

⑤ 깍: '깍'은 짚신 따위를 만들 때, 발의 앞쪽을 가리도록 두 편으로
둘러 박은 낱낱의 올이다.

⑥ 앞깍 : '앞깍'은 짚신에 있는 앞쪽의 총이다. 좌우 두 개씩 네 개다.
쓰다 버린 헝겊과 짚으로 꼬아 만들어 박았다.

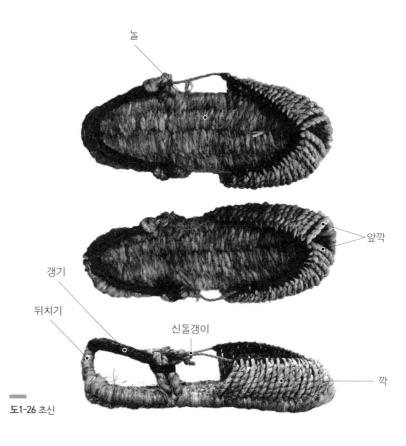

도1-26 초신

나막신[도1-27]

나막신은 통나무를 파서 만든 신이다. 달리, '남신'이라고도 한다. 이것은 제주대학교박물관에 있는 것이다. 나막신은 가벼우면서도 잘 깨지지 않는 '족낭(때죽나무)'으로 만드는 수가 많았다. 이것은 '머쿠실낭(멀구슬나무)'으로 만든 여자용 나막신이다.

겨울이나 장마 때 등 땅이 질퍽거릴 때 신는 수가 많았다. 굽에는 좌우로 나란히 굽 두 개가 붙었다. 여자용과 남자용이 있었는데, 그 크기에서 달랐다. 얼마나 오래 신었는지 굽은 거의 닳아 빠졌다.

구좌읍 송당리 김두향(1923년생, 남) 씨는 직접 나막신을 만들어 신었던 적이 있었다. 구좌읍 송당리 사람들은 장마 때 나막신을 신는 수가 많았다. 나막시은 '폭낭'(팽나무)이나 '사대기낭'(생달나무)으로 만드는 수가 많았다. 나막신 외부는 자귀로 다듬었고, 나막신 내부는 '공쉐자귀'로 다듬었다.

'공쉐자귀'는 날 폭이 비교적 좁은 자귀라는 말이다. 그리고 나막신 외부나 내부를 '긱쉐'로 다듬었다. '긱쉐'는 긴 자루에 옥거나 휘어진 날을 박아 만든 것으로 나무를 파거나 호비어 내는 도구라는 말이다. 나막신을 신지 않을 동안에는 나물 기름을 바르고 헝겊에 싸서 놓아두어야 오래 신을 수 있었다.

갑실신[도1-28]

'갑실신'은 말가죽을 실같이 잘게 오려서 말린 '갑실'로 만든 신이다. 바닥은 가죽을 재료로 하여 송곳으로 뚫어 짚신과 같이 만들었다. 달리 '꾐신'이라고도 한다. 이것은 홍○○ 씨가 소장하고 있는 것이다.

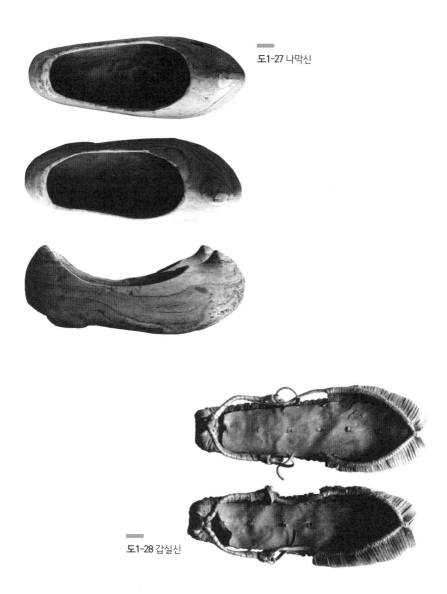

도1-27 나막신

도1-28 갑실신

가죽발레[도1-29]

'가죽발레'는 다리를 각반처럼 감싸주어 추위나 눈 위에 다니더라도 견딜 수 있게 만든 씌우개이다. '가죽발레'를 조선조 영조 41년(1765)에 편집된《증보 탐라지》(增補耽羅誌, 김영길 번역본)에서도 '발내'(發乃)라고 하면서, "발에 가죽 행전(行纏)을 속인들은 '발내'라고 하였다."라고 하였다. 이것은 제주대학교박물관에 있는 것이다. 구좌읍 송당리 김두향(1923년생, 남) 씨에게 '가죽발레'에 대하여 가르침받았다. '가죽발레'를 만드는 데는 개 3마리 몫의 가죽이 들었다. 동지섣달에 개가죽에 재워 소금을 치고 여러 번 비비면서 개가죽의 기름을 뺐다. 그리고 개가죽 주위에 대나무를 꿰어 팽팽하게 펼쳐 놓고 사나흘 동안 햇볕에 말렸다. '가죽발레'의 멋을 부리려고 검은 개가죽과 흰 개가죽을 섞어 만드는 수도 있었다. 겨울에 홑바지 위에 '가죽발레'를 신고 '발레친'이라는 끈은 허리에 묶었다.

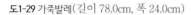

도1-29 가죽발레(길이 78.0cm, 폭 24.0cm)

가죽보선[도1-30]

　'가죽보선'은 마소 가죽으로 만든 버선 모양의 신이다. 이것은 제주대학교박물관에 있는 것이다. 조선조 영조 41년(1765)에 편집된 《증보 탐라지》(增補耽羅誌, 김영길 번역본)에서도, 제주도 사람들은 "가죽버선을 신어서 추위를 막는다. 이것이 없으면 발가락이 병들고 헐어 터지게 된다."라고 하였다. 구좌읍 송당리 김두향(1923년생, 남)씨에게 '가죽보선'에 대하여 가르침받았다. 쇠가죽의 털을 칼로 깎아내고 소금에 빨고 햇볕에 말렸다. 버선본을 대고 쇠가죽을 오렸다. '못장도리'로 구멍을 뚫었다. '못장도리'는 송곳 비슷한 것으로 구멍을 뚫는 데 쓰는 도구라는 말이다. 그리고 말총이나 '갑실'로 꿰맸다. '갑실'은 말의 뱃가죽을 오려 내어 만든 실이라는 말이다. '가죽보선'은 너무 뻣뻣하므로 발에 신을 때는 말기름이나 돼지기름을 바르고 신었다.

도1-30 가죽보선《제주의 바다, 땅, 그리고 사람》
(제주대학교박물관, 2012)에서.

비옷

　　　　　　　제주도의 비옷은 두 가지가 전승되었
다. '우장'이라는 비옷은 제주도 동부지역에서 전승되었고, '줍새기'
라는 비옷은 제주도 서부지역에서 전승되었다. 제주도 동부지역에
서는 '바령' 문화가 활발하게 전승되었다. '바령'이란 마소의 배설물
로 지력을 회복시키는 일이라는 말이다.

　마소의 배설물로 지력을 회복시키려고 마소를 몰아넣은 밭을 '바
령밧'이라고 하였다. '바령밧'에서 밤을 새우며 마소를 지킬 때, '우
장'(雨裝)은 필수품이다. 이때의 '우장'은 비옷임과 동시에 이불이다.
암소 농우가 절대적으로 우세하고, 암소 농우로 '바령'을 이루어내
는 제주도 북동부지역의 '우장'은 두 가지 기능을 하는 것이기에 예
사로울 수 없다(도1-31). 어쩌면 제주도 북동부지역의 '우장'은 세계
적인 문화유산이다. 반면에 제주도 서부지역에 전승되었던 '줍새
기'는 단순한 비옷에 지나지 않았다.

도1-31 우장 짜기(2007년 11월 30일, 구좌읍 송당리) 촬영 강봉석
구좌읍 송당리 김영근(1933년생, 남) 씨가 지난날의 삶의 과정을 뒤돌아보며 '우장'을
짜고 있다.

우장(雨裝)[도1-32]

 '우장'은 '새'(띠)로 엮어 어깨에 걸쳐 두르는 비옷이다. 제주도 동부지역 사람들은 밤에 '바령밧'에서 마소를 돌보는 동안 잠잘 때 야외 침구로도 사용하였다. '바령밧'은 봄부터 가을까지 소를 밤에만 일정한 밭에 가두어 놓고 소의 배설물로 거름을 얻는 밭이라는 말이다. 그러니 '우장'은 제주도 동부지역 남자들이 입는 수가 많았다. 구좌읍 송당리 김영근(1933년생, 남) 씨에게 '우장'에 대하여 가르침 받았다. '우장'을 만들 '새'(띠)를 음력 9, 10월 중에 베어냈다. 눈[雪] 맞았던 '새'는 여려서 '우장'을 만들 수 없었다. '새'는 '배설'(고갱이)과 '너울'(잎)로 구성되었는데, '배설'을 제거하였다. '배설'을 제거하는 일을 '너울 볼른다'고 하였다. '우장' 안쪽에는 '선코'와 'ᄀᆞ른코'가 있는데, '선코'는 20~25개, 'ᄀᆞ른코'는 40~45개 정도였다. 그리고 우장 '짓'(옷깃)에는 수꿩 '장꼴리'(꼬리깃) 3개를 곁들어 넣었다. 이는 '바령밧'에서 밤잠을 자는 동안에 벽사(辟邪)의 힘을 발휘한다고 믿었기 때문이었다.

도1-32 우장(1960년대, 제주도 동부지역) 촬영 홍정표
한 농부가 '우장'을 쓰고 소를 가꾸고 있다.

줍새기[도1-33]

'줍새기'는 '새'(띠)로 엮어서 허리나 어깨에 걸쳐 두르는 비옷이다. 안덕면 감산리 김보호 씨가 살아생전에 만들어 감산리 민속자료실에 기증한 것이다. '줍새기'는 겉은 털, 속은 그물처럼 짜 만들었다. 위에는 45cm의 줄과 그 줄을 끼워 묶는 고리가 달렸다. '줍새기'를 어깨에 걸치고 나서 줄을 고리에 걸어 묶었다. '줍새기'는 제주도 서부지역 남자들이 입는 수가 많았다. 비를 막으려고 이것을 둘러 입었을 때 머리에는 '정동벌립'이나 '털벌립'을 쓰는 수가 많았다. '정동벌립'은 댕댕이덩굴로 엮어 비교적 차양이 넓게 만든 벙거지, '털벌립'은 소가 털을 갈 때나 '부구리'를 긁을 때 빠지는 털을 모아 콩으로 만든 풀로 반죽하여 '모자골'에 맞게 만든 제주 특유의 것으로, 차양이 단단하고 넓어 주로 남자들이 밭이나 들에 갈 때는 물론 비올 때나 아니면 화살을 피하기 위해서도 쓰는 벙거지이다.

옷감 짜기
도구

이원조(李源祚, 1792~1871)는 《탐라지초본》(耽羅誌草本)에서, 제주도 여자들은 "짜는 일과 따는 일로 직업을 삼는다.(織採爲業)"라고 하면서, "땅이 누에를 치고 면화를 재배함에 알맞지 않으니 여자들은 양태를 짰고, 망건과 탕건을 결었고, 미역을 땄고, 전복을 찾아내는 것을 업으로 삼았다. 겨우 열 살에 이르면 이미 잠수하는 기술을 배우더라."라고 하였다.

제주도 소녀들은 열 살이 되는 해부터 '양태청'에서 양태 짜기를 배웠고, '망건청'에서 망건(網巾) 겯기를 배웠고, '탕건청'에서 탕건(宕巾) 겯기를 배웠다. 그리고 물속으로 들어가 미역을 따내는 일을 배웠다. 미역은 금채기(禁採期)가 있었다. 그래도 물질을 익히는 소녀들에게만은 예외였다. 그해에 물질을 익힐 소녀들은 당연한 듯 바닷가로 나섰다. 부모들은 어린 딸에게 '테왁'을 비롯한 여러 가지 도구들을 챙겨주었다. 어린 딸들은 테왁을 짚고, 미역을 베어내는 '종게호미'를 잡고 물속으로 뛰어들었다.

조선조 영조 41년(1765)에 편집된 《증보 탐라지》(增補耽羅誌, 김영길 번역본)에서는, "대정면에만 약간씩 목화를 재배한다. 그러나 꽃을 맺음이 매우 적어서 육지와는 크게 다르다."(大靜面只有若干木花 而結花甚小 與陸地大異)라고 하였다. 여기에서 '대정면'은 지금의 서귀포시 중문동과 그 주변 일대를 가리킨다. 그러니 옷감 짜기에 따른 도구는 이 일대에서만 전승되었다고 하여도 지나치지 않다.

브르는물레[도1-34]

‘브르는물레’는 면화씨를 발라내는 물레이다. 이것은 안덕면 감산
리 민속자료실에 있는 것이다. ‘브르는물레’ 밑바닥을 이루는 몸통
을 ‘버텅’이라고 한다. ‘버텅’ 좌우에 2개의 기둥을 세웠는데, 이를
‘부출’이라고 한다. 그 사이 아래쪽에서부터 위로 ‘세역’이라는 나무
뭉치, 고정되어 있지 못하고 노는 나무판자, 손잡이를 돌려가는 대
로 목화송이에서 씨앗이 빠지게 된 2개의 ‘물렛살’이 있다. ‘물렛살’
의 끝에 있는 꽈배기는 서로 맞물리며 돌아간다. 감산리 사람들은
꽈배기를 ‘물레귀’라고 한다. ‘물렛살’은 ‘가시낭’(가시나무)으로 만든
다. 그래야 ‘물레귀’도 함부로
타지지 않아서 좋다. ‘물렛살’
과 ‘물레귀’에 돼지기름이나
나물 기름을 발라주기도 한
다. 그래야 ‘물렛살’과 ‘물레
귀’가 잘 돌아가면서 목화 씨
앗도 잘 빠졌다.

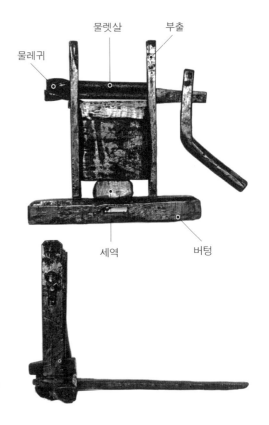

도1-34 브르는물레
(가로 38.5cm, 세로 10.7cm, 높이 53.6cm)

미녕솔[도1-35]

'미녕솔'은 '미녕'(무명)을 짜려고 베매기할 때 실올에 풀을 먹이는 솔이다. 이것은 안덕면 감산리 오임규 씨의 어머니(1916년생)가 감산리 민속자료실에 기증한 것이다. '미녕솔'은 순비기나무 뿌리를 뭉뚱그리고, 손잡이 자리에 베 조각을 씌우고 '춤정동'(댕댕이덩굴의 일종) 줄로 묶어 만들었다. 1950년대에 안덕면 사계리 김 씨에게 하루 품삯을 주고 만들었다. '미녕솔'에 해조류인 가시리 풀을 적시고 '미녕실'(무명실)에 먹이는 경우가 많았다.

도1-35 미녕솔(지름 8.0cm, 높이 25.0cm)

제2장

식생활과
도구

제주도 사람들은 전작 풍토의 잡곡 재배문화 속에서 살아왔다. 보리, 조, 메밀 등 잡곡이 주식을 이루었다. 이를 장만하거나 식품을 가공하기에 필요한 도구들을 만들어 써야 했기에, 그에 따른 식생활 도구들이 요구될 수밖에 없었다. 식생활과 도구는 저장에 따른 도구, 취사도구, 식품 가공 도구로 나누고자 한다.

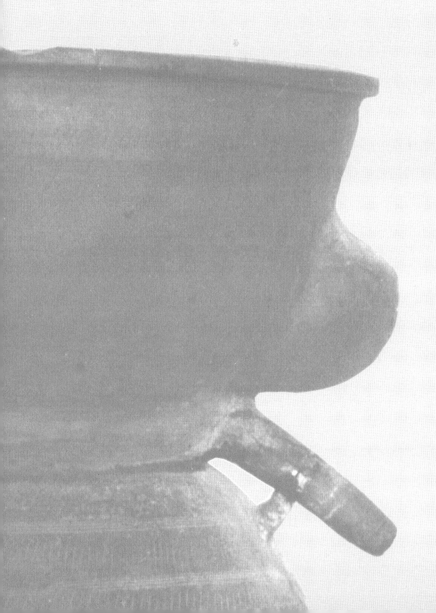

식생활과
도구

제주도 식생활 도구의 형성배경은 지정학적 격절성(隔絶性)과 풍토적 조건으로 말미암은 잡곡 재배문화, 두 가지 측면에서 규정지을 수 있다. 제주도는 지정학적으로 육지부와 멀리 떨어졌다. 그러니 생활관습은 물론이고 식생활 도구까지도 독자성을 유지하였다. '푸는체'(키)나 항아리 등 전문성이 요구되는 극소수의 식생활 도구는 제주도 안에서 물물교환이라도 가능하였지만, 그 이외의 것은 각 가정에서 손수 만들어 써왔기에 제주도 식생활 도구는 쓰임이 같은 도구라도 그 형태는 다양하였다.

제주도 사람들은 전작(田作) 풍토의 잡곡 재배문화 속에서 살아왔다. 보리, 조, 메밀 등 잡곡이 주식을 이루었다. 이를 장만하거나 식품을 가공하기에 필요한 도구들을 만들어 써야 했기에, 그에 따른 식생활 도구들이 요구될 수밖에 없었다. 식생활과 도구는 저장에 따른 도구, 취사도구, 식품 가공 도구로 나누고자 한다.

저장에 따른 도구

          여러 가지 식료품이나 식품은 일정한 그릇에 저장한다. 고체나 액체의 식품에 따라 이를 저장하는 방법과 그릇도 다르다. 같은 도구나 용기라고 하더라도 사용자의 의도에 따라 쓰임을 달리하는 수도 있다.

발뒤주[도2-1]

'발뒤주'는 뒤주 받침인 발이 네 귀에 달린 뒤주이다. 발이 돋보이는 뒤주라서 '발뒤주'라고 한다. 이것은 서귀포시 대포동 이지환(1925년생, 남) 씨네 집에서 쓰던 것이다. 이 씨의 증조부(1827~1900)가 살아생전에 만들어 쓰던 것이다. 이 씨 집안에는 이와 같은 '발뒤주'가 3개 있었는데, 그중 하나만 남았다. 네 개의 발 기둥을 세우고, 위와 아래에 가로막대 2개를 박았다. 그것에 의지하여 나무 상자를 얹어 놓았다. '발뒤주' 뚜껑은 위쪽에 나 있다. 탈곡을 끝낸 겉곡을 담아두었다. 이것에 겉곡 23말을 보관할 수 있었는데 때때로 꺼내어 'ᄀ레'(맷돌)나 '물 ᄀ레'(연자매)에서 갈아 알곡을 만들었다.

도2-1 발뒤주(가로 71.0cm, 세로 406cm, 높이 72.0cm)

둥실이[도2-2]

'둥실이'는 탈곡을 마친 메밀, 밭벼, 보리, 콩 따위의 비교적 굵은 곁곡을 담아두던 바구니다. 조나 피 등 작고 좀스러운 곁곡을 담아 두는 일은 없었다. 이것은 필자가 2000년 5월에 남원읍 신흥리에 사는 죽세공 김윤탁(1919년생, 남) 씨에게 부탁하여 만든 것이다. '둥실이'는 제주도의 전통적인 직사각형 바구니인 '구덕'처럼 만들었지만, 위로 올라갈수록 항아리처럼 둥실하게 만들었다. 옹기항아리가 귀했던 시절에 탈곡을 끝낸 메밀, 밭벼, 보리, 콩 등 비교적 방울이 큰 곁곡을 이것에 담아두었다.

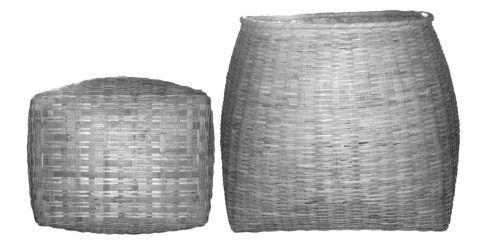

도2-2 둥실이(가로 57.0cm, 세로 39.0cm, 높이 54.0cm)

물항[도2-3]

　'물항'은 집에서 먹고 쓸 물을 '허벅'으로 길어다 부어놓고 쓰는 물독이다. '물항'은 '정지'(부엌) 한쪽 구석에 놓아두었다. 식수를 운반하는 일은 여자의 일거리였다. "그 집 며느리 물항 보면 안다."라는 말이 전승되고 있으니 말이다. 제주도 옹기 역사는 정확하게 지적할 수 없지만, 김정(金淨, 1486~1521)은 《제주풍토록》(濟州風土錄)에 "물을 길어 목통에 담아지고 나른다."(汲必以木桶負行)라고 하였으니 말이다. 김정이 제주도 유배 동안까지만 하더라도 제주도 사람들은 옹기인 '허벅'이 아닌 나무 그릇인 '목통'(木桶)으로 물을 지어 날랐다는 것이다. 그때의 '목통'은 지금 가늠할 수 없지만, 그 이후에 제주도에 옹기 기술이 도입되고 나서야 '허벅'이 만들어졌을 것이다. 제주도에 옹기 기술이 도입되기 전에는 '물항'도 제주도에서 만들지 못하였을 것이다. 그 전에 '정지'에 식수를 보관해두었던 '물항'은 어떤 모습이었을까.

　애월읍 구엄리에서는 1940년대까지만 하더라도 소금을 만들었다. 바닷물을 농축시킨 '근물'[鹹水]을 만들어 저장하여 두었다가 겨울에 솥에서 달여 소금을 만들었다. 이때 '근물'을 저장하는 시설을 '혹'이라고 하였다. 애월읍 구엄리 고재륜(1926년생, 남) 씨에게 '혹' 만들기 가르침을 받았다. 찰흙을 이겨 굵기 8cm로 길쭉하게 만든다. 그것을 항아리처럼 빙빙 돌려 쌓았다. 그리고 나서 안쪽을 젖은 헝겊으로 문질렀다. 그 바깥으로는 헐린 멍석 조각을 둘러 감고, 노끈 따위로 빙빙 감았다. 그 안에 '근물'을 가득 담아두었다. 제주도에 옹기문화가 들어와 일반화되기 전에는 집 안에서 식수를 '혹'에 저장하였을 것이다.

도2-3 물항(1960년대, 제주도) 촬영 홍정표

물둠이[도2-4]

'물둠이'는 물을 길어 붓고 쓰는 큰 가마인 물두멍이다. 이것은 조천읍 신촌리 김○○(1910년생, 여) 씨 집에 있는 것이다. 김 씨가 16살이 되는 해에 시집을 오고 보니 이 '물둠이'에 물을 길어 붓고 쓰고 있었다. '물둠이'는 뚜껑이 없는 솥 모양이다. '물둠이' 둘레에는 양각으로 문양을 새겨놓았다. '물둠이'에는 '허벅' 8개의 물이 들어갔다. 평상시에는 '굴묵이'(느티나무) 판자로 뚜껑을 덮어두었다. 1986년에 집을 수리하면서 '정지'에 놓아두었던 '물둠이'를 마당으로 옮기다가 부리가 깨졌다. 지금은 정원으로 옮겨 놓고 물을 담아 금붕어를 키우고 있었다.

도2-4 물둠이(몸통 지름 79.0cm, 입지름 59.0cm, 높이 40.0cm)

춤항[도2-5]

'춤항'은 '춤'에서 모아진 빗물을 받아두는 항아리이다. '춤'은 짚으로 조금 넓적하게 엮어서 나무의 줄기를 타고 흘러내리는 빗물을 한데 모으는 도구이다. '춤'을 매단 나무를 '춤낭'이라고 한다. '춤낭'은 상록수인 수가 많다. '춤항'은 '안거리'(안채) 뒤쪽에 외부인이 함부로 출입할 수 없는 공간에 설치하는 수가 많았다. 안덕면 감산리 고병수(1916년생, 남) 씨 가르침에 따르면, 안덕면 관내에서도 비교적 식수가 귀한 상창리, 덕수리, 동광리, 서광리 등지에서는 '춤항'이 전승되었지만, 식수가 넉넉한 감산리, 창천리 등지에서는 전승되지 않았다.

표선면 가시리 사람들은 '춤'을 통해 받은 '춤항'의 물을 '춤받은물'이라고 하였다. 표선면 가시리 한신화(1921년생, 여) 씨는 '춤받은물'을 먹으면서 살았다. 표선면 가시리에서는 보리마당질을 하고 나서도 몸을 씻을 물이 없으니, 끝이 닳아서 무디어진 비인 '모지락비차락'으로 몸에 붙은 보리 가시랭이를 쓸었을 정도로 물이 귀한 곳이었다. 표선면 가시리 사람들은 '춤받은물'을 마련하려고 울안에 동백나무를 심었다. 동백나무에 '춤'을 매고 항아리에 물을 받았다. '춤받은물'에는 올챙이 새끼인 '고노리'가 일었다. '허벅' 부리에 헝겊을 올려놓고 오목하게 만들었다. 물바가지로 '춤받은물'을 떠 '허벅'에 부었다. '고노리'는 헝겊으로 걸러지고 물만 '허벅' 속으로 들어갔다. 이렇게 마련한 '춤받은물'을 식수로 썼다.

도2-5 춤항(1960년대, 제주도) 촬영 홍정표

술허벅[도2-6]

　'술허벅'은 술을 담아두는 '허벅' 모양의 옹기그릇이다. 이것은 표선면 성읍리 김을정(1925년생, 여) 씨가 쓰던 것이다. '술허벅'은 식수 운반 도구로 모양이 둥글며 배가 불룩하고 아가리는 좁은 '허벅'과 비슷하지만, '술허벅' 아가리는 '허벅'의 아가리보다 좁다. '술허벅' 아가리를 '허벅'의 그것보다 좁게 만든 것은 정성스레 빚어낸 술을 고스란히 저장하기 위한 것이다. '술허벅'에 술을 담아 나무 마개로 막고, 다시 콩가루를 반죽하여 만든 풀을 발라 저장하였다.

도2-6 술허벅

술춘이[도2-7]

'술춘이'는 일제강점기 때 많은 양의 술을 담아두던 항아리이다. 이것은 안덕면 덕수리 김통립(1947년생, 남) 씨 집에 있는 것이다. '술춘이'의 '춘이'는 술통의 뜻을 지닌 일본어 'たる'(樽)의 제주도식 발음이다. '술춘이'는 좁고 긴 원통형의 몸통에 주둥이는 좁고 목은 짧다. '술허벅'이 집 안에서 빚은 술을 저장하였던 항아리였다면, 이것은 술 공장에서 대량으로 생산된 술을 운반할 때 쓰던 항아리이다. '술춘이'는 15되들이 항아리인데, 술 공장에서는 14되만 담았다. 그 당시 제주도 여러 민가에서 큰일 때에는 '술춘이'에 담긴 술을 사다 쓰는 수가 많았다. '술춘이'를 쓰고 나서는 어깨 쪽을 조심히 깨서 항아리로 쓰는 수도 있었다. 조선총독부에서는 자급자족(自給自足)하던 주조(酒造)를 금한 대신, 대규모의 주조공장을 허락하였다. 1928년에 지금의 제주시에 제주주조회사(濟州酒造會社)가 설립되면서 제주도 여기저기에 술 공장이 늘어났다. 제주도 사람들은 자연스럽게 '술춘이'에 담긴 술로 큰일을 치르게 되었다.

도2-7 술춘이(높이 56.6cm)

코장테[도2-8]

'코장테'는 그릇의 한쪽 끝에 물길을 만들어 물이나 기름 따위를 다른 그릇으로 붓기 좋게 만든 그릇이다. 이것은 제주대학교박물관에 있는 것이다. 제주도에는 이와 같은 모양의 '코장테'를 나무토막을 다듬어 만든 것도 전승되었다. 이를 '낭장테'라고 일렀다. 타카하시 노보루(高橋昇)의 제주도 필드 노트에는 지금의 제주시 아라동에서 배합비료(配合肥料)를 물에 섞어 고구마를 심은 밭에 웃거름으로 줄 때 '코장테'에 담아 주었다고 하였다.18)

도2-8 코장테(지름 32.3cm, 높이 11.2cm)

장통[도2-9]

  '장통'은 산이나 바다 등 집 바깥으로 일하러 갈 때 된장을 담아가려고 나무나 대나무로 만든 통이다. 이것은 제주민속촌에 있는 것이다. 왕대를 잘라 만들었다. '장통'을 만들 때는 우선 잘라낸 나무나 대나무 통을 솥에서 삶았다. 이때 살균의 목적으로 참기름을 살짝 띄우기도 하였다. '장통' 몸통 위에 '굴무기'(느티나무)를 곱게 다듬어 만든 뚜껑을 덮었다. 뚜껑 양쪽에 구멍이 나 있다. '장통' 뚜껑이 쉬 열리지 않게 구멍에 줄을 걸고 밑으로 묶었다.

감주펭[도2-10]

  '감주펭'은 감주(甘酒)를 담는 '펭'(병)이다. 이것은 구좌읍 행원리 고일권(1939년생, 남) 씨 집에서 쓰던 것이다. 감주(甘酒)를 담아두거나 제상에 올리는 '펭'(병)으로 쓰는 경우가 많았다. 순백자의 전형적인 술병이다.

도2-9 장통(지름 10.5cm, 높이 10.0cm)

도2-10 감주펭(높이 20.8cm, 밑굽 지름 7.8cm, 입 지름 1.5cm)

지동이[도2-11]

'지동이'는 질그릇 동이라는 말이다. 이것은 구좌읍 행원리 고일권(1939년생, 남) 씨 집에서 쓰던 것이다. 허리에는 손잡이가 있다. 고씨 부인 강 씨는 이 '지동이'를 시어머니에게 물려받았다. 제주도가 아닌 육지부 사람들은 배에 항아리를 가득 싣고 행원리 '한갯목' 포구까지 와서 파는 수가 많았다. 그때 고 씨 어머니가 사서 쓰던 것이다. 이것은 원래 제주도가 아닌 육지부에서는 물을 길어 머리에 이어 나르는 운반 도구인 '물동이'였다. 행원리 사람들은 이것에 된 장이나 장물을 임시로 담아두거나 나르는 도구로 쓰는 경우가 많았다.

도2-11 지동이(높이 24.0cm, 입 지름 34.8cm)

갱장텡이[도2-12]

‘갱장텡이’는 제사에 쓰는 국인 ‘갱’(羹)을 담아 나르는 ‘장텡이’(장태)다. ‘장텡이’는 양푼 모양으로 하되 그보다 크게 만든 질그릇이다. 허리에 손잡이도 달렸다. 제삿날 ‘정지’(부엌)에서 갱을 담고, ‘상방’까지 들고 갈 때 쓰이는 경우가 많았다. 이것은 구좌읍 행원리 고일권(1939년생, 남) 씨 집에서 쓰던 것이다. 고 씨 부인 강 씨는 이 ‘갱장텡이’를 시어머니에게 물려받았다. 제주도가 아닌 육지부 사람들은 배에 항아리를 가득 싣고 행원리 ‘한갯목’ 포구까지 와서 파는 경우가 많았다. 그때 고 씨 어머니가 사서 쓰던 것이다.

도2-12 갱장텡이(높이 18.0cm, 입 지름 31.6cm)

취사도구

제주도에서 전승되었던 취사도구 중에서 '솟'(솥)은 중요하였다. 크기에 따라 두말띠기, 웨말띠기, 다두테기, 옹조리 4가지 솥이 전승되었다. 그리고 솥은 돼지의 크기를 가늠하는 수단으로도 작용하였다. 구좌읍 평대리 한윤혁(1920년생, 남) 씨 가르침에 따르면, 돼지의 크기에 따라 "흔 솟은 ㅎ키여(하겠네), 두 솟은 ㅎ키여, 세 솟은 ㅎ키여!"라는 말이 전승되었기 때문이다. '도새기'(돼지) 크기가 몇 '솟'(솥)에서 삶을 정도냐는 것이었다. 그래서 "흔 '솟' 값에 산 '도새기'가 두 '솟'이 되었구나."라는 말도 전승되었다. 그리고 취사에 따른 부수적인 도구들도 전승되었다.

두말띠기[도2-13]

　‘두말띠기’는 한 번에 쌀 두 말을 익혀 밥을 지을 수 있는 크기의 솥이다. ‘두말띠기’의 솥뚜껑을 열었을 때 솥 입 지름은 41.0cm이다. 이것은 안덕면 감산리 민속자료실에 있는 것이다. 집안에서 큰일을 치를 때 밥을 짓거나 고기를 삶을 때 쓰는 경우가 많았다. 제주도의 ‘정지’(부엌)에 전기와 가스가 들어오면서 정지 공간의 구조와 생활 양식이 크게 변하였다. 안덕면 감산리의 경우 전기는 1969년, 그리고 가스는 1979년부터 들어왔다. 가벼운 밥솥과 냄비가 무거운 무쇠솥을 몰아냈다. 안덕면 감산리에는 4가지의 솥이 전승되었다. ‘웨말띠기’는 한 번에 쌀 한 말을 익혀 밥을 지을 수 있는 크기의 솥이다. 달리 ‘말치’라고도 한다. ‘말치’는 한 말 정도의 분량이라는 말에서 온 말이다. 집안 식구들이 먹을 밥을 짓는 솥이다. 술을 빚는 ‘고소리’나 떡을 찌려고 시루를 얹는 수도 있었다.

도2-13 두말띠기(높이 35.0cm, 입 지름 41.0cm)

다두테기[도2-14]

'다두테기'는 쌀 두 되 정도를 익힐 수 있는 크기의 솥이다. 제주도에서 전승되는 솥 중에서 중간 크기라서 '중솟'이라고도 한다. 이것은 안덕면 감산리 민속자료실에 소장하는 것이다. '다두테기'의 솥뚜껑을 열었을 때 입 지름은 29.7cm이다. 식구가 단출한 집안에서 밥을 짓거나, 그것에 맞는 시루를 앉히기도 하는데, 이때의 시루를 '다두테기시리'라고 한다.

도2-14 다두테기(높이 23.0cm, 입 지름 29.7cm)

옹조리[도2-15]

'옹조리'는 제주도에서 전승되는 솥 중에서 가장 작은 것으로 주로 반찬 만드는 솥이다. 이것은 불미공예(제주특별자치도 무형문화재 제7호) 송영화(1922년생, 남) 씨가 만든 것이다. 솥뚜껑을 열었을 때 입지름은 16.5cm이다. 더러 늙은 부모 혼자 먹을 몫의 밥을 짓는 솥으로 쓰이는 수도 있었다. 달리, '동자솟' 또는 '잔철'이라고도 한다.

도2-15 옹조리(높이 19.0cm, 입 지름 16.5cm)

부지뗑이[도2-16]

 '부지뗑이'는 밥솥 따위에서 불을 땔 때, 불을 헤치거나 끌어내거나 거두어 넣거나 하는 데 쓰는 부지깽이다. 이것은 구좌읍 하도리 조창진(1920년생, 남) 씨 집에 있는 것인데, '가시낭'(가시나무) 가지를 다듬어 만들었다. '가시낭'은 여문 나무이기에 불을 헤치거나 고르는 동안에 불이 쉬 달라붙지 않아서 '가시낭'으로 '부지뗑이'를 만들면 오래 쓸 수 있었다.

솟뒈약새기[도2-17]

 '솟뒈약새기'는 솥에 달라붙은 누룽지 따위를 긁어내는 나무 그릇이다. 이것은 조천읍 선흘리의 선흘초등학교에 있는 것이다. '주밤낭'(구실잣밤나무)으로 만들었다. 제주도 알드르 마을 사람들은 자그마한 전복 겉껍데기 따위로 솥 바닥에 붙은 누룽지 따위를 긁어내었지만, 웃드르에 있는 이 마을 사람들은 이것으로 솥 바닥을 긁어내는 도구로 썼던 모양이다. 이것은 조천읍 선흘리에서 쌀 양을 가늠할 때 쓰는 일종의 가정용 되인 '뒈약새기'보다 작게 만든 것이다.

도2-16 부지땡이(길이 81.0cm)

도2-17 솟뒈약새기
(가로 17.4cm, 세로 10.6cm, 높이 14.0cm)

배수기[도2-18]

'배수기'는 죽을 쑤는 동안 고르게 끓게 하려고 죽을 휘젓는 나무 방망이인 죽젓광이이다. '배수기'를 달리 '남죽', '날술'이라고 일렀다. 이것은 안덕면 감산리 민속자료실에 있는 것이다. '사오기'(벚나무)로 만들었다. 제주도 '배수기'는 죽을 쑤는 동안에는 물론 보리밥을 짓는 동안 물이 골고루 감돌게 하려고 저어줄 때, 보리나 콩을 볶으면서 골고루 볶아지게 저어줄 때, 그리고 콩죽을 쑬 때 죽이 솥 바닥에 눌어붙지 않게 저어줄 때도 쓰였다. 그리고 '배수기'는 이사할 때 가지고 가지 않는다는 속신(俗信)도 전승되었다.

우금[도2-19]

'우금'은 밥을 푸는 놋쇠로 만든 도구인 밥주걱이다. 이것은 안덕면 감산리 민속자료실에 있는 것이다. 전라남도 조도군도에서는 '밥죽'이라는 도구가, 죽을 쑤는 동안 고르게 끓게 하려고 죽을 휘젓는 기능과 밥을 푸는 기능을 같이하고 있었다. 이것은 진도군 조도면 눌욱도리 박상례(1939년생, 여) 씨가 만들어 쓰던 것이다.[도2-20] 박 씨는 일찍 남편을 여읜다. 남편의 일까지 대신 이루어내었다. 1970년쯤 음력 10월 어느 날 이 섬에 있는 팽나무를 톱으로 잘라냈다. 팽나무 토막을 밧줄에 단단하게 묶었다. 팽나무 토막을 바닷물에 1년 동안 담갔다가 꺼냈다. 팽나무 토막을 자귀와 칼로 다듬고 깎아 '밥죽'을 만들었다. 박 씨의 팽나무 '밥죽'은 지금도 깨지거나 터진 금이 보이지 않았다.

도2-18 배수기(길이 51.8cm, 폭 5.0cm)

도2-19 우금(길이 31.7cm)

도2-20 밥죽(길이 36.5cm)

남자[도2-21]

'남자'는 나무로 만든 국을 뜨는 국자이다. 이것은 안덕면 감산리 민속자료실에 있는 것이다. '사오기'(벚나무)로 만들었다. 솥에서 끓인 국·죽 등의 음식을 떠내는 도구이다.

장물국자①[도2-22]

'장물국자'①은 필요할 때마다 항아리에 담아 둔 장물을 조금씩 떠내는 도구이다. 국자가 국이나 죽 등의 음식을 떠내는 그릇이라면, 이것은 주로 장물을 떠내는 도구이다. '장물국자'는 나무 국자 모양이지만 그것보다 작다. 이것은 제주대학교박물관에 있는 것이다. '사오기'(벚나무)를 다듬어 만들었다. 자루 끝에 끈을 묶어 쓰지 않을 때는 '정지'(부엌) 한쪽에 걸어두었다.

도2-21 남자(길이 48.0cm)

도2-22 장물국자❶(길이 25.5cm)

장물국자②[도2-23]

 '장물국자'②는 필요할 때마다 항아리에 담아 둔 장물을 조금씩 뜨는 도구이다. 먼 남쪽 나라에서 난류를 타고 온 야자 열매로 만들었다. 이것은 구좌읍 하도리 부영성(1917년생, 남) 씨 집에서 쓰던 것이다. 그리고 구좌읍 하도리 사람들은 야자 열매를 '대으름'이라고 하였다. 조선조 영조 41년(1765)에 편집된《증보 탐라지》(增補耽羅誌, 김영길 번역본)에서는, "충암록(沖庵錄)에 야자가 바다에서 떠오르는데 고을 사람들이 죽실(竹實)이라 부른다."(沖庵錄 椰子自海中浮來 州人謂之 竹實)라고 하였다. 그 당시에도 제주도 사람들은 야자 열매를 '대으름'이라고 일렀던 모양이다. 야자나무는 열대식물이기 때문에 인도네시아 등 열대지방에서 물살을 타고 제주도까지 흘러와 닿은 것이다. 이것을 두 쪽으로 내어 이렇게 그릇을 만들어 썼다. 일본열도 남쪽 지방에도 야자나무 열매가 비교적 많이 흘러와 닿는데, 이것으로 만든 잔에 술을 따라 마시면 운수가 좋거나 장수한다고 믿는 습속이 전승되었다.[19]

도2-23 장물국자❷
(가로 13.0cm, 세로 14.4cm, 높이 18.0cm)

돌화리[도2-24]

'돌화리'는 돌로 만든 화로(火爐)이다. 이것은 조천읍 함덕리 고선립(1921년생, 남) 씨가 만들어 집에서 쓰던 것이다. 1950년대에 고 씨는 이 마을 '고두물'이라고 하는 곳에서 캐어낸 돌로 '돌화리'를 만들었다. '돌화리' 위에는 9.0cm 깊이로 홈을 냈다. '돌화리'는 집 안에서 난방용으로 쓰이기보다 제수용 적(炙)이나 묵을 구울 때 쓰는 수가 많았다. '돌화리'에서 적이나 묵을 구울 때는 '적쉐'(석쇠)를 가로로 올려놓고 적꼬치를 세로로 걸쳤다.

도2-24 돌화리(가로 50.0cm, 세로 28.0cm, 높이 20.0cm)

풍로(風爐)①[도2-25]

'풍로'는 화로의 하나이다. 흙과 쇠붙이로 만드는데, 아래에 바람 구멍을 내어 불이 잘 붙게 하였다. 풍로①은 조천읍 선흘리 오태권(1916년생, 남) 씨가 1969년에 오일장에서 사서 쓰던 것이다. 아래쪽에는 지름 6.4cm의 구멍이 나 있고, 안쪽에 쇳조각을 박아 놓았다. 그 위에 숯을 담아 불씨를 붙이고, 아래 구멍에서 바람을 일으키면 쉬 불이 피어오른다. 그 위에 '적쉐'(석쇠)를 올려놓고 마른고기를 굽기도 하였다.

제주도의 전통적인 고기 굽기는 돌화로에서 이루어졌는데, 이와 같은 풍로는 일제강점기 때 일본열도에서 들어온 것이다. 이것을 달리 '간데기'라고 한다. '가데기'는 일본어 '칸테키'(カンテキ)에서 온 말이다. 일본열도에서는 '칸테키'를 원래 흙으로 만들었으나, 메이지(明治) 시대 이후에 철제품이 등장하였다.[20] 1960년대, 제주도 농촌 학생들이 지금의 제주시 자취방에서 생활할 때 이것에 숯불을 피워 밥을 지어 먹기도 하였다. 1970년대부터 석유 난로가 보급되면서부터 '간데기'는 자취를 감추었다.

풍로(風爐)②[도2-26]

풍로②는 돌멩이로 만든 화로의 하나이다. 이것은 제주돌문화공원에 있는 것이다. 돌멩이 위쪽에는 홈을 내고 아래 한쪽에는 지름 5cm의 구멍을 냈다. 이 구멍으로 바람이 들어가면서 안에 있는 숯불이 타들어 간다. 이와 같은 풍로는 제주도의 전통적인 것은 아니

니, 일본열도에서 '간데기'가 들어온 이후에 제주도 어느 집에서 돌
멩이로 만들어 쓰던 것이다.

도2-25 풍로❶(높이 22.0cm, 지름 24.7cm)

도2-26 풍로❷(높이 24.0cm, 지름 34.5cm)

적쉐[도2-27]

'적쉐'는 숯불 따위에서 고기를 굽는 도구인 석쇠이다. 이것은 조천읍 선흘리 오태권(1916년생, 남) 씨가 1979년쯤에 오일장에서 사서 쓰는 것이다. 구리철사로 직사각형 모양의 철망(鐵網)을 두 개 만들고, 고리로 이어 붙였다. 그 사이에 고기를 놓고 안팎으로 뒤집으며 굽게 되었다. '적쉐'는 일제강점기 때부터 풍로와 함께 일본열도에서 전래하였을 가능성이 있다.

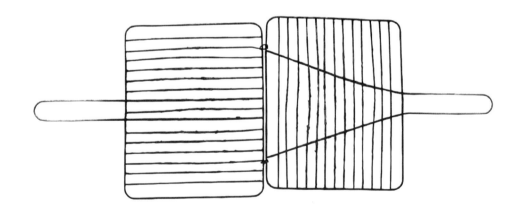

도2-27 적쉐(가로 44.0cm, 세로 30.0cm)

식품 가공 도구

여러 가지 전통적인 식품 가공, 그리고 식품 가공 도구들이다. 그리고 알곡을 장만하는 도구들도 전승되었다.

ᄀ레[도2-28]

'ᄀ레'는 맷돌이라는 말이다. 'ᄀ레'는 '갈다'의 제주어 '굴다'의 '굴-'과 명사형 어미 '-에'로 이루어진 말이다. 조선조 영조 41년(1765)에 편집된《증보 탐라지》(增補耽羅誌, 김영길 번역본)에서는, "지방 풍속이 노역하는 일은 모두가 여자에게 시킨다. 두세 사람이나 네댓 사람이 함께 같은 절구를 찧으면서 절구질 노래를 부르는데 음조가 매우 곤고(困苦)하게 느껴진다. 맷돌을 돌리며 부르는 노래도 또한 그렇다."(土風 凡勞役之事皆使女. 或二三人 或四五人 搗一臼, 必發相杵之歌 音調甚苦. 旋磨之歌亦然)라고 하였다. 이것은 안덕면 감산리 민속자료실에 있는 것이다. 안덕면 감산리 사람들은 'ᄀ레'를 안덕면 화순리와

경계점에 있는 '굴렁팟'과 '창고내'의 돌멩이로 만들었다. 'ᄀ레'는 위짝과 아래짝으로 구성되었다. 회전하는 중심에 꽂힌 여문 나무를 '중수리', 위짝에 있어 '중수리'를 싸서 돌게 된 구멍을 '중수리고망' 이라고 한다. '중수리'를 만드는 나무는 '솔피낭'(쇠물푸레나무)이다. 위짝에는 쌀을 넣는 구멍과 '족낭'(때죽나무)으로 만든 'ᄀ' 자 모양의 손잡이가 꽂혀 있다. 쌀을 넣는 구멍 위쪽 주위에는 둥그렇게 홈을 냈다. 이를 'ᄀ렛홈'이라고 한다. 다시 'ᄀ렛홈' 한쪽에 구멍을 냈다. 이 구멍을 'ᄀ렛혹'이라고 한다. 'ᄀ렛혹'은 'ᄀ레' 위짝 'ᄀ렛홈'에 낸 구멍으로, 이곳으로 알곡을 집어넣어 갈게 된 구멍이라는 말이다. 'ᄀ렛혹' 바닥에는 시멘트를 발랐다. 제주도 화산 돌은 구멍이 숭숭 뚫렸기 때문에 쌀이 그 속으로 들어가지 못하게 메운 것이다. 안덕 면 감산리 사람들은 'ᄀ레'에서 메밀, 콩, 벼, 나무 열매 따위를 갈았 다. 보통 두 사람이 'ᄀ레ᄌ럭'(맷손)을 마주 잡고 앉아 돌리는 경우 가 많았다.

ᄀ레채경[도2-29]

'ᄀ레채경'은 긴 막대를 'ᄀ레'(맷돌)의 맷손에 가로질러 박아 멀리서 그 한쪽 끝을 잡아 밀고 당기는 대로 'ᄀ레'가 가볍게 돌아가도록 하는 보조 맷손이다. 이것은 제주대학교박물관에 있는 것이다. '가시낭(가시나무)'을 다듬어 만들었다. 'ᄀ레'는 보통 두 사람이 돌리지만, 세 사람이 돌릴 때는 'ᄀ레채경'을 쓰기도 하였다. 제주도 민요 중에 다음과 같은 노래도 전승되고 있듯이, 'ᄀ레'에서 양식을 장만하는 일은 가볍지 않았다.

> ᄀ렌 보난
> 혹 어신 ᄀ레
> 내가 들엉
> 혹을 놓자[21]

'ᄀ레'(맷돌)에 혹이 없다는 말은 무슨 말인가. 여기에서 '혹'은 'ᄀ렛혹'이다. 'ᄀ렛혹'은 'ᄀ레' 위짝 'ᄀ렛홈'에 낸 구멍으로, 이곳으로

도2-29 ᄀ레채경(길이 67.8cm)

알곡을 집어넣어 갈게 된 구멍이라는 말이다. 'ᄀᆞ렛혹'에 알곡이 가득 들어있기 때문에, 보이지 않게 되었다는 말이다. 그러니 내가 들어가 앉아서 'ᄀᆞ렛혹'을 놓자는 것이다. 곧 'ᄀᆞ레'에서 알곡을 갈아 'ᄀᆞ렛혹'이 보이게 하겠다는 다짐의 노래이다. 'ᄀᆞ레'는 보통 두 사람이 손잡이를 마주 잡고 앉아 돌렸다. 'ᄀᆞ레채경'과 'ᄀᆞ레'와의 마찰을 줄이려고 'ᄀᆞ레채경'이 끼워진 손잡이 위아래에 짚으로 꼰 노를 두르기도 한다. 이를 '뜸'이라고 한다. 두 사람이 손잡이를 잡아 'ᄀᆞ레'를 돌릴 때 다른 한 사람은 뒤에 물러앉아 'ᄀᆞ레채경' 끄트머리를 잡아 밀고 당기며 돕는다. 제주도 민요 중에 'ᄀᆞ레'를 지남석(指南石)에 비유한 경우도 있다.

> ᄀᆞ렌 보난
> 지남석 ᄀᆞ레여
> 지남석도 모다나들믄
> 개볍고나[22]

'ᄀᆞ레'를 보니 '지남석ᄀᆞ레'라는 것이다. '지남석ᄀᆞ레'는 자석처럼 위와 아래의 'ᄀᆞ레' 짝이 딱 붙어서 돌리는 데 힘이 든다고 여겨지는 것으로, 무게가 무거워서 갈기가 힘든 'ᄀᆞ레'라는 것이다. 이럴 때 여럿이 모여들면 '지남석ᄀᆞ레'는 가벼워진다는 것이다. 이럴 때는 'ᄀᆞ레채경'이 필수품으로 작용하였다.

정 ᄀ레[도2-30]

‘정ᄀ레’는 한 사람이 가볍게 맷돌을 돌릴 수 있게 얇게 만든 맷돌이다. 이것은 표선면 성읍리 김을정(1925년생, 여) 씨가 1960년 무렵에 남원읍 신례리에서 사서 쓰던 것이다. ‘정ᄀ레’는 ‘ᄀ레’의 구조와 다를 바 없는데, 일반적인 것보다 얄팍하게 만든 ‘ᄀ레’다. ‘ᄀ레’가 보통 두 사람이 마주 앉아서 돌리며 가는 것이라면, ‘정ᄀ레’는 혼자서 돌리는 보다 가벼운 것이다. 특히, 메밀을 장만하는 데는 ‘ᄀ레’

도2-30 정ᄀ레(지름 30.5cm, 높이 14.7cm)

보다 비교적 가벼운 '정ᄀ레'가 좋았다.

'정ᄀ레'에서 메밀을 장만하는 일을 '검핀다'고 하였다. '검핀다'의 '검피다'는 '콩, 녹두, 메밀 따위를 맷돌을 돌려 껍질을 벗기거나 거칠게 애벌 갈다'라는 말이다. '정ᄀ레' 아가리에 메밀 알곡을 듬뿍듬뿍 넣고 갈았다. '푸는체'(키)로 바람을 일으키며 메밀 껍질을 내보내 버리고 나서, 메밀 알곡을 '대거름체'로 쳤다. '대거름체'는 쳇불 구멍이 2mm의 체다. '대거름체' 안에는 메밀 알곡이 남았고, 메밀 쌀은 쳇불 구멍으로 빠졌다. 온전한 메밀 쌀이 있는가 하면, 두세 조각으로 으깨어진 메밀 쌀도 있었다. 온전한 메밀 쌀을 '모물쌀', 으깨진 메밀 쌀을 'ᄉ레기쌀'이라 하였다. '대거름체' 쳇불에서 흘러내리지 못한 메밀 알곡은 다시 '정ᄀ레'에서 갈았다.

'대거름체' 쳇불에서 흘러내린 메밀 쌀을 '거름체'로 쳤다. '거름체'는 말총으로 만든 쳇불 구멍이 1mm의 체다. '거름체' 안에 으깨진 메밀 쌀은 남았고, 가루는 쳇불에서 빠졌다. 으깨진 메밀 쌀을 'ᄉ레기', '거름체' 쳇불에서 흘러내린 가루를 '는젱이'라고 하였다. 'ᄉ레기'는 '정ᄀ레'에서 갈아 메밀가루를 만들었고, '는젱이'는 떡, 범벅, 'ᄌ베기'(수제비) 따위를 만들었다. 또 맷돌을 돌리는 동안에 메밀이 가루가 되어 나온 것도 있었다. 이것도 '는젱이'라고 하였다. '는젱이'는 메밀을 맷돌에서 갈 때, 갈린 껍질과 메밀가루가 뒤섞인 나깨라는 말이다. '는젱이'는 범벅을 만들었다.

ᄀ렛방석[도2-31]

'ᄀ렛방석'은 'ᄀ레'(맷돌)를 쓸 때 밑에 까는 짚으로 둥그렇게 만든 방석이다. 이것은 애월읍 상가리 변봉찬(1922년생, 남) 씨 집에서 쓰던 것이다. 변 씨는 이것을 1969년에 애월읍 구엄리에서 볏짚을 사다가 손수 만들었다. 볏짚은 밭벼 짚보다 질겨서 좋았다. 볏짚으로 꼰 줄을 날줄 삼고, 볏짚과 헝겊으로 씨줄을 삼았다. 날줄은 걸어나 갈수록 늘어나는데, 모두 288줄로 구성되었다. 그리고 둥그렇게 걸어나가다가 'ᄀ레'에서 알곡을 장만하는 동안 알곡과 쌀이 'ᄀ렛방석' 바깥으로 나가지 못하게 10cm 정도 높이로 전을 세웠다.

도2-31 ᄀ렛방석(지름 126.0cm)

풀ᄀ레[도2-32]

 '풀ᄀ레'는 물에 우려두었던 쌀, 콩, 녹두, 쌀가루 따위를 가는 돌로 만든 작은 맷돌이다. 이것은 안덕면 덕수리 김통립(1947년생, 남)씨 집에서 쓰던 것이다. '풀ᄀ레'는 'ᄀ레'와 비슷하나 밑짝이 높다. 이는 다름이 아니라 물에 우린 곡물이 갈리면서 떨어지는 대로 그릇에 받아야 하기 때문이다. 밑짝의 윗면 한가운데 구멍을 내어 '쿳가시낭'(구지뽕나무)으로 만든 못을 박았다. 위짝의 구멍에 끼워지는 못이다. 아래짝에는 갈아진 풀물이 한곳으로 흐르도록 돌아가면서 홈을 팠고, 풀물이 한쪽으로 흘러내리게 주둥이가 나 있다. 그리고 위짝의 윗면 한가운데 둥그렇게 홈을 내고 그 한쪽에 구멍이 나 있다. 이 홈에 곡물을 넣고 수저로 긁거나 떠서 구멍으로 밀어 넣었다.

도2-32 풀ᄀ레(지름 49.0cm, 높이 47.0cm)

남방아[도2-33]

'남방아'는 통나무를 파서 만든 방아이다. 1914년 5월, 일본인 인류학자 토리이 류우조오(鳥居龍藏)는 지금의 서귀포시 강정동에서 '남방아'에서 알곡을 내려고 겉곡을 찧는 모습을 카메라에 담았다. 제주도 '남방아'는 손힘으로 찧거나 빻았다는 점에서, 제주도 이외의 육지부 백두대간 서쪽에 비교적 많이 전승되었던 절구와 같은 계통의 것이다. 김정(金淨, 1486~1520)은 〈제주풍토록〉(濟州風土錄)에서, 제주도에는 '유구무용'(有臼無舂), 곧 "'남방아'는 있으나 디딜방아는 없다."라고 하였다. 그리고 이원진(李元鎭, 1594~1665)은 《탐라지》(耽羅志)에서, 제주도에는 "디딜방아(砧碓)가 없다. 오직 여인네들이 목구(木臼)에서 곡식을 찧는다.(無砧碓 唯女人手擣木臼)"라고 하였다. 김정(金淨)이 지적한 '구'(臼)와 이원진(李元鎭)이 지적한 '목구'(木臼)는 다름 아닌 '남방아'이다. 국립국어원구원은 《표준국어대사전》에서, 다음과 같이 '남방아' 뜻을 풀었다.

> 제주도에서 볼 수 있는 나무 방아통. 네모지고 나지막한 받침 위에 지름 70~150cm의 함지박 모양의 나무통을 붙이고 여기에 지름 20cm, 깊이 20cm가량의 돌절구를 끼워 넣은 뒤 나무 공이로 곡식을 찧는다.

제주도 사람들은 '남방아'에 끼워 넣은 돌절구를 '방에혹'이라고 한다. '방에혹'은 방아확이라는 말이다. 그리고 나무 공이를 '방엣귀'라고 한다. '남방아'의 지름은 70~150cm라고 하였으니, 제주도의 여인들은 하나의 '남방아'에 세 사람 또는 다섯 사람이 둘러서서 '방

도2-33 남방아(1914년 5월, 서귀포시 강정동) 촬영 토리이 류우조오(鳥居龍藏)

엣귀'가 부딪치지 않게 간격을 맞추어가며 겉곡을 찧거나 알곡을 빻았다. 조선조 영조 41년(1765)에 편집된《증보 탐라지》(增補耽羅誌, 김영길 번역본) 〈풍속(風俗)〉에서는, '남방아' 노래[杵歌]는 "소리가 고달프다."(聲苦)라고 하면서, 다음과 같이 지적하였다.

지방 풍속이 노역하는 일은 모두가 여자에게 시킨다. 두세 사람이나 네댓 사람이 함께 같은 '남방아'를 찧으면서 노래를 부르는데 음조가 매우 곤고(困苦)하게 느껴진다. 'ᄀᆞ레'(맷돌)를 돌리며 부르는 노래도 또한 그렇다.(土風 凡勞役之事皆使女. 或二三人 或四五人 搗一臼, 必發相杵之歌 音調甚苦. 旋磨之歌亦然)

제주도 사람들은 여자 2～3명이 찧을 수 있는 정도의 '남방아'를 '세콜방애', 여자 4～5명이 찧을 수 있는 정도의 '남방아'를 '다섯콜방애'라고 하였다. 제주도 여자들은 '남방아'에서 곡식을 찧거나 빻았고, 'ᄀᆞ레'(맷돌)를 갈 때, 노래 부르기를 좋아하였다. '남방아'를 찧으면서 부르는 노래를 '방아노래', 'ᄀᆞ레'를 갈면서 부르는 노래를 'ᄀᆞ레노래'라고 한다. 'ᄀᆞ레노래'는 비정형(非定型)의 노래였다. '남방아'에서는 밭벼나 나락의 껍질을 벗겨 찹쌀과 볍쌀을 만드는 일, 조의 껍질을 벗겨 좁쌀을 만드는 일, 가루를 만들려고 알곡을 빻는 일, 그리고 보리의 껍질을 벗겨 보리쌀을 만드는 일 등을 이루어냈다. 그러다가 '말방아' 시대에 접어들면서부터 보리의 껍질을 벗겨 보리쌀을 만드는 일은 '남방아'에서 멀어졌다.

방엣귀[도2-34]

　'방엣귀'는 '남방아'에서 곡식 따위를 빻거나 찧을 때 쓰는 절굿공이다. 이것은 서귀포시 대포동 이지환(1925년생, 남) 씨 집에서 대물림받아 쓰던 것이다. 두 개 모두 '가시낭(가시나무)'으로 만들었다. 가운데 목 좁은 데가 손잡이다. '방엣귀' 두 개의 길이가 다르다. '큰 메누린 큰 방엣귀, 족은 메누린 족은 방엣귀'라는 노랫말이 제주도에서 전승되듯 사람의 키에 가늠하여 '방엣귀'를 만들었다.

도2-34 방엣귀(좌측 길이 91.1cm, 우측 길이 81.8cm)

돌혹①[도2-35]

'돌혹'①은 돌로 만든 방아의 돌확이다. 큰 통나무를 파서 만든 '남방아'라는 제주도식 절구 속에 '돌혹'을 박아 놓고 쓰는 것도 있고, 양념 따위를 빻는 '돌혹' 그대로 쓰는 것도 있다. '돌혹'①은 원래 '남방아'에 박아 놓고 쓰던 것이다. 제주시 아라동 오인환(1912년생, 남) 씨 집에서 쓰던 것이다. 지금은 '남방아'에서 알곡을 장만하는 일이 없게 되니 양념 따위를 빻는 데 쓰고 있었다.

돌혹②[도2-36]

'돌혹'②는 원래 양념 따위를 빻을 때 쓰던 돌확이다. 이것은 행원리 한용섭(1947년생, 남) 씨 집에서 쓰던 것이다. 제주도에서 전승되는 보편적인 '돌혹'은 남방아 한가운데 끼워 넣을 수 있게 만든 것이다. 이때의 '돌혹'은 몸체는 둥글고, 밑바닥이 뾰족하게 만들었다. 그러나 이것은 몸체는 네모지고, 밑바닥은 편평하게 만들었다. 이 '돌혹'은 남방아 한가운데 끼우려고 만들지 않고, 집안에 놓아두면서 깨, 고추, 마늘 등의 부식물(副食物)을 빻는 도구로 만든 것이다.

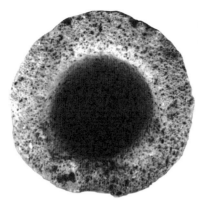

도2-35 돌혹❶
(지름 29.0cm, 높이 19.0cm)

도2-36 돌혹❷
(가로 24.5cm, 세로 22.5cm, 높이 18.3cm)

돌혹③[도2-37]

'돌혹'③은 원래 양념 따위를 빻을 때 쓰던 돌확이다. 이것은 제주 민속촌에 있는 것이다. '남방아'를 찧듯 선 채로 양념 따위를 빻으려고 이렇게 높직하게 만들었다. '돌혹'③의 깊이 12.2cm 홈에는 시멘트를 발랐던 자국이 남아 있다. 그리고 '돌혹'을 손으로 잡아 옮기기 좋게 허리를 볼록하게 만들었다.

도2-37 돌혹❸

(밑지름 40.0cm, 높이 49.0cm)

물방아[도2-38]

‘물방아’는 둥글고 넓적한 돌판 위에 그보다 작고 둥근 돌을 세로로 세워서 이를 사람, 말, 소 따위로 끌어 돌리게 하여 곡식 따위를 찧는 연자방아이다. 제주도 사람들은 ‘물방아’를 ‘물방이’, ‘물방애’, ‘물ᄀᆞ레’라고도 일렀다. 제주도 ‘물방아’는 제주도의 원초적인 탈곡(脫穀)과 도정(搗精)의 도구는 아니었다.《증보 탐라지》(增補耽羅誌)가 편집된 조선조 영조 41년(1765)까지만 하더라도 제주도에는 ‘물방아’가 전승되지 않았기 때문이다. 제주도 ‘물방아’는 육지부에서 전승되는 연자방아와 그 구조가 거의 같다. 제주도 ‘물방아’는 여러 개의 부품으로 구성되었다. 제주도에서 전승되는 ‘물방아’ 구조는 다음과 같다. ‘물방아’ 사진 한 장을 바탕으로 그 구조를 들여다보고자 한다. ‘물방아’의 구조는 김영돈의 글을 참고하였다.[23]

① 알돌: ‘알돌’은 ‘물방아’ 아래쪽에 있는 둥글고 넓적한 돌판이다. 달리 ‘바닥돌’, ‘알착’이라고도 한다. ‘바닥돌’은 ‘물방아’ 바닥에 있는 돌, ‘알착’은 ‘물방아’ 위아래가 한 벌을 이루는 아래쪽 ‘착’(짝)이라는 말이다. ‘알돌’은 땅바닥에 고인 여러 개 돌덩이 위에 얹혀 있으며, 안쪽이 우묵하다. 가장자리에는 뺑 돌아가며 판판하게 다듬은 돌멩이 10개 정도를 붙인다. 이때의 돌멩이를 ‘천돌’이라고 한다. ‘천돌’과 ‘천돌’ 사이는 시멘트로 바른다. 시멘트가 일상생활에 활용되기 이전에는 진흙과 솜을 이긴 것을 발라 붙였다.

② 웃돌: ‘웃돌’은 ‘물방아’의 ‘알돌’ 위에 있는 둥근 돌이다. ‘웃돌’ 안쪽 지름은 82cm, 바깥쪽 지름은 95cm 정도이다. 그래야 ‘알돌’ 위에 세로로 선 채 원을 그리며 빙빙 돌아가게 된다. ‘웃돌’ 안쪽 한

도2-38 물방아 구조(1960년대, 제주도) 촬영 홍정표

가운데 구멍이 있는데, 이를 '장통구멍'이라고 한다.

③ 중수리: '중수리'는 '물방아'의 '알돌' 복판에 세워진, 굵고 긴 나무이다. '중수리' 나무는 가시나무를 으뜸으로 친다. 제주도 사람들은 '맷수쇠'(맷돌의 아래짝 한가운데에 박은 뾰족한 쇠나 나무)를 'ᄀ렛중수리'라고 한다.

④ 틀목: '틀목'은 틀을 만드는 나무이다. '틀목'은 '앞틀목'과 '뒷틀목'으로 구성된다. '앞틀목'은 '웃돌' 안쪽에 있는 '틀목'이고, '뒷틀목'은 '웃돌' 바깥쪽에 있는 '틀목'이다. '앞틀목'과 '뒷틀목' 사이에 가로로 지른 나무를 'ᄀ른틀목'이라고 한다. '앞틀목'에는 '장통좆'이 있다. '장통좆'은 '웃돌'의 '장통구멍'에 들어가 암수 짝을 이룬다. 그리고 '앞틀목' 가운데 구멍을 '틀목구멍'이라고 한다. '틀목구멍'은 '중수리'에 들어간다. 그리고 '앞틀목'과 '뒷틀목'에는 각각 하

나씩 긴 나무를 박아 놓았다. 이를 '채경'이라고 한다. 마소나 사람이 '채경'을 끌고 밀며 '틀목'을 빙빙 돌려가며 '웃돌'을 돌린다.

제주도 사람들은 '물방아'에서, ①조 이삭에서 낟알을 떨어내는 일, ②보리의 껍질을 벗겨 보리쌀을 만드는 일, ③밭벼나 나락의 껍질을 벗겨 찹쌀과 멥쌀을 만드는 일, ④가루를 만들려고 알곡을 빻는 일 등을 이루어냈다. ①과 ②의 일은 거의 마소의 힘으로 이루어내는 경우가 많았다. 그리고 ③과 ④의 일은 사람의 힘으로 이루어내는 경우가 많았다. 제주도의 '물방아'와 'ᄀ레'는 겉곡을 찧고 알곡을 빻는 도구이다. '물방아'와 'ᄀ레'는 실과 바늘 같은 존재였다.

물ᄀ레질메[도2-39]

'물ᄀ레질메'는 '물ᄀ레'(연자방아)를 돌릴 때 마소에 채우는 '질메'(길마)이다. 소의 등에 얹고 짐을 지우는 '질메'(길마)가 운반 도구라면, '물ᄀ레질메'는 연자방아에 딸린 조정 도구인 셈이다. 이것은 감산리 오기남(1916년생, 남) 씨가 만들어 쓰던 것이다. '물ᄀ레질메'는 다음과 같이 구성되었다.

① 질메: '질메'는 마소의 힘으로 연자방아를 돌릴 때 소의 등에 얹는 'ㅅ' 자 모양의 나뭇가지와 양쪽 구멍에 직사각형의 틀을 끼운 것이다.

② 오량코: '오량코'는 직사각형의 틀 오른쪽에 달린 것으로 '오량줄'을 거는 코이다.

③ 오량줄: '오량줄'은 마소 등에 얹은 '물ᄀ레질메'를 단단하게 묶는 줄이다. 말이나 소의 앞가슴을 휘감아 묶었다.

④ 고들개코: '고들개코'는 양쪽 틀에 각각 하나씩 걸려 있는 것으로 '고들개'를 매는 코걸이이다. '고들개'는 '물ᄀ레질메'에 이어진 두 줄에 두 끝이 묶이어 소 엉덩이에 대는 막대로 '물ᄀ레질메'가 마소의 등에 얹혀 있는 동안에 앞쪽으로 넘어가지 못하게 하는 것이다.

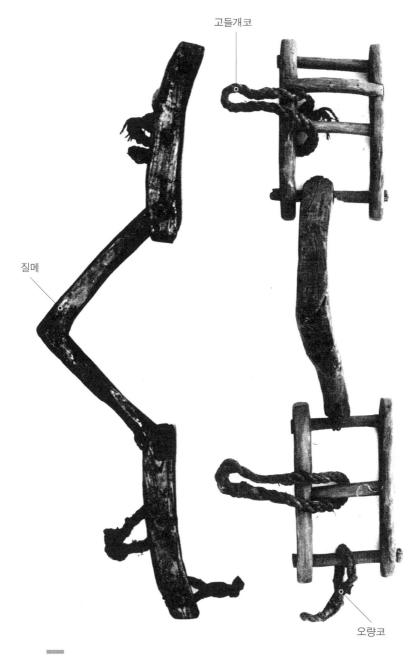

고들개코

질메

오량코

도2-39 물구레질메(가로 79.8cm, 세로 14.5cm, 높이 18.8cm)

도구통①[도2-40]

　'도구통'①은 사람의 힘으로 곡식을 빻는 속이 우묵한 돌로 만든 통이다. 이것은 조천읍 함덕리 고선립(1921년생, 남) 씨가 손수 만들어 집에서 쓰던 것이다. 고 씨는 1950년대에 이 마을 '고두물'이라는 곳에서 캐어낸 돌로 만들었다. 통의 깊이는 28.5cm이다. 이것에서 알곡을 한 말 정도 넣고 빻을 수 있었다. 제주도에서는 전통적으로 알곡 장만은 '남방아'에서, 그리고 깨, 고추, 마늘 등의 부식물은 '돌혹'에서 빻았다. 그러다 근대에 이르러 제주도 이외의 육지부에서 전승되는 절구 모양 '도구통'에서 알곡을 장만하였다. 이와 같은 '도구통'에서 알곡은 물론 부식물도 빻았다. 그러나 '도구통'의 공이는 '남방아'에서 알곡을 빻을 때 썼던 '방엣귀'였다.

도구통②[도2-41]

　'도구통'②는 사람의 힘으로 곡식을 빻는 속이 우묵한 돌로 만든 통이다. 이것은 감산리 민속자료실에 있는 것이다. '도구통'(搗臼桶)은 한자어이다. '도구통'은 구멍이 숭숭하게 난 제주도 돌로 만들었다. 숭숭하게 박힌 구멍을 막으려고 '도구통' 안에 시멘트를 발랐다. '남방아'가 곡물을 정곡(精穀)하는 데 쓰이는 도구라면 '도구통'은 깨, 고춧가루, 마늘 따위를 빻는 도구이다. 감산리 사람들은 공이를 두고 '방엣귀'라고 하는데, '도구통'에 딸린 '방엣귀'는 '남방아'를 찧는 것과 같았다.

도2-40 도구통❶
(지름 54.4cm, 높이 48.0cm)

도2-41 도구통❷
(지름 40.4cm, 높이 48.0cm)

ㄱ렛도고리[도2-42]

'ㄱ렛도고리'는 둥글고 넓적하여 'ㄱ레'(맷돌)을 앉히는 함지이다. 이것은 감산리 오임규(1939년생, 남) 씨 집에 있는 것이다. 이 'ㄱ렛도고리'는 오 씨 증조모 때부터 쓰던 것이다. 오 씨 증조모는 1825년 음력 7월 27일에 사망하였으니, 이 'ㄱ렛도고리'는 그 이전에 만든 것이 된다. 'ㄱ렛도고리'는 '굴묵낭'(느티나무)으로 만들었다. 얼마나 오래 썼는지 구멍이 두 군데 뚫렸다. 두부 따위를 만들려고 물에 담가두었던 콩을 'ㄱ레'에서 갈 때, '덩드렁마께'로 풋감을 빻을 때 쓰이는 수가 많았다. '덩드렁마께'는 주로 짚 따위를 두드리는 커다란 방망이라는 말이다. 'ㄱ렛도고리' 표면에는 풋감 즙이 잔뜩 묻은 자국도 보인다. 더러 어린이를 목욕시킬 때 물을 담는 그릇으로도 쓰였다.

도2-42 ㄱ렛도고리
(가로 83.0cm, 세로 59.5cm, 높이 15.0cm)

떡도고리[도2-43]

　'떡도고리'는 떡가루를 익반죽할 때 쓰는 '도고리'이다. '도고리'는 통나무나 돌멩이의 속을 파서 큰 바가지처럼 만든 그릇이라는 말이다. 이것은 안덕면 감산리 강종남(1963년생, 남) 씨가 감산리 민속자료실에 기증한 것이다. 강 씨 어머니(1938년생)의 가르침에 따르면, 강 씨 5대 조상 때부터 만들어 쓰던 것이다. '굴묵낭'(느티나무)으로 만들었다. 언제인가 쥐가 모질게 갉아버려 '떡도고리' 한쪽이 헐렸다. 그 부분을 톱질하여 도려내고, 그 자리에 나뭇조각을 붙이고 양철을 붙여 못을 박았었는데, 지금은 그것마저 떨어져 버렸다. 주로 떡을 만들 때, 떡가루를 밀거나, 만들어진 떡을 넣어두거나 익힌 떡 따위를 넣어 식히기도 하였고, 넣어두기도 하였다. 더러 제삿날 '멧밥'(제사상에 올리는 밥)을 담는 그릇으로도 쓰였다.

도2-43 떡도고리
(가로 83.0cm, 세로 59.5cm, 높이 15.7cm)

밥도고리[도2-44]

'밥도고리'는 큰일 때나 식구가 모여 앉아 식사할 때 밥을 퍼 두는 나무 그릇이다. '밥도고리'는 '함박'보다는 크고, '떡도고리'보다는 작은 것이다. 이것은 1984년에 한림읍 한림리 어느 집안에서 수집하여 간직하는 것이다. '굴묵낭'(느티나무)으로 비교적 너부죽하게 다듬어 만들었다. 제주도에서는 나무로 만든 여러 가지 '도고리'가 전승되었다. 그중 가장 큰 것은 'ᄀ레'(맷돌)를 앉히는 'ᄀ렛도고리', 그 다음의 것이 떡을 만들 때 쓰는 '떡도고리'가 있다. '밥도고리'는 유기 양푼이 일반화되기 전에는 밥그릇으로 쓰이는 수가 많았다.

도2-44 밥도고리(지름 41.5cm, 높이 9.5cm)

함박[도2-45]

 '함박'은 보통 두 사람 정도가 먹을 밥, 범벅, 죽 따위를 퍼 두는 나무 그릇이다. 이것은 안덕면 감산리 박영두(1924년생, 여) 씨가 감산리 민속자료실에 기증한 것이다. 이것은 박 씨 아버지(1892년생)가 살아생전에 '굴묵낭'(느티나무)으로 만든 것이다. 박 씨 나이 9살 때(1934년), 박 씨 가족은 안덕면 상천리 'ᄆᆞᆯ큭밧'에서 안덕면 감산리 '벵딋가름' 동네로 옮겨 살고 있었다. 안덕면 감산리 사람들은 '창곳내'를 '앞내'라고 하는데, 그곳에는 아름드리 '굴묵낭'(느티나무)이 자라고 있었다. '굴묵낭'은 마을 공동 소유의 것이었다. 박 씨 아버지는 '앞내'에서 자라는 '굴묵낭'을 샀다. '굴묵낭'을 도끼로 쳐 눕히고 대톱으로 켰다. '굴묵낭' 굵은 쪽의 것은 궤를 만들었고, 가는 쪽의 것은 '함박'을 만들었다. 박 씨가 시집갈 때, '굴묵낭'으로 만든 궤 1개와 '함박' 2개를 부모에게 받았다. 이 '함박'은 그중 하나이다. '함박'은 밥그릇이나 죽그릇으로 쓰이는 수가 많았다.

도2-45 함박(지름 25.7cm, 높이 9.5cm)

현용준은 '함박'에 '멧밥'(제사상에 올리는 밥)을 담아 제사를 지내는 다음의 사례를 발굴하였다. 이렇게 '함박'에 '멧밥'을 담아 지내는 제사를 '함박제'라고 하였다.

제례법(祭禮法)에 대한 구전(口傳)을 보면, '함박제'라는 말이 있다. '함박'은 함지박의 방언(方言)이요, '제'는 제사(祭祀)다. 이 제사(祭祀)는 유교식 제사법(儒敎式 祭祀法)으로 지방(紙榜)을 써 붙이는 일도 없고, 메와 기타 제물(祭物)을 따로따로 차리는 일이 없이 함지박에 메를 가득 떠놓아 술을 부어 올리고 수저를 메에 꽂아 지내는 제사를 말한다. 제사(祭祀)의 대상(對象)은 부모·조부모(父母·祖父母) 등 여러 대의 조상(祖上)으로, 그 조상의 수만큼 술을 부어 올리고 메에 수저만 꽂으면 된다는 것이다. 이런 '함박제'는 문자(文字)를 몰라 지방(紙榜)을 써 붙일 줄 모르는 집안에서 행했었다고 전한다. 이처럼 함지박 한 그릇에 메를 가득 떠놓고 여러 신위(神位)에게 함께 제를 올리는 법은 제주 민간(濟州 民間)의 식사법(食事法)과 일치한다. 제주도 민간(濟州島 民間)에서는 식구(食口)들의 밥을 따로따로 떠놓아 식구들이 식사하는 것이 아니라, 함지박에 하나 가득 떠놓고, 국만 따로따로 떠놓아 식구들이 둘러앉아 먹는 풍습(風習)이 있었다.[24]

안반[도2-46]

안반은 떡을 만들거나 다듬이를 할 때 쓰는 나무판이다. 이것은 안덕면 감산리 오임규(1939년생, 남) 씨 집에 있는 것이다. 오 씨 증조모 때부터 쓰던 것이다. 증조모는 1825년 음력 7월 27일에 사망하였으니, 이것은 그 이전에 만들어진 것이 된다. '사오기낭'(벚나무)으로 만들었다. 직사각형의 나무판 아래쪽에 네 개의 발이 달렸다. '솔변'을 만들 때 '떡도고리'에서 뜨거운 물에 이긴 떡가루를 '안반' 위에 올려놓고, 떡가루 반죽을 '안반'에서 밀 때 쓰는 '미레깃대'로 편편하게 밀고, '떡본'으로 떡을 하나씩 떠내기도 하였다.

도2-46 안반
(가로 81.2cm, 세로 39.4cm, 높이 15.0cm)

굿시리와 바드렝이[도2-47, 도2-48]

'굿시리'는 굿을 치를 때 제물로 올릴 시루떡을 찌는 시루이다. 달리, '흔뒈시리'라고도 하였다. '굿시리'는 쌀 한 되 분량의 쌀가루의 떡을 찌는 시루이기 때문이다. '굿시리'는 시루떡을 던지며 놀리는 '나까시리놀림' 제차(祭次)에서 높이 던져 놀리는 시루떡을 찌는 시루이다. 이것은 구좌읍 행원리 고일권(1939년생, 남) 씨네 집에서 쓰던 것이다. 시루의 바닥에 다섯 개의 구멍이 나 있다. 바닥 지름은 8.4cm로 자그마한 시루이기에 곧바로 솥에서 시루떡을 찔 수 없었다. '양태' 모양의 질그릇이 필요하였다. 이를 '바드렝이'라고 한다. '바드렝이'는 '굿시리'의 바침이나 다름없었다. '바드렝이'는 지름 34.7cm로, 한가운데 지름 11.8cm의 구멍이 나 있다. '바드렝이' 구멍에 '굿시리'를 올려놓고, '바드렝이'를 솥 위에 올려놓고 시루떡을 쪘다.

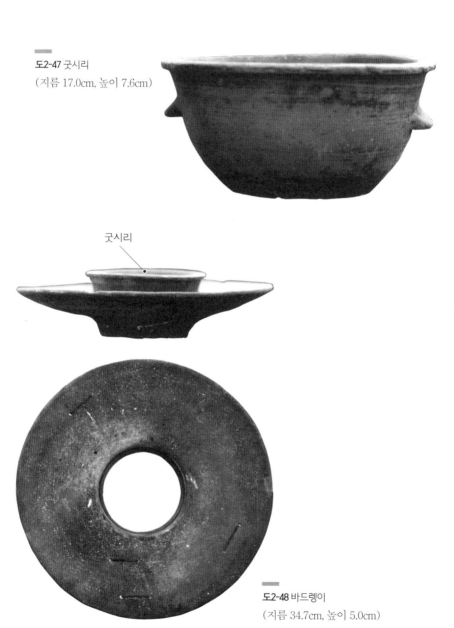

도2-47 굿시리
(지름 17.0cm, 높이 7.6cm)

굿시리

도2-48 바드렝이
(지름 34.7cm, 높이 5.0cm)

중솟시리[도2-49]

 '중솟시리'는 '중솟'에 앉히는 시루라는 말이다. '중솟'은 솥 입 지름이 27.5cm 정도로 크기가 중간 정도의 솥이라는 말이다. 일상생활 중에 밥을 짓는 솥으로 쓰이는 수가 많았다. 이것은 오임규(1939년생, 남) 씨 집에 있는 것이다. '옹조리시리'보다 조금 큰 것이다. '중솟시리' 바닥 한가운데 지름 4cm의 구멍을 중심으로 하여 그 주위에 지름 3.2cm 구멍이 6개 뚫려 있다. '중솟시리' 입 쪽에 철사로 감아 새겼다. '옹조리시리'에서 집안 제사 때 쓰일 떡을 쪘다면, '중솟시리'에서는 그보다 많은 '고적떡'을 찌는 경우가 많았다. '고적떡'이란 일가에 장사가 났을 때 친척끼리 부조로 만들어가는 떡이다. '중솟시리'에서 떡을 찔 때는 여러 가지 금기와 정성이 따랐다. 김이 오르기 전에 사람들이 출입하지 못하게 '정짓문'을 안으로 걸어 잠그기, 시루 위에 생선을 구워 올려놓기, 남의 집의 '촐눌'(마소에게 먹일 풀을 차곡차곡 쌓아 놓은 더미)이나 돼지우리 지붕의 땔감을 주인 모르게 빼다가 불을 지피기, 치마를 거꾸로 뒤집어쓰고 시루에 절하기, 그리고 시루를 등지고 그 반대편으로 절하기 등등이다.

─

도2-49 중솟시리(지름 29.5cm, 높이 27.7cm)

옹조리시리[도2-50]

'옹조리시리'는 '옹조리'라는 솥 위에 앉히는 시루이다. '옹조리'는
제주도에서 전승되는 솥 중에서 가장 작은 것으로 주로 반찬 만드
는 솥이다. 이것은 감산리 민속자료실에 있는 것이다. '시리'(시루)는
크기에 따라 '중솟시리'와 '옹조리시리'가 있다. 이것은 '중솟시리'보
다 작은 솥인 '옹조리시리'이다. '옹조리시리' 바닥 한가운데 지름
3.8cm 구멍을 중심으로 하여 그 주위에 지름 3cm의 보다 작은 구멍
5개가 뚫려 있다. '옹조리시리'는 대승 두 되 쌀로 만든 쌀가루로 떡
을 쪄낼 수 있는 크기이다.

도2-50 옹조리시리(지름 32.3cm, 높이 31.0cm)

떡바드렝이[도2-51]

 '떡바드렝이'는 솥에서 떡을 찔 때 떡이 물에 잠기지 않게 받치는 받침이다. 달리 '떡징'이라고도 한다. 이것은 행원리 강군갑(1923년생, 남) 씨네 집에서 쓰던 것이다. '떡바드렝이'는 한꺼번에 떡을 많이 찌려고 솥에 두 개를 놓기도 한다. 이때 아래쪽 '떡바드렝이'를 '알 징', 위쪽 '떡바드렝이'를 '웃징'이라고 한다. '징'은 '층'(層)의 제주어 다. '알징'은 지름 2.8cm의 왕대나무 세 개의 조각을 가로로 놓고, 그 위에 2.1cm 안팎의 왕대나무를 세로로 올려놓아 못을 박고 사이사 이 나일론 낚싯줄로 얽어 묶었다. 그 위에 포를 깔고 떡을 올려놓고 쪘다. 그리고 좌우에 5mm 굵기의 철사가 달렸다. '알징'의 손잡이임 과 동시에 '웃징'의 받침 구실을 하였다. 그리고 '웃징'은 '알징'과 같 은 방법으로 얽어 만들었다. 다만, 가로 받침목이 둘이고, 손잡이가 철사가 아닌 나일론 줄이다. '웃징'이기에 받침이 필요 없다. 그리고 '웃징' 지름 길이는 '알징'보다 0.2cm 길다. 솥의 모양에 맞췄기 때문 이다.

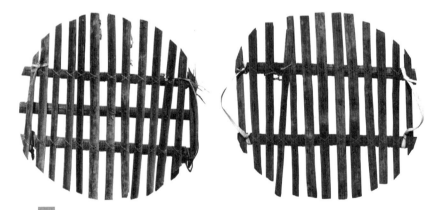

도2-51 떡바드렝이(지름 39.0cm)

곰박[도2-52]

'곰박'은 국자 모양인데도 바닥에 구멍이 뚫려 있어 뜨거운 물에 잠겨 있는 건더기 따위를 건지기 좋게 만든 도구이다. 이것은 제주 대학교박물관에 있는 것인데, '사오기(벚나무)'로 만들었다. 우묵한 바닥에 지름 1.9cm 안팎의 구멍이 여덟 개 뚫렸다. 솥에서 삶은 떡, 고사리 등의 건더기만 건져냈다.

도2-52 곰박(가로 52.2cm, 세로 16.5cm, 높이 5.5cm)

솔벤떡본[도2-53]

'솔벤떡본'은 '솔벤'을 떠내는 떡본이다. '솔벤'은 제사 때 '절벤'과 같이 쓰는 떡이다. 이것은 감산리 민속자료실에 있는 것이다. '솔벤 떡본'은 폭 3.1cm의 줄자 모양의 구리 쇳조각을 반달처럼 모양을 낸 것을 나뭇조각에 붙여 만들었다. 구리 쇳조각이 떡의 틀이라면, 나 뭇조각은 쇳조각 틀이면서 손잡이 구실도 한다. '솔벤'은 메밀이나 쌀가루로 만들었다. '떡도고리'에 가루를 놓고 끓는 물을 부어 휘저 었다. '떡도고리'는 떡가루를 익반죽할 때 쓰는 '도고리'(함지)라는 말 이다. 그중 4분의 1쯤은 떼어내어 솥에서 삶았다. 삶아낸 것을 떡가 루에 모아 섞었다. 그것을 적당히 '안반' 위에 올려놓고, 떡가루 반 죽을 '안반'에서 밀 때 쓰는 '미레깃대'로 밀었다. 밀어 놓은 것을 '솔 벤떡본'으로 하나씩 떠냈다. 시루에 솔잎을 깔고 '솔벤떡본'으로 떠 낸 떡을 놓았다. 이때의 솔잎은 음력 8월 전후에 따거나, 따서 말려 보관해둔 것이었다. 시루에서 찐 떡을 꺼내어 찬물에 담가 솔잎을 떼어낸 다음 물기를 빼고 참기름을 조금씩 발랐다.

도2-53 솔벤떡본
(가로 12.1cm, 세로 7.1cm, 높이 3.1cm)

절벤떡 본[도2-54]

'절벤떡본'은 '절벤'을 만들 때 쓰는 떡본이다. '절벤'(切餠)은 떡살로 눌러 만든 떡이라는 말이다. 이것은 감산리 오임규(1939년생, 남)씨 집에 있는 것이다. 도드라진 둥근 위판에 빗살무늬를 새겨놓았다. 그 양쪽에 손잡이가 달렸다. 한쪽에는 걸이 끈을 묶어두려고 구멍을 내었다. 쌀가루나 메밀가루로 '오메기떡'을 만들었다. '오메기떡'이란 가루에 더운물을 넣고 무르게 반죽하고 고리 모양으로 둥그렇게 만든 떡이다. 그 떡을 삶고, '곰박'으로 건져내어 적당히 식혔다. '곰박'은 국자 모양인데도 바닥에 구멍이 뚫려 있어 뜨거운 물에 잠겨 있는 건더기 따위를 건지기 좋게 만든 도구이다. 손으로 반죽이 되게 다지고는 조금씩 떼어내며 방울처럼 만들었다. 두 개의 떡 방울을 위아래로 포개어 놓고, 그 위에 '절벤떡본'을 얹어 힘껏 두 손으로 누르며 만들었다. 가끔 '절벤떡본'에 참기름을 발라주었다.

도2-54 절벤떡본
(가로 19.1cm, 세로 7.6cm)

빙철[도2-55]

'빙철'은 '빙떡'을 만들려고 떡을 넓적하게 지지는 철판이다. '빙떡'은 메밀가루 따위로 반죽하여 납작하고 둥그렇게 지진 전 안에 무채 따위 소를 넣고 길쭉하게 둘둘 말아 만든 떡이다. 이것은 감산리 민속자료실에 있는 것이다. 마치 솥뚜껑을 뒤엎어 놓은 것과 같은 모양으로 무쇠로 만들었다.

한쪽에는 쇠고리가 붙어 있어 쓰지 않을 때는 정지 벽에 걸어두기도 하는데, 고리는 빠진 상태이다. '빙철'이 없는 집안에서는 이웃집에서 이것을 빌려다 쓰기도 하였고, 그것마저 여의치 않을 때는 솥뚜껑으로 대신 쓰기도 하였다.

'빙떡' 만들기는 다음과 같다. 메밀을 씻어 두었다가 건져냈다. 간이 맞게 소금을 쳐가며 빻아 가루를 냈다. 가루에 미지근한 물을 섞으며 반죽하였다. '빙철'에 열이 가해지는 대로 돼지기름 따위를 발랐다. 메밀 반죽을 지름 20cm로 얇게 지졌다. 물에 데친 무채에 깨소금과 참기름을 넣어 무쳐 만든 소를 떡 위에 얹어놓고 김밥 말듯이 말아 만들었다.

대소쿠리[도2-56]

'대소쿠리'는 씻은 쌀이나 채소 따위를 담아두면서 물을 빼거나 잠시 보관해두는 대그릇이다. 이것은 애월읍 상가리 김○○(1926년생) 씨네 집에서 쓰던 것이다. 이웃 애월읍 광령리에 사는 친족이 만들어 준 것이다. 지름 2cm의 나뭇가지를 휘어 틀을 잡았다. 이를 '에움'이라고 한다. '에움'에 '수리대'(이대) 대오리로 엮어 '굴체'(삼태기) 처럼 만든 것이다.

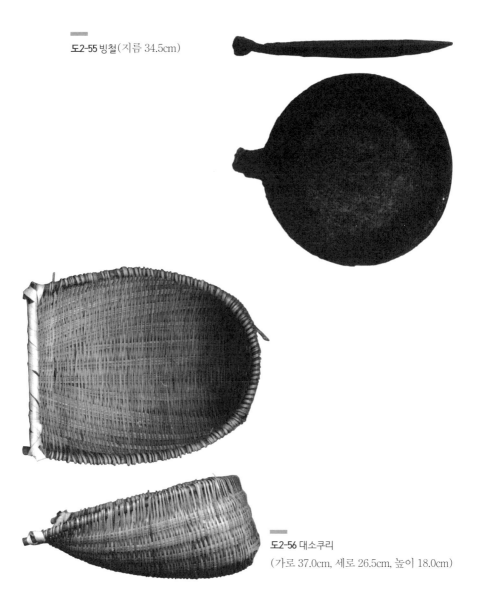

도2-55 빙철(지름 34.5cm)

도2-56 대소쿠리
(가로 37.0cm, 세로 26.5cm, 높이 18.0cm)

식기(食器)

제주도에서는 도기(陶器), 목기(木器), 유기(鍮器) 등의 식기가 전승되었지만, 다음과 같은 노랫말도 전승되었다.

유기재물(鍮器財物) 날 아니 준들
방잇비야 날 아니 주리야.[25]

나의 부모님은 가난하여 유기재물(鍮器財物) 나에게 물려주지 않겠지만, '방잇비'야 나에게 물려주지 않겠냐는 것이다. 유기는 값이 나가는 물건이지만, 돈이 없이도 손수 노력하면 만들 수 있는 것이 '방잇비'다. '방잇비'는 '남방아'에서 방아를 찧을 때 낟알을 알맞게 쓸어 모으거나 펼칠 때 쓰는 빗자루라는 말이다. 제주도에서 유기는 부의 상징이었을 정도로 귀하게 여겼다. 식사는 하나의 밥상에 한 사람 또는 여러 사람이 같이 앉아서 하거나, '밥도고리'라는 나무 그릇에 밥을 퍼 놓고 식구가 빙 둘러앉아 먹기도 하였다.

수저통①[도2-57]

'수저통'①은 수저를 담거나 꽂아 두는
통이다. 감산리 오서용 씨가 감산리 민속
자료실에 기증한 것이다. 대나무로 만들었
다. 위쪽에는 걸이용 구멍, 그리고 아래쪽
에는 물이 빠지는 구멍이 뚫려 있다. 수저
통은 '정지'(부엌)에 놓인 '살레' 귀퉁이에 걸
어두는 경우가 많았다. '살레'는 네모지게
간단하게 짜서 '정지' 곁에 세워놓고서, 간
단한 반찬이나 식기 따위를 넣어두는 가구
라는 말이다.

도2-57 수저통①
(지름 5.0cm, 높이 14.6cm)

수저통②[도2-58]

'수저통'②는 수저를 담거나 꽂아 두는
통이다. 이것은 제주민속촌에 있는 것이
다. '수리대'(이대) 대오리로 제주도 전통적
인 '구덕'처럼 만들었다. 다만 '수저통' 입한
쪽을 길게 내어 '정지'(부엌) '살레' 귀퉁이에
걸어두기 좋게 만들었다.

도2-58 수저통②
(가로 10.5cm, 세로 10.5cm, 높이 23.5cm)

도리반[도2-59]

'도리반'은 12모로 이루어진 둥그런 작은 상이다. '도리-'는 둥그런 모양의 뜻을 나타내는 말이다. 둥그런 방석을 두고 '도리방석' 또는 '돌레방석'이라고 한다. 이것은 제주대학교박물관의 것이다. 온통 '굴무기'(느티나무)로 만들었다. 제사를 끝내고 음복할 때 집안 어른에게 식사를 올려놓는 상으로 쓰이는 수가 있었기에, 종갓집에는 여러 개 갖추고 있었다. 그리고 보통 때는 집안 어른이나 손님에게 밥상을 차려 올렸다.

도2-59 도리반(지름 32.0cm, 높이 26.0cm)

양조(釀造) 도구

제주도에서 전승되었던 양조 도구는 된장, 간장, 술 등의 양조(釀造), 엿, 두부 등의 먹거리를 만드는 과정에 따른 도구들이다. 이원진(李元鎭)의《탐라지》(耽羅志)는, 제주도 사람들은 "소주를 다용한다."(多用燒酒)라고 하였다. 소주는 증류주(蒸溜酒)다. 제주도 사람들은 이런 술을 '고소리술'이라고 하였다. '고소리술'은 '오메기술'을 밑술로 증류하는 것이니, 조(粟)를 비롯한 잡곡을 재료로 삼았음은 물론이다. 술독에 묻어둔 술밑을 솥에 넣어 '고소리'로 증류(蒸溜)하고 소주를 고아내는 것을 '술 다끄다'라고 하였다. '다끄다'는 "술 따위를 만들기 위해 김을 내어 증류시키다."라는 말이다[도2-60)].

제주도에서 전통적으로 소주를 빚는 도구는 '소줏돌'과 '고소리' 두 가지가 전승되었다. '소줏돌'은 솥뚜껑처럼 돌을 다듬어 만들었다. '소줏돌' 한가운데 구멍이 나 있다. 솥에 술밑을 넣고 가열해 가는 대로 그 증기가 '소줏돌' 가운데 박힌 대나무 관을 통하여 술병으로 흘러내렸다. 대나무 관 둘레에는 물 적신 수건을 둘러 감았다. 그

도2-60 고소리술 다끄기(1960년대, 제주도) 촬영 홍정표

래야 뜨거운 증기가 대나무 관을 지나는 대로 식혀지면서 방울져 내렸다.[도2-61]

'고소리'는 소주를 증류시켜 내리는 오지그릇이다. 찬물을 넣은 대야 비슷한 그릇을 그 위에 얹어놓고 불을 지피어 가면 그 증기가 위에 놓인 물그릇에 닿는 대로 방울져 꼭지를 타고 떨어져 내렸다. 술밑 넉 되쯤 솥에 떠 넣고 여러 번 '고소리'에서 소주를 증류시켜 내릴 때 소주 1되 반 정도의 술이 나왔다. 술의 원료가 되면 물을 조금 타 무르게 해서 솥에 가득 채울 수도 있다. '고소리'를 솥 위에 얹어 떡가루를 익반죽하여 테를 두르는데, 헝겊으로 튼튼히 누빈 띠를 둘러 묶어 김이 새어나지 않게 하였다. '고소리' 위쪽 물통에 찬물을 부어 넣는데, 소주를 고아 내리는 동안에 2~3회 냉각수를 갈아주었다.

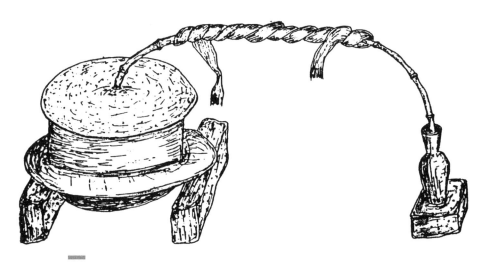

도2-61 소줏돌에서 술 다끼기 그림 강창언 *

소줏돌[도2-62]

'소줏돌'은 돌로 솥뚜껑처럼 만든 술을 빚는 도구이다. 이것은 제주돌문화공원에 있는 것이다. 솥뚜껑처럼 돌을 다듬어 만들었다. 한가운데 구멍이 나 있다. 솥에 술밑을 넣고 가열해 가는 대로 그 증기가 '소줏돌' 가운데 박힌 대나무 관을 통하여 술병으로 흘러나온다. 대나무 관 둘레에는 물 적셔진 수건을 둘러 감는다. 그래야 뜨거운 증기가 대나무 관을 지나는 대로 식혀지면서 방울져 내린다.

도2-62 소줏돌(지름 37.3cm, 높이 7.0cm)

고소리[도2-63]

'고소리'는 술을 빚는 소줏고리이다. 이것은 안덕면 감산리 고순화(1922년생, 여) 씨가 감산리 민속자료실에 기증한 것이다. 1말들이 솥에 얹는 '고소리'이다. 이런 '고소리'를 '웨말치고소리'라고 한다. 고 씨에게 이 '고소리'에 대하여 가르침받았다. 고 씨는 30세 때 이것을 샀다. 이웃집에 빌려줬는데 그만 깨져 버렸다. '고소리'를 빌려갔던 사람은 고 씨를 데리고 대정읍 신평리에 가서 이것을 사 주었다. '고소리'는 '알통'과 '웃통'으로 구성되었다. '알통' 밑바닥 한 가운데 지름 17cm의 큰 구멍이 나 있고, 테두리에도 지름 1.7cm의 구멍이 6개나 나 있다. 하나의 구멍은 '고소리술'을 빚는 과정에서 막혀 버렸다. 솥에 불을 지펴가는 대로 수증기가 피어오르는 구멍이다. 그리고 '알통' 오른쪽 어깨에는 손잡이가 하나

도2-63 고소리(지름 39.0cm, 높이 43.0cm)

달렸다. '웃통' 왼쪽에는 혹이 달렸는데, 이를 '고소리두던'이라고 한다. '고소리두던'은 피어오른 김이 모여드는 공간이다. 바로 그 아래쪽에 길쭉한 관(管)이 붙어 있다. '고소리두던'에서 이뤄진 술 방울이 이것을 타고 흘러내린다. 이것을 '고소리좃'이라고 한다. 그리고 위에는 냉각수 그릇이 있다. 이것을 '장태'라고 한다. 한 솥에서 '고소리'로 술을 빚는 동안에 3~4회쯤 물을 갈아주었다. 원래 '고소리'에는 '장태'가 붙어 있었는데, 오랫동안 '고소리'를 쓰다 보니 떨어져버렸다. '고소리' 한 솥에서 보통 1되 반 정도 술이 나왔다.

바지펭[도2-64]

'바지펭'은 '고소리'로 술을 뽑을 때 술을 받거나 물을 긷고 다니는 병이다. 이것은 안덕면 감산리 민속자료실에 있는 것이다. '바지펭'은 물을 길어 나르는 '허벅'에 비하여 목이 좁은 것이다. '바지펭'의 아가리는 '고소리좃'에 딱 맞게 만들었다. '바지펭'은 보통 2되들이 병이다. '고소리' 한 솥에서 술을 빚을 때, 술 2되 이상은 나오지 않았다.

돔베[도2-65]

'돔베'는 칼질할 때 받치는 도마이다. 이것은 제주민속촌에 있는 것이다. 장방형의 '조로기'(조록나무) 판에 4개의 발을 박아 세웠다.

도2-64 바지펭(잎 지름 7.6cm, 높이 29.0cm)

도2-65 돔베

(가로 61.5cm, 세로 24.7cm, 높이 21.7cm)

담배에 따른 도구

제주도에서는 담배에 따른 도구들이 제법 전승되었다.

담배쌈지[도2-66]

'담배쌈지'는 살담배(칼 따위로 썬 담배)나 잎담배를 넣고 다니는 주머니다. 이것은 안덕면 감산리 민속자료실에 있는 것이다. 닥종이로 바느질하여 만들고 풋감에서 우려낸 감물을 들였다. 담배쌈지안에 담뱃잎을 썰어 담고 3겹으로 접을 수 있게 되어 있다. 안덕면감산리 '남당' 지경에서 담배를 재배하였는데, 그 지역에서 생산된담배를 '남당담배'라고 이름 지었을 정도로 그 품질이 뛰어났다. '남당담배'로 만든 살담배를 담고 다니는 수도 있었다. 또 종이에 말린담배를 '골연'이라고 하였다. '골연'이 등장할 즈음에 살담배를 봉지에 담아 파는 수도 있었다. 이런 담배를 '봉담배'라고 하였다. 그러니 담배쌈지에 '봉담배'를 담고 다니는 수도 있었다.

부쉐[도2-67]

'부쉐'는 불이 일어나는 돌멩이인 '부돌'(부싯돌)에 때려 불을 일으키는 쇳조각이다. 이것은 안덕면 감산리 민속자료실에 있는 것이다. '부돌'은 석영이다. 석영은 제주도에서는 나지 않기에 육지부에서 들여왔다. '부쇠'와 '부돌'을 때려 불똥을 일으켰다. '부돌'에 대어 불똥이 박혀서 불을 붙이는 물건을 '불찍'이라고 한다.

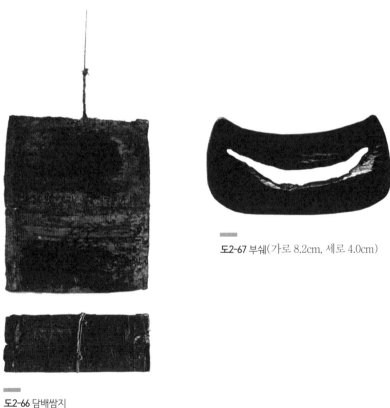

도2-67 부쉐(가로 8.2cm, 세로 4.0cm)

도2-66 담배쌈지
(가로 24.0cm, 세로 30.0cm)

부쉐주멩기 [도2-68]

 '부쉐주멩기'는 부싯돌에 따른 도구들을 넣고 다니는 '주멩기'(주머니)이다. 이것은 제주대학교박물관에 있는 것이다. '부쉐주멩기'는 쇠가죽으로 주머니를 만들고, 말[馬]의 뱃가죽을 오려내어 만든 줄로 주머니 끈을 달았다. 말의 뱃가죽을 오려낸 줄을 '갑실'이라고 한다. 그 끝에 구리로 만든 갈고리를 묶었다. 이를 '통꼬지'라고 한다. '통꼬지'는 담배통에 담긴 담배에 구멍을 뚫어 불길을 내거나, 담배통에 낀 담배의 진을 긁어내는 송곳이라는 말이다. '부쉐주멩기'에는 '부돌', '불찍', '활찍대'를 넣었다.

○ 부돌: '부돌'은 부싯돌이라는 말이다. 이것은 제주대학교박물관에 있는 것으로 석영 조각이다(길이 3.3cm).

○ 불찍: '부돌'을 칠 때 불똥이 박혀서 불이 붙도록 하는 물건이다. 삭은 팽나무 조각으로 만들었다. '불찍'은 삭은 팽나무 조각으로 만든 부싯깃이다. 제주시 노형동 현임종(1934년생, 남) 씨 가르침에 따르면, 팽나무 조각을 '체'(벼, 보리, 조 등의 겉곡을 찧어 벗겨낸 껍질) 속에 묻어두면 폭신폭신하였다. 그것을 10cm 정도 길이로 잘라서 그 끝에 불을 붙였다가 꺼서 그을음을 미리 입혀두었다. 그것을 가지고 다니다가 필요할 때마다 부싯돌로 불꽃을 일으켜 그 그을음에 불을 붙일 수 있게 되었다. '불찍'은 '활찍대'라는 대나무 통에 담고 다녔다(4.5cm).

○ 활찍대: '활찍대'는 '불찍'을 담고 다니는 대나무 통이다. 달리 '불찍통'이라고도 한다. '불찍'에 붙은 불을 끄기 위해 '활찍대'에 거꾸로 넣었다(15.7cm).

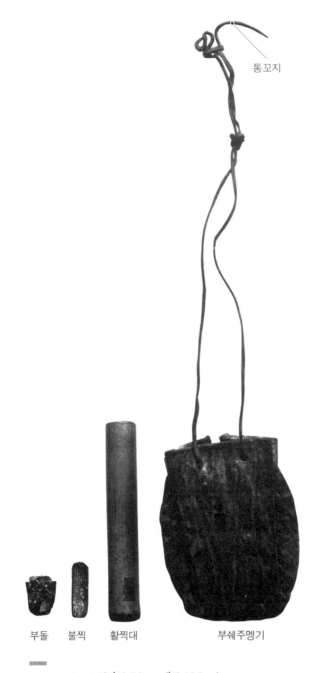

통꼬지

부돌 불찍 활찍대   부쉐주멩기

도2-68 부쉐주멩기(가로 9.2cm, 세로 12.0cm)

담배통[도2-69]

　'담배통'은 살담배를 피우는 데 쓰는 곰방대이다. 이것은 안덕면 감산리 오태윤 씨가 감산리 민속자료실에 기증한 것이다. '백철'(함석)로 만든 잎담배를 담는 통을 '수리대'(이대)로 만든 빨대에 끼워 만들었다. 담뱃진이 가득 찼을 때는 통과 빨대를 빼낸 후 '새'(띠)로 후벼냈다. 구좌읍 동복리 박인주(1920년생, 남) 씨 가르침에 따르면, 구좌읍 덕천리 한 씨 대장이 백철로 만든 담배통 하나에 말 한 마리 반 값을 주어야 살 수 있었다는 말도 전승되었다. '쉐담배통'은 다음과 같이 구성되었다.

○ 통머리: '통머리'는 칼로 잘게 썬 살담배를 담는 쇠로 만든 통이다. '통머리' 중에서 오목하게 들어간 부분을 '통잔'이라고 한다. 그리고 '통설대'(담배설대)에 끼우는 '통머리' 부분을 '통목'이라고 하였다.
○ 통설대: '통설대'는 '통머리'(담배통)와 '물촐리'(물부리) 사이에 끼워 맞추는 가느다란 죽통이다. '통머리'와 '통설대'에 낀 담뱃진을 '통진'이라고 하였다. '통진'이 눌어붙으면 새(띠)를 '물촐리'로 집어넣어 훑으며 '통진'을 제거하였다.
○ 물촐리: '물촐리'는 물부리라는 말이다.

　　　물촐리　　　　　　　　　　　통설대　　　　　　　통머리

도2-69 담배통(길이 39.6cm)

남통머리[도2-70]

'남통머리'는 나무로 만든 '통머리'이다. 이것은 제주대학교박물관에 있는 것이다. '남통머리'는 '조록낭'(조록나무)으로 만들어야 깨어지지도 않고 불에도 잘 타지 않았다.

재털이[도2-71]

'재털이'는 담뱃재를 떨어놓는 그릇이다. 감산리 오기남(1916년생, 남) 씨가 생전에 만들어 쓰다가 감산리 민속자료실에 기증한 것이다. 동백나무로 다듬어 만들었다. 재떨이 한가운데는 지름 4cm의 혹이 달렸다. 담배통을 내려치면서 그 안에 남아 있는 재를 털어내기 좋게 만들었다.

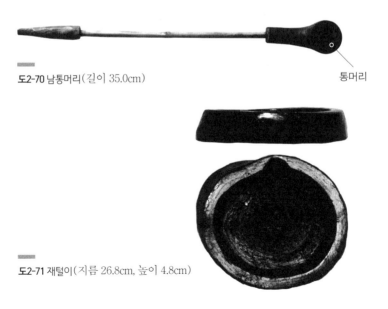

도2-70 남통머리(길이 35.0cm)

통머리

도2-71 재털이(지름 26.8cm, 높이 4.8cm)

제3장

주생활과
도구

1970년 4월 22일, 제주도에도 새마을운동을 알리는 '새벽종'이 울렸다. 마을 길은 곧고 드넓게, 그리고 옛 살림집을 헐어내고 그 자리에 콘크리트 집을 반듯반듯 지어나갔다. 1977년에는 '신제주'에 아파트가 세워지기 시작하였다. 지금은 콘크리트 집과 아파트가 온 섬을 덮고 있다. 콘크리트로 지은 제주도 살림집들의 공간 구조는 한국 여느 살림집의 그것과 크게 다르지 않으니, 오히려 제주도의 옛 살림집에서 제주도의 빛을 들여다볼 수 있다. 제주도의 옛 살림집은 제주문화가 지어놓은 집이기 때문이다.

주생활과
도구

　　　　　1970년 4월 22일, 제주도에도 새마을
운동을 알리는 '새벽종'이 울렸다. 마을 길은 곧고 드넓게, 그리고
옛 살림집을 헐어내고 그 자리에 콘크리트 집을 반듯반듯 지어나갔
다. 1977년에는 '신제주'에 아파트가 세워지기 시작하였다. 지금은
콘크리트 집과 아파트가 온 섬을 덮고 있다. 콘크리트로 지은 제주
도 살림집들의 공간 구조는 한국 여느 살림집의 그것과 크게 다르
지 않으니, 오히려 제주도의 옛 살림집에서 제주도의 빛을 들여다
볼 수 있다. 제주도의 옛 살림집은 제주문화가 지어놓은 집이기 때
문이다.

　제주도 원시의 집에는 칸살 나눔이 없었을 것이나 차차 칸살이
늘어났다. 그 첫걸음이 두 칸 오막살이집이었다. 제주도에서는 이
와 같은 집을 '마가지', '막살이'라고 하였다. 한쪽에 방과 '고팡'이 있
으면, 다른 칸살은 온통 '정지'를 배치하였다. '고팡'은 식량이나 물
건 따위를 간직해 보관하는 곳이고, '정지'는 부엌이라는 말이다. 그
리고 칸살이 셋으로 갈린 초가집을 두고 초가삼간이라고 한다. 두
칸 오막살이집에서 진화하였다. 방과 '고팡', 그리고 '정지' 칸살 사

이에 '상방'이 있다. '상방'은 마루라는 말이다.

제주도의 집에는 붙박이 화로가 있었다. 이 화로를 '부섭' 또는 '봉덕'이라고 하였다. 그런데 이 '부섭'이 있는 곳은 일정하지 않았다. '부섭'은 '상방'에도 박혀 있었고, 정지에도 박혀 있었다. '상방'의 '부섭'은 '상방' 조금 뒤쪽 마룻바닥에, 또는 '정지' 바닥에 붙박아 놓기도 하였다. 겨울철에는 이 화로에 불을 피우고 그 주위에서 허드렛일을 하거나, 손님을 맞아 얘기꽃을 피우기도 하였다. 이로 미루어 보면, 제주 집에서 사회적 공간인 '상방' 칸살은, 원래 '정지'에서 떨어져 나온 공간이 되는 셈이다.

그리고 제주도 옛 살림집의 방은 그 크기가 크게 다르지 않았다. 그러니 '족은방'이건 '큰방'이건 가로세로 평균 2m 안팎으로 비슷하였다. 어느 한쪽으로든 앞면에는 '큰방', 뒷면에는 '고팡'을 배치하였다. '고팡'이 있는 칸살에 큰방이 있음은 제주 초가의 고정체계(固定體系)였다. 반면, '정지' 칸살의 평면구조는 다양하여 비고정체계(非固定體系)를 이루었다. 간혹 '정지'가 있는 칸살에도 방을 배치하는 수도 있었다. '정지' 쪽의 방은 전면이나 후면, 또는 측면에도 있었다. '정지' 쪽의 방을 무조건 '족은방'이라고 하였다. 방은 일상적 삶 속에서 취침(就寢), 독서(讀書), 휴식(休息)의 공간이었다. 그러나 제주도 초가집에서 '큰방'만은 조상신을 모시는 제사 공간이면서 출산과 임종(臨終) 그리고 혼사 때 신부를 맞아들이는 신성(神聖)한 공간이었다. 그러니 제주 사람들은 반드시 '큰방'에서 태어났고 '큰방'에서 생을 마감하였다. 그래서 '큰방'이다. 한 울안에 '큰방'은 오직 '안거리'(안채)에만 있었다. '밖거리'(바깥채)에 두 개의 방이 있다고 해도 모두 '족은방'에 지나지 않았다.

'정지'는 육지부 중부지역 부엌처럼 제주도 옛 살림집에 사는 사

람들이 먹거리를 마련했던 곳이었다. 그러나 제주도 옛집의 '정지'
는 육지부의 그것과는 썩 달랐다. 육지부 부엌에서는 솥과 방에 동
시에 불을 땠다. 이를 아궁이라고 하였다. 때문에, 육지부의 '큰방'
은 정지 칸살에 딱 붙어 있었고, 제주도의 '큰방'은 정지와 뚝 떨어
진 칸살에 있었다.[도3-1]

한국의 온돌은 돌과 흙을 쌓아 불길 고랑을 만들고, 그 위에 넓적
한 구들장을 놓고, 흙을 이겨 덮어서 방바닥으로 삼았고, 밑으로 불
을 지펴 열을 얻는 방식의 난방법(煖房法)이었다. 제주도가 아닌 육
지부인 경우, 그 앞에 솥을 걸어 취사하다 남은 열이 아궁이 속으로

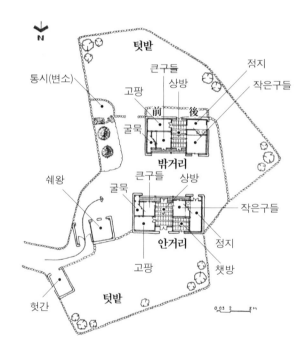

도3-1 제주도 한 살림집
(강행생의 글〈제주도 안·밖거리형 살림집의 공간구성에 관한 조사 연구〉에서)
제주시 애월읍 납읍리 유 씨 살림집의 그림이다.

들어가서 방바닥을 달구었다. 한국의 부엌에는 아궁이와 솥이 같이 있었지만, 제주도의 '정지'에는 솥만 있고, '굴묵'은 썩 다른 곳에 있었다. 간혹 '정지' 안에 '굴묵'과 '솟덕'이 같이 있는 수도 있는데, 그것은 '족은방'에 따른 '굴묵'이 '정지' 한구석에 있는 경우다. '굴묵'은 방에 불을 때기 위하여 '큰방' 쪽에 따로 마련한 아궁이, '솟덕'은 솥에 불을 때려고 세운 돌이라는 말이다. 그렇지만, '솟덕'과 '굴묵'은 따로 있었다.

'정지'에는 한쪽 벽에 보통 서너 개의 솥을 줄줄이 놓았다. 돌멩이로 '솟덕'을 세우고, 그 위에 솥을 올려놓았다. '솟덕'과 벽 사이는 50~60cm 간격을 두었다. 이 공간을 '솟둑강'이라고 하였다. '솟둑강'은 솥 뒤라는 말로 재거름이 차곡차곡 쌓이는 곳이었다.[도3-2] 그리고 '굴묵'은 제주도식 아궁이라는 말이다. '굴묵'의 연료는 소똥이나 말똥 말린 것이 보통이었다. 마소가 많은 제주도다운 땔감이었다. 지푸라기나 마소의 똥을 '굴묵' 안으로 밀어 넣고 불을 지펴두면 서서히 타들어 가고 구들은 뜨거워졌다. 그리고 3일에 한 번쯤 재거름을 꺼냈다.

제주도는 온돌과 솥이 분립형(分立型)이라면, 육지부는 일체형(一體型)이었다. '정지'와 '굴묵'은 재거름을 생산하는 공간이었다. 이러한 결과를 낳게 된 것도 화산회토(火山灰土)인 제주도의 농업환경을 극복하기 위한 지혜의 소산이 아니었을까. 한국의 전체 농경지 중 논은 57·4%, 밭은 42.6%였다. 논이 밭보다 15%가 더 많은 셈이었다. 그러나 제주도는 밭이 99%, 논은 0.5%에 지나지 않았다. 제주도가 아닌 육지부가 도작문화권(稻作文化圈)이었다면, 제주도는 전작문화권(田作文化圈)이었다. 제주도가 화산섬이기 때문에 비는 내리는 족족 땅속으로 스며들어 버렸다. 산성토양의 제주도 밭에서

도3-2 제주도의 정지

농사를 짓는 데, 알칼리성의 재거름이 더욱 긴요하였음은 물론이었다.

제주도의 '통시'는 배설공간(排泄空間)이면서, 돼지를 사육하는 공간이면서, '돗걸름'을 생산하는 공간이었다. '돗걸름'은 '통시'에서 돼지 똥오줌과 빗물, 마당에 깔았다가 걷어낸 보릿짚이나 검질 등이 오랫동안 절여지고 삭혀져서 만들어진 거름이라는 말이다. 제주도 사람들은 보리를 갈 때 '돗걸름'과 보리 씨앗을 혼합하거나 분리하여 파종하였다. 음식물 찌꺼기 등을 사육도구(飼育道具)의 하나인 '돗도고리'라는 그릇에 담아 돼지에게 먹였고, 사람들이 '되들팡'에 앉아 내보내는 인분(人糞)도 먹여 키웠다. '통시'는 6~7평의 땅을 2m 깊이로 통을 파서 만들었다. 동지(12월 22일경) 전후 보리 파종 때 쓸 '돗걸름'을 꺼냈다. '돗거름'을 보리 파종 직전까지 쌓아 두는 수도 있었다.

'돗걸름'을 꺼낸 '통시'에 보릿짚, 거름 해조류, '쉐막'(외양간)의 퇴비 따위를 수시로 잔뜩 집어넣어 이듬해 '돗걸름'을 낼 때까지 거름을 생산하였다. 1년에 '통시'에서 50~130바리의 거름을 만들어냈다.

  육지부 사람들은 인분을 어떻게 비료로 이용하였을까. 제주도 이외의 육지부에서는 대부분 구덩이를 파고, 그 위에 나무판자 두 개를 걸쳐놓아 뒷간을 만들었다. 그리고 두 개의 나무판자 위에 앉아 대변을 보았다. 인분은 뒷간의 구덩이 안에 차곡차곡 쌓였다. 부패가 진행되면서 인분에 수분이 생기면, 그 위에 가끔 재거름과 왕겨를 뿌려주었다. 재거름과 왕겨는 인분의 수분을 흡수할 뿐만 아니라 인분과 같이 썩어들면서 거름이 되었다.[도3-3]

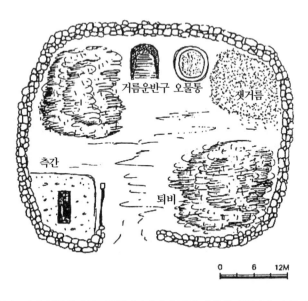

도3-3 하의도의 뒷간(목포대학교박물관 〈남서해 도서 지역의 전통가옥·마을〉에서)

주먹돌과
정주석

　　　　　　흔히 제주도는 대문, 거지, 도둑이 없
는 '3무의 섬'이라고 한다. 제주도의 대문 자리에는 대문 대신 '주먹
돌'과 정주석을 세워놓는 수가 많았다.

주먹돌[도3-4]

'주먹돌'은 '정낭'을 걸치기 위해 만들어진 돌기둥이다. '정낭'은 거
릿길에서 집으로 들어오는 길목에 대문 대신, 돌이나 나무로 된 기
둥을 세우고 거기에 가로 걸쳐놓은 기다란 나무 막대기이다. 거릿
길에서 집으로 들어가는 길목을 '올레'라고 하였다. 그곳에는 문이
있거나, 그렇지 않으면 '주먹돌'을 세우기도 하였다. '주먹돌'은 주먹
이 드나들 만큼 구멍을 뚫어 만든 돌멩이에서 비롯한 말이다. 집안
식구들이 집 바깥에 나갈 때는 나뭇가지를 걸어놓고, 들어올 때는
내려놓았다. 집 안에 사람이 있고 없음을 '정낭'의 모양으로 의사를
전달하였다. 그러면 외부 사람은 물론 마소들도 함부로 그 집에 들

어가지 않았다. 순박하게 살아온 제주 사람의 삶의 자세와 마소를
풀어놓아 가꾸어왔던 제주 사람들 삶의 일면을 읽을 수 있다

도3-4 주먹돌(1960년대, 제주도) 촬영 홍정표

정주석[도3-5]

'정주석'은 '주먹돌'처럼 '정낭'을 걸치기 위해 만들어진 돌기둥이다. 이것은 안덕면 감산리 1519번지의 집으로 들어가는 길목 양쪽에 세운 것이다. 안덕면 감산리 사람들은 이와 같은 돌기둥을 '정주먹'이라고 하였다. '올레'에 '정주석'을 세우고, 이것에 의지하여 돌담을 쌓았다. 서쪽에 세운 '정주석'에는 구멍이 3개 뚫렸고, 동쪽에 세운 '정주석'에는 홈만 냈다. 서쪽의 '정주석'에 '정낭'을 끼우고, 동쪽 '정주석'의 홈에 살짝 걸쳐둘 수 있게 만들었다. 동쪽과 서쪽에 각각 세운 '정주석'은 석질도 다르고, 구멍의 수가 맞지 않았다. 서쪽의 '정주석'은 산방산(山房山)에서 나는 돌이고, 동쪽의 '정주석'은 어디에서나 흔하게 구할 수 있는 현무암이다. 서쪽의 '정주석'은 석수(石手)에게 부탁하여 만들었을 것이고, 동쪽의 '정주석'은 집주인이 손수 만들었던 모양이다.

도3-5 정주석

제주도 옛 문헌들은 빠짐없이 제주도 초가집의 지붕을 기록하고 있는데, 제주도 초가집의 지붕은 한마디로 "'새'로 지붕을 이는데 엮어서 사용하지 않았다."(茅茨不編)라는 것이다. 제주도 초가집의 지붕은 육지부의 그것과 달리 이엉도 용마름도 없는 지붕이기 때문이었다. 육지부의 이엉은 초가집의 지붕이나 울타리를 이기 위하여 대부분 볏짚으로 만든 물건이고, 용마름은 초가집의 지붕 마루에 덮는 '∧' 자 모양으로 엮은 것이었다.[도3-6] 제주도 사람들이 이엉도 용마름도 없는 지붕을 덮으려면 그만한 시스템이 필요하였다.

　육지부와 그 주변 도서 지역에는 제주도 이외의 육지부와 지질구조가 비슷한 대륙도(大陸島)와 화산으로 이루어진 화산도(火山島)가 있다. 육지부 주변에 몰려 있는 크고 작은 섬들은 육지부에서 떨어져 나온 대륙도이고, 육지부와 비교적 멀리 떨어져 있는 제주도는 한라산(1,950m)에서 용암이 분출하면서 이루어진 화산도다. 제주도는 화산암과 화산토로 이루어진 섬이다. 한라산에서 화산이 분출되면서 흘러내린 마그마는 냉각되어 화산암과 화산토를 만들어내었

도3-6 제주도 이외의 육지부와 그 주변 도서 지역 초가집 지붕(1991년 6월, 평일도) 촬영 고광민
평일도에서 초가집의 지붕을 덮는 데 '나람'(이엉) 50장과 '용나람'(용마름) 1장이 들었
다. '나람' 1장을 엮는 데 볏짚 5다발이 들었다. '나람'을 엮거나 '용나람'을 트는 일은 남
자들의 몫이다. 남자 한 사람이 하루에 15장 정도의 '나람'을 엮을 수 있었다. 그리고 초
가집의 지붕 가로줄을 '옆줄'이라고 한다. '옆줄'은 40~50가락 정도이다. 지붕의 세로
줄을 '동줄'이라고 한다. '동줄'은 15가락 정도이다. '옆줄'과 '동줄'은 그냥 손으로 비벼
꼰 새끼줄이었다.

다. 화산암은 바닷속까지도 흘러들었다. 제주도를 사람의 몸에 견주면 화산암은 뼈, 화산흙은 살, 그리고 수많은 건천(乾川)은 혈관과 같다.

제주도 화산암은 구멍이 숭숭 나 있고, 화산흙은 푸석푸석하였다. 제주도에는 1년에 1,549mm의 비가 내리지만, 비는 땅속으로 스며버리거나 건천을 타고 바다로 흘렀다. 제주도 경지면적 중 논은 고작 0.5%에 지나지 않았다. 그러니 어쩔 수 없이 밭농사를 지어야만 생계를 이어갈 수 있었다.

제주도 이외의 육지부와 그 주변 사람들은 논에서 볏짚으로 겨울나기용 소죽, 지붕을 이는 재료, 그리고 여러 가지 생활 도구를 만들 수 있었다. 그러나 제주도 사람들은 이 모든 것을 밭에서 마련하지 않으면 안 되었다. 초가집의 지붕 재료를 마련하는 밭을 '새왓'이라고 하였다. '새왓'은 초가집의 지붕을 덮는 풀인 '새'가 자라는 밭이라는 말이다. '새' 길이는 보통 1m 정도였다. 제주도가 아닌 육지부에서는 거의 볏짚으로 초가집의 지붕을 이었지만, 제주도에서 초가집의 지붕을 이는 재료는 '새'였다.

제주도 초가집의 지붕은 '새'로 지붕을 덮고 나서, '각단'으로 줄을 꼬아 '정'(井) 자 모양으로 얽어 묶었다. 이때의 줄을 '집줄'이라고 하였다. '집줄'은 초가집의 지붕이 바람에 날리지 않도록 지붕을 동여매기 위해 짧은 '새', 곧 '각단'을 이어 엮어 만든 줄이라는 말이다. '집줄'은 새끼줄처럼 맨손으로 꼴 수 없었다. '집줄'은 '줄 놓기'와 '줄 어울리기'로 구성되었고, '집줄'을 놓고 어울리는 도구가 전승되었다. '집줄'을 놓는 데는 '호롱이'라는 도구가 필요하였다. '뒤치기'는 줄 두 개를 하나가 되게 어울리는 도구라는 말이다. 줄 2개를 마주 대고 '뒤치기' 구멍에 끼워서 손잡이에 걸었다. 두 사람은 각자 '호롱이'에 줄을 걸어 시계 방향으로, 그리고 '뒤치기'에 앉은 사람은 그 반대 방향으로 돌리며 줄을 어울렸다. '뒤치기' 쪽에서 손잡이를 돌리는 일을 '뒤친다'고 하였다. 줄 두 개를 한몸이 되게 맞추고 '뒤치기' 뒤에서 '뒤치고', 그 앞에서 꼬는 대로 하나의 '집줄'이 완성되었다. 이 일을 '집줄 어울린다'라고 하였다. 이때 '어울리게'라는 도구도 필요하였다. '어울리게'는 외가닥 줄을 꼬아 나가는 동안 나머지 한 사람은 줄이 꼬여나가는 대로 두 줄의 균형을 잡아주는 도구라는 말이다. 두 가닥의 줄이 어우러지면서 '집줄'이 되었는데, 그 굵기는 3cm 정도였다.

이엉도 용마름도 없는 제주도 초가집의 지붕에는 '집줄'이 강조되었다. '집줄'을 만드는 여러 가지 도구들이 전승되고 있음도 돋보였다.

새치게[도3-7]

'새치게'는 돗자리를 엮거나 지붕을 이을 '새'를 고르고 다듬는 데 쓰는 빗처럼 생긴 도구이다. 달리 '새치기'라고도 이른다. '새'는 제주도 초가집의 지붕을 이는 풀이라는 말이다. '새' 속에는 잡초가 섞여 있는 수가 있다. 잡초는 '새치게'로 빼내 버려야 했다. '새치게'로 잡초를 빼는 일을 '새 친다'라고 하였으니, '새치게'는 바로 새를 치는 것이라는 말에서 비롯되었다. 이것은 제주대학교박물관에 있는 것이다. '새치게'를 '가시낭'(가시나무)으로 만들었다. 위에는 아홉 개의 빗살이, 그리고 가운데에는 구멍이 나 있다. '새치게'를 통나무 같은 데 세우고, 구멍에는 발을 디뎌 누르고 '새'를 한 손에 가득 심고 끼워 당기며 '새' 속에 들어있는 잡초를 걸러냈다.

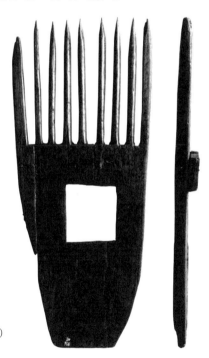

도3-7 새치게
(가로 28.5cm, 세로 66.0cm, 높이 4.5cm)

좀치게[도3-8]

돗자리를 엮거나 지붕을 이을 '새'를 고르는 도구로 '새치게'보다 더 촘촘한 빗과 같은 도구이다. 이것은 성산읍 오조리에서 쓰던 것을 제주대학교박물관에서 수집한 것이다. '좀치게'는 '가시낭'(가시나무)으로 만들었는데, 9개의 빗살과 손잡이로 구성되었다. '좀치게'로 '새'를 빗어 빠지지 않는 잡초는 손으로 골라 뽑아내 버렸다. '좀치게' 손잡이 한가운데 구멍이 나 있다. 그 구멍에 말총으로 꼰 줄이 묶여 있다. '좀치게'를 사용하지 않을 때는 기둥에 걸어두었다.

도3-8 좀치게
(가로 10.8cm, 세로 16.5cm)

호롱이①[도3-9]

'호롱이'는 초가집의 지붕을 묶는 '집줄'을 만들 때 '각단'을 이어 돌리면서 엮는 데 쓰는 도구이다. 이것은 구좌읍 행원리 고광민 (1952년생, 남) 씨 집에서 쓰던 것이다. 왕대나무 조각에 'Z' 자 모양의 막대기를 끼워 만들었다. 한 사람이 '각단'을 먹여나가는 대로, 한 사람은 '호롱이'를 돌리며 앞으로 꼬아 나갔다. 이런 일을 '집줄 놓는다'고 하였다. 이때의 줄 굵기는 1.5cm 정도였다. 그리고 줄 어울리는 데는 '뒤치기'와 '어울리게'라는 도구가 필요하였다. 호롱이① 은 제주도 동부지역에서 전승되었다.

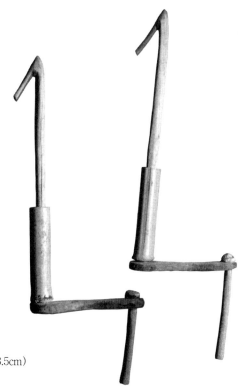

도3-9 호롱이❶
(좌/ 길이 51.0cm, 우/ 길이 53.5cm)

호롱이 ②[도3-10]

‘호롱이’는 초가집의 지붕을 묶는 ‘집줄’을 만들 때 ‘각단’을 이어 돌리면서 엮는 데 쓰는 도구이다. ‘집줄’은 초가지붕이 바람에 날려 버리지 않도록 지붕을 동여매기 위해 짧은 띠를 이어 엮어 만든 줄이다. 이것은 애월읍 상가리 김○○(1926년생, 여) 씨 집에서 쓰던 것이다. ‘가시낭’(가시나무)을 다듬어 ‘호롱이’ 기둥을 만들었다. 위쪽에 구멍을 내어 ‘줄걸이코’를 끼우고, 손잡이를 달았다. ‘호롱이’ 기둥은 ‘동박낭’(동백나무)과 ‘소낭’(소나무)으로 만들었다. ‘호롱이’를 얼마나 오래 썼던지 ‘줄걸이코’ 쪽의 구멍이 닳아 빠졌다. 그래서 손잡이를 돌릴 때마다 걸리적거리지 못하게 나뭇조각을 덧대기도 하였다. 그래야 손잡이를 돌릴 때마다 닳아 빠진 손잡이 기둥이 걸리적거리지 않았을 것이다. 호롱이②는 제주도 서부지역에서 전승되었다.

도3-10 호롱이 ❷
(좌/ 116.0cm, 우/ 114.0cm)

뒤치기[도3-11]

　'뒤치기'는 줄 두 개를 하나가 되게 어울리는 도구라는 말이다. 이것은 애월읍 상가리 김○○(1926년생, 여) 씨 집에서 쓰던 것이다. 줄 2개를 마주 대고 '뒤치기' 구멍에 끼워서 손잡이에 걸었다. 두 사람은 각자 '호롱이'에 줄을 걸어 시계 방향으로, 그리고 '뒤치기'에 앉은 사람은 그 반대 방향으로 돌리며 줄을 어울렸다. '뒤치기' 쪽에서 손잡이를 돌리는 일을 '뒤친다'고 하였다. 줄 두 개를 한몸이 되게 맞추고 '뒤치기' 뒤에서 '뒤치고', 그 앞에서 꼬는 대로 하나의 '집줄'이 완성되었다. 이 일을 '집줄 어울린다'라고 하였다. 이때 '어울리게'라는 도구도 필요하였다.

도3-11 뒤치기
(가로 5.2cm, 세로 8.0cm, 높이 65.0cm)
'집줄'을 어울릴 때는 'ᄀ레'(맷돌)나 통나무 따위에 '뒤치기'를 박아 놓는다.

어울리게[도3-12]

'어울리게'는 외가닥 줄을 꼬아 나가는 동안 나머지 한 사람은 줄이 꼬여나가는 대로 두 줄의 균형을 잡아주는 도구라는 말이다. 이것은 애월읍 상가리 김○○(1926년생, 여) 씨 집에서 쓰던 것이다. '노가리낭'[朱木]에 두 개의 줄을 걸 수 있게 홈이 나 있다. 두 가닥의 줄이 어우러지면서 '집줄'이 되었는데, 그 굵기는 3cm 정도가 되었다. 줄이 다 꼬이면 한쪽 끝의 코걸이를 다른 끝의 그것에 끼우고 서로 잡아당겨 주었다.

낭갈레죽[도3-13]

'낭갈레죽'은 나무로만 만든 가래라는 말이다. '눌'(露積)이나 지붕의 모양을 내려고 튀어나온 데를 때려주는 도구로 쓰이는 수가 많았다. 이것은 제주대학교박물관에서 소장하고 있다. '낭갈레죽'은 '솔피낭'(쇠물푸레나무)으로 만든 것이다. 지붕을 이기 전에 '어욱'이나 '새' 따위를 한 줌씩 지붕 밑에 욱여넣었다. 이런 일을 '집알 박는다'라고 하였다. '집알'은 지붕 아래쪽이라는 말이다. '집알'이 들쑥날쑥한 데를 '낭갈레죽'으로 때려주며 일정하게 끝을 맞추어주었다. 이런 일을 '집알 거시린다'라고 하였다. '낭갈레죽'은 더러 흙을 파헤치거나 떠서 던지는 도구로도 쓰였다. 한 사람이 이것의 날로 흙을 먹이면, 두 사람은 목에 묶인 줄을 잡아당기며 흙을 파헤치는 수도 있었다. 특히 무덤의 봉분을 만들 때 이런 일을 많이 하였다.

도3-12 어울리게
(가로 5.7cm, 세로 6.0cm, 높이 39.7cm)

도3-13 낭갈레죽
(가로 25.5cm, 세로 113.5cm, 높이 2.0cm)

제3장 주생활과 도구

청소 도구

청소는 실내청소와 실외청소가 있었다. 실내청소용 빗자루를 '방비' 또는 '방비차락', 실외청소용 빗자루를 '마당비' 또는 '마당비차락'이라고 하였다. '방비'는 수꿩의 긴 꼬리털이나 말의 꼬리털로 맨 것도 전승되었다.

방비[도3-14]

'방비'는 실내에서 먼지나 쓰레기를 쓸어내는 도구이다. 이것은 구좌읍 하도리 이기봉(1916년생, 남) 씨가 손수 만들어 쓰던 것이다. '방비'는 이삭을 떨어낸 수수의 줄기로 맸다. 제주도 사람들은 수수를 '대죽' 또는 '대축'이라고 하였다. 수수는 '쌀대죽', '비대죽', '사탕대죽' 세 가지가 전승되었는데, '비대죽'의 이삭을 떨어낸 것으로 '방비'를 맸다.

치비[도3-15]

'치비'는 수꿩의 긴 꼬리털로 맨 빗자루이다. 이것은 제주시 건입동 고봉만(1934년생, 남) 씨 집에 있는 것이다. 수꿩의 꼬리털 중 가장 긴 털은 하나이다. 그것을 '꽁지짓'이라고 한다. '꽁지짓'은 수꿩 꼬리의 깃털이라는 말이다. '꽁지짓'만으로 '치비'를 맨다는 것은 호사로운 일이다. 수꿩 깃털에는 울긋불긋한 검은 무늬가 박혀 있다. 나란히 박혀 있는 '꽁지짓' 무늬가 있는가 하면 어긋나게 박힌 것도 있다. 제주도 사람들은 수꿩 '꽁지짓'에 박힌 검은 무늬를 '눈'이라고 하였고, 그런 '꽁지짓'을 '눈맞인꽁지짓'이라고 하였다. 수꿩마다 '눈맞인꽁지짓'이 박혀 있는 것만도 아니다. 눈이 맞지 않은 검은 무늬가 박혀 있기도 하다. 애월읍 어음리 김종일(1912년생, 여) 씨 가르침에 따르면, 수꿩은 한평생 5, 6회 털갈이하는데, 생을 마감하는 해의 '꽁지짓'에서만 '눈맞인꽁지짓'이 돋는다. 이 '치비'에는 '눈맞인꽁지짓'과 그렇지 않은 '꽁지짓'이 뒤섞여 있었다.

도3-15 치비
(위 / 길이 27.0cm, 아래 / 길이 51.0cm)

도3-14 방비(길이 55.0,cm 폭 28.0cm)

총비[도3-16]

'총비'는 말의 꼬리털로 만든 비이다. 이것은 제주시 건입동 고봉만(1934년생, 남) 씨 집에 있는 것이다. '총비'는 나무 손잡이에 가죽째 벗겨낸 말의 꼬리털을 매어 만들었다. '총비' 손잡이에는 '총비'를 쓰지 않을 때는 걸어두는 끈도 묶여 있다.

티바지[도3-17]

'티바지'는 쓰레기 따위를 비로 쓸어 담는 쓰레받기라는 말이다. 이것은 구좌읍 하도리 이기봉(1916년생, 남) 씨 집에 있는 것이다. 나무로 틀을 잡고 나서 안팎에 주석을 입힌 철판을 붙여 만들었다. 제주도 사람들의 일상생활에 '양철'이라는 철판이 흔해지기 이전에는 판자로 만들거나 실내의 쓰레기 따위는 물을 적신 걸레로 닦아냈다.

먼지떨이[도3-18]

먼지떨이는 먼지를 떠는 도구이다. 이것은 하도리 부영성(1917년생, 남) 씨 집에 있는 것이다. 먼지떨이는 소의 꼬리털을 대나무 뿌리로 만든 자루에 대어서 만들었다. 먼지떨이 자루 끝에는 쓰지 않을 때 걸어두려고 실을 걸어 묶었다.

도3-16 총비(길이 55.0cm)

도3-17 티바지

(가로 23.0cm, 세로 28.6cm, 높이 4.0cm)

도3-18 먼지떨이(길이 88.0cm)

제3장 주생활과 도구

마당비차락①[도3-19]

'마당비차락'①은 마당 등 집안 바깥을 쓰는 데 사용하는 빗자루이다. 이것은 조천읍 선흘리 고두희(1936년생, 남) 씨가 '수리대'(이대)를 줄로 엮어 만든 것이다. 달리, '대비차락'이라고 하였다.

마당비차락②[도3-20]

'마당비차락'②는 마당 등 집안 바깥을 쓰는 데 사용하는 빗자루이다. 이것은 구좌읍 하도리 조창진(1920년생, 남) 씨가 소나무 자루에 싸리 가지를 대어 나일론 줄로 얽어매어 만든 것이다. 달리, '싸리비차락'이라고도 하였다. 조천읍 선흘리는 비교적 '수리대'가 흔한 곳이니 '수리대'로 '마당비차락'을 매었다면, 구좌읍 하도리는 '수리대'가 흔한 곳이 아니기에, 집 안 여기저기에 싸리를 심었다가 '마당비차락'을 매는 수가 많았다.

도3-19 마당비차락❶

(길이 134.0cm)

도3-20 마당비차락❷

(길이 133.0cm)

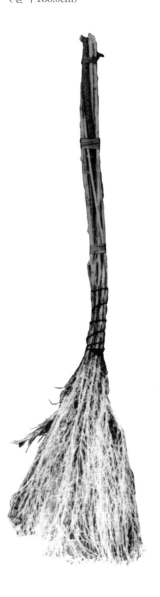

난방 도구

난방은 실내의 온도를 높여 따뜻하게
하는 일이다. 제주도 초가집 생활에서의 난방 수단은 '굴묵'에 불을
지피는 것이었다. '굴묵'은 온돌방에 난방을 위해 불을 때는 '정지'(부
엌) 외딴곳에 있는 아궁이라는 말이다. 한국은 일반적으로 취사와
난방을 동시에 하는 아궁이 시설이었으나, 제주도는 취사는 '정지'
에서, 난방은 '굴묵'에서 따로 난방하였다. 송상조는 그가 즐겨 쓰
는 말대로 "'갈중이(갈옷의 남자 하의)'에 땀이 밴 모습으로 뒹굴며, 몸
부림치며, 열심히 뚜벅뚜벅" 제주어를 주워 모아《제주말큰사전》
(한국문화사, 2007년)을 만들었다. 송상조는 그의 사전에서 제주도의
난방문화의 하나인 '굴묵'에 대하여, "방에 불을 때기 위해 만들어
놓은 제주식의 독특한 아궁이로, 여기에 쓰는 땔감은 부엌의 아궁
이에서와는 좀 다르게 보리 까끄라기나, 마소의 똥을 말린 것 따위
를 주로 때게 됨"이라고 하였다. 송상조는 '굴묵'을 제주식의 독특한
아궁이라고 설명하였다. 그리고 국립국어연구원에서 만든《표준국
어대사전》에는 아궁이를 방이나 솥 따위에 불을 때기 위하여 만든
구멍이라고 하였다. 송상조가 강조한 제주식의 독특한 아궁이는 과

연 어떠하였을까. 먼저, 제주도 이외의 육지부와 제주도의 취사공
간을 들여다보자.

  제주도 이외의 육지부에서는 부엌의 안방 벽 쪽에 아궁이를 만들
고 솥을 앉혔다. 아궁이에 불을 때면 솥이 가열되어 취사가 됨과 동
시에 그 불기운은 방고래 사이를 통과하면서 안방의 방바닥을 달구
어 방을 따뜻하게 해 주었다. 이와 같은 아궁이 시설에서는 취사와

────

도3-21 한국의 부엌(1973년 10월, 전라남도 구례군) 촬영 현용준
한국 본토의 부엌에는 부뚜막을 만들어 놓고 있다. 부뚜막 뒤에 '조왕보새기'를 모시고
있다. 주부는 매일 아침 일찍 일어나 이 '조왕보새기'라는 보시기에 정화수를 갈아 놓아
집안의 무사 안녕을 빈다.

도3-22 제주도의 정지(2000년, 제주민속촌)

난방을 동시에 이루어낼 수 있다[도3-21]. 제주도에서는 '정지' 벽 쪽에 돌을 세워서 솥을 앉히는 시설을 '솟덕'이라고 한다. '정지'에는 서너 개의 솥이 '솟덕'위에 걸쳐져 있다[도3-22]. 이러한 '솟덕'에서는 취사만 가능할 뿐 난방은 될 수 없다. 조선왕조 숙종(肅宗) 때 제주도에 목사로 왔던 이형상(李衡祥, 1653~1733)은 제주도의 '솟덕'를 보고, 그의 책 남환박물(南宦博物)에 제주도민들은 "부엌에는 오직 솥만 앉히고 불을 땐다."(竈則獨鼎而炊)라고 하였다. 즉 제주도 이외의 육지부의 아궁이처럼 난방이 병행되지 않고, '솟덕'에서 취사만 이루어짐을 지적한 내용이다. '솟덕'과 벽 사이는 50~60cm 정도로 간격을 두었다. 이 공간을 두고 '솟둑강'이라고 일렀다. 이는 '솥의 뒤쪽'이라는 말이다. 이곳에 재거름이 차곡차곡 쌓였다. 이 재거름은 메밀을 파종할 때 밑거름으로 이용하였다.

　제주도의 난방시설인 '굴묵'에 대해서 구좌읍 행원리 홍복순(1931년생, 여) 씨네 가옥구조를 통하여 자세히 살펴보자. 홍 씨네 집은 삼간 구조의 초가집이었다. 집의 왼쪽 칸살에는 '정지', 집의 가운데에는 '상방'(마루), 그리고 집의 오른쪽 칸살에는 '큰구들'(큰방)을 각각 배치하였다. '굴묵'은 '큰구들' 밑에 구멍을 내어 만들었다. '굴묵'의 입구는 가로 30cm, 세로 20cm 정도였다. 이를 두고 '굴묵어귀'라고 일렀다. '굴묵'의 연료는 쇠똥과 말똥 말린 것과 보리 까끄라기였다. 'T' 자 모양의 '굴묵군데'로 연료를 '굴묵' 안으로 밀어 넣고 '굴묵어귀' 쪽에 있는 연료에 불을 붙였다. 이런 일을 "굴묵 짇는다"라고 일렀다. 그리고 넓적한 돌멩이로 '굴묵어귀'를 막았는데, 이를 '굴묵돌'이라고 하였다. 그리고 젖은 쇠똥으로 '굴묵어귀'와 '굴묵돌'의 틈새를 잘 발라주었는데, 이런 일을 두고 "굴묵 막는다"라고 하였다. 이렇게 '굴묵'을 막아두어야 불기운이 저녁부터 아침까지 천천히 탔다. '굴묵'을 막기 위해 '굴묵어귀'에 발랐던 젖은 쇠똥은 2일 동안 쓰고 나면 바싹 말랐다. 그 쇠똥은 다시 '굴묵'의 연료로 이용하였다. 그리고 5일에 한 번쯤 '굴묵군데'로 '굴묵'에 있는 재를 긁어내어 '솟덕'에서 나오는 재거름과 같이 일정한 곳에 저장하여 두었다가 메밀을 파종할 때 밑거름으로 삼았다. 이렇게 '굴묵 짇는' 일은 동짓달에서부터 음력 2월까지 약 4개월 동안 이루어졌다.

제주도 이외의 육지부의 아궁이는 취사와 난방을 동시에 이루어 낼 수 있는 혼합형 시설이었고, 제주도에서는 '솟덕'과 '굴묵'으로 취사와 난방시설이 분리되어 있었다. 제주도의 취사와 난방의 분리시설은 전통민가에서 특징적으로 나타났다. 제주도 이외의 육지부에서는 부엌과 안방이 붙어 있지만, 제주도의 정지와 큰구들은 삼간구조일 경우 상방의 좌우에 배치되어 서로 떨어져 있다. 그리고 연료에 있어서 육지부의 아궁이에는 주로 장작이나 검불을 연료로 이용하였으나, 제주도에서는 취사용과 난방용 연료가 달랐다. 취사용 연료는 장작이나 검불로 육지부 쪽과 크게 다르지 않았지만, 난방의 연료는 주로 쇠똥과 말똥이었다. 제주도에는 마소가 많았기에 쇠똥과 말똥 연료는 제주도다운 연료의 이용법이었다.

제주도민들이 취사와 난방을 분리하게 된 배경은 쇠똥과 말똥의 연료 이용을 극대화하기 위한 목적 때문이었을까, 아니면 제주도 이외의 육지부와 다른 난방문화권 때문이었을까. '난방 도구'에는 목침과 방석 등의 가재도구도 함께 넣는다.

굴묵군데[도3-23]

　‘굴묵군데’는 ‘굴묵’에 땔감을 밀어 넣거나 재를 긁어내는 ‘T’ 자 모양의 도구이다. 이것은 구좌읍 행원리 홍복순(1931년생, 여) 씨 집에 있는 것이다. 직사각형 나무토막(가로 8.4cm, 세로 10.5cm, 높이 2.0cm)에 구멍을 뚫고 자루(길이 71.5cm)를 박아 만들었다. ‘굴묵군데’를 제주도 서부지역에서는 ‘불그네’라고도 일렀다.

도3-23 굴묵군데
(길이 71.5cm)

부삽[도3-24]

'부삽'은 숯불이나 불씨를 담아 옮기는 데 쓰는 조그마한 삽이다. 이것은 제주민속촌에 있는 것이다. '부삽'은 쓰레받기처럼 소나무로 파고 다듬어서 만들었다. '부삽' 전면에는 불에 그을려 탄 흔적이 남아 있다.

정동화리[도3-25]

'정동화리'는 청동으로 만든 화로라는 말이다. 이것은 조천읍 신촌리 김○○(1910년생, 여) 씨 집에 있는 것이다. 둥글고 넓적하며 가장자리에 넓은 전이 있고 발이 셋 달렸다. 김 씨는 16세 때 이 집으로 시집왔다. 그때 친정아버지가 혼수품으로 마련해주었다. 제주도의 옛집에는 '봉덕' 또는 '부섭'이라고 하는 붙박이 돌화로가 정지나 마루에 박혀 있는 수가 많았다. 제주도 돌화로는 난방 도구라기보다 제수인 적(炙)이나 묵을 구울 때 쓰는 수가 많았다. 그러나 '정동화리'에서 제수를 굽는 일은 없었다. 다만, 부잣집에서는 난방 도구임과 동시에, 부잣집 며느리가 바느질 도구인 인두를 달구는 그릇으로 쓰이는 수가 많았다.

도3-24 부삽(가로 26.8cm, 세로 13.5cm, 높이 8.0cm)

도3-25 정동화리

(지름 41.3cm, 높이 21.9cm)

목침[도3-26]

목침은 나무토막으로 만든 베개이다. 이것은 제주대학교박물관에 있는 것인데, '녹낭'(녹나무)으로 만든 것이다. 두 개의 나무 조각을 이어 붙여 만들었다. 아래 것은 받침이고 위의 것에 머리를 괴었다. 그렇기에 받침의 바닥은 편평하고, 위의 것은 살짝 후미지게 만들었다. '녹낭'은 잡귀를 막는 속성이 있다고 전승된다. 때문에 '녹낭'으로 만든 목침을 베고 있으면 잡념을 몰아내 버려서 좋다고 믿었다.

도3-26 목침(가로 20.6cm, 세로 8.6cm, 높이 15.5cm)

조명 도구

인간은 자연발생적으로 일어나는 불에서 힌트를 얻어 마찰과 충격을 이용하여 불을 일으켰다. 그것으로 난방, 취사, 조명 등에 이용해왔다. 원시에는 불의 세 가지 기능이 미분화 상태였다. 차차 그 기능은 분화되고 발전을 거듭하였다. 1982년 12월 13일, 조천읍 교래리 송봉년 씨(1901년생, 남) 집 '정지'(부엌)에 박혀 있는 '봉덕'을 실측하였다. 그 집은 2칸짜리 오막살이집이었다. 송 씨 가족은 겨울 동안 봉덕에서 불을 피워 난방과 조명의 효과를 동시에 얻고 있었다 [도3-27]. 제주민속촌 남부 농가의 집 마룻바닥에 돌그릇이 박혀 있다. 2칸짜리

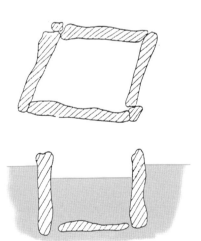

도3-27 봉덕의 구조
(1982년 12월 13일, 조천읍 교래리)

오두막집 정지에 있던 봉덕이 3칸 집으로 진화하면서 2칸 초가집 정지에 있던 봉덕이 3칸 집의 마루로 옮겨온 듯하다[도3-28].

제주도 법화사(法華寺) 발굴 현장에서는 청동(靑銅)으로 만든 등잔이 출토되었다. 등잔에는 '법화경전등잔차양사시주주경'(法華經前燈 盞此樣四施主朱景)이라고 글자가 새겨져 있다. 청동 등잔은 '지원육년 기사시중창십육년기묘필'(至元六年己巳始重創十六年己卯畢)이라고 새 겨진 기와와 같이 나온 것으로 보아, 고려 원종 10년(1269)~충렬왕 5년(1279) 즈음에 만들어진 것으로 추정된다[도3-29].

조선왕조 선조 34년(1601)에 제주 어사로 왔던 김상헌(金尙憲, 1570~1652)은《남사록(南槎錄)》을 남겼는데, 두 편의 시문에 '백랍 촉'(白蠟燭)과 '어고등'(魚膏燈)을 노래하였다.

백랍촉을 밝히니 밝기가 대낮같네(白蠟燭晃朗如晝)
밤에는 등불에서 생선기름 냄새나네(夜燈愁對海魚膏)

백랍촉의 백랍은 제주도 산야에 흔한 '개꽝낭'(쥐똥나무)에 붙어사는 벌레이고, '어고등'(魚膏燈)의 '어고'(魚膏)는 상어 기름일 가능성이 크다.

제주도에 석유와 양촉(洋燭)의 등장은 잠수기어업자(潛水器漁業者)들로부터였다. 1935년에 아마노 토시노스케(天野壽之助)는 조선잠수기어업조합(朝鮮潛水器漁業水産組合)에게 부탁을 받고《조선잠수기어업연혁사(朝鮮潛水器漁業沿革史)》를 출간하였다. 그 속에 제주도에 석유와 양초가 상륙하게 된 배경이 가늠되는 내용이 들어 있다.

> 1879년 4월 요시무라 요사부로오(吉村與三郎) 소유 잠수기가 거제도(巨濟島) 근해에 등장하였다. 그 후 제주도 비양도(飛揚島)에 상륙을 시도했지만 실패하고 말았다. 그 바람에 쓰시마(對馬島)에서 2~3년 동안 조업하였다. 1882년 나카무라 마타자에몽(中村又左衛門) 소유 잠수기가 제주도 무인도 '형제섬' 상륙에 성공하였다. 형제섬에는 들쥐가 들끓었다. 그 바람에 가파도(加波島)에 접근하여 성냥, 양촉, 설탕 등 선물로 섬사람들을 유혹시키고 나서 상륙에 성공하였다.26)

제주도 사람들보다 가파도 사람들이 석유와 양촉의 문명 혜택을 먼저 받게 되었다.

등경돌[도3-30]

　'등경돌'은 '솔칵'(관솔)을 올려놓고 불을 밝히는 돌기둥이다. '등경'(燈檠)은 등잔걸이라는 말에서 비롯하였다. 이것은 제주민속촌에 있는 것이다. '솔칵'은 소나무 송진(松津)이 많이 엉긴 관솔이고, 그것으로 밝힌 불을 '솔칵불'이라고 하였다. '솔칵'을 올려놓고 불을 밝히던 돌기둥을 '등경돌'이라고 하였다. 등경돌 윗면은 살짝 오목하게 만들었다. 그 자리에 재를 놓고 그 위에 '솔칵'을 올려놓고 불을 피웠다.

도3-30 등경돌(지름 19.0cm, 높이 48.7cm)

솔칵등[도3-31]

'솔칵등'은 '솔칵'을 꽂고 불을 붙여 밤길에 들고 다녔던 돌멩이로 만든 등이다. 이것은 제주민속촌에 있는 것이다. '솔칵등'은 돌멩이로 종처럼 다듬어 만들었다. 한가운데 구멍을 뚫어놓았다. 구멍 위에는 지름 3.5cm, 구멍 가운데는 지름 1.5cm, 그리고 구멍 밑에는 지름 2cm 정도다. 구멍 위쪽에 '솔칵'을 꼽고 불을 붙이면 재[灰]는 구멍 밑으로 빠졌다. 특히 어린이들이 어두컴컴한 밤에 통시에 뒤보러 갈 때 불을 밝혀 들고 다니는 경우가 많았다.

도3-31 솔칵등
(지름 11.0cm, 높이 11.0cm)

등잔대①[도3-32]

'등잔대'①은 등잔을 적당한 높이에 얹도록 한 일종의 등대(燈臺)이다. 이것은 제주대학교박물관에 있는 것이다. 느티나무로 만든 둥그런 쟁반 한쪽에 기둥을 비스듬히 세웠다. 기둥 위쪽에 구멍을 뚫어놓은 전복 겉껍데기를 끼워 고정하여 등잔걸이로 삼았다. 전복 겉껍데기는 제주도에 비교적 흔한 재료이다. 전복 겉껍데기를 등잔으로 쓸 수 있게 만든 셈이다.

등잔대②[도3-33]

'등잔대'②는 등잔을 적당한 높이에 얹도록 한 일종의 등대이다. 이것은 제주교육박물관에 있는 것이다. 팽나무 토막을 다듬어 만든 등잔이다. 위에 깊이 2.8cm의 홈을 내고 그 위에 '각지불'(등잔불)을 올려놓기 좋게 만들었다.

등잔대③[도3-34]

'등잔대'③은 등잔을 적당한 높이에 얹도록 한 일종의 등대이다. 이것은 제주교육박물관에 있는 것이다. 죽순대[孟宗竹]를 다듬어서 만들었다. 제주도에는 죽순대가 없다. 그래서 바닷가에 풍랑을 타고 밀려온 것을 주워다가 만들었던 모양이다. 가운데 홈을 내어 조명에 따른 필요한 도구를 놓아두기도 좋게 만들었다.

등잔대④[도3-35]

'등잔대'④는 등잔을 적당한 높이에 얹도록 한 일종의 등대이다. 이것은 제주민속촌에 있는 것이다. 팽나무 토막을 다듬어서 만들었다. 위에 홈을 내고 그 위에 '각지불'(등잔불)을 올려놓았다.

도3-32 등잔대❶
(가로 24.2cm, 높이 40.0cm)

도3-33 등잔대❷
(가로 14.5cm, 높이 37.6cm)

도3-34 등잔대❸
(가로 14.5cm, 높이 37.6cm)

도3-35 등잔대❹
(가로 16.7cm, 높이 31.0cm)

제4장

생산·생업과
도구

원초 경제사회 때의 산과 바다, 그리고 산과 바다를 이어주는 강하(江河), 그 사이에 있는 논과 밭은 생산과 생업의 공간이었다. 제주도 사람들은 산야에서 초목, 논과 밭에서 양식(糧食), 바다에서 해산물을 생산하며 생계를 꾸리는 동안, 제주도 풍토에 걸맞게 생산과 생업의 도구들도 창조하고 계승시켜왔다.

산야의 생활에 따른 도구

　　　　　　　　제주도 사람들은 제주도의 산야를 크
게 산, '곶', 오름으로 구분하였다. 한라산, 성산, 산방산 3개의 산은
바위로 구성되었다. 제주도 이외의 육지부에 있는 산과 크게 다르
지 않았다. '곶'은 측화산활동(側火山活動)으로 분출한 용암이 만들어
놓았다. 제주도 '곶'은 '빌레'라는 너럭바위나 돌무더기로 구성되었
고, 제주도의 '곶'에는 숲이 무성하였다. 그리고 '오름'은 측화산활동
의 화산재가 쌓아놓은 곳이다. 제주도의 산과 '곶'이 너럭바위나 돌
무더기로 구성된 '석산'(石山)이라면 '오름'은 화산재로 구성된 '토
산'(土山)이다. 조선조 영조 41년(1765)에 편집된《증보 탐라지》(增補
耽羅誌, 김영길 번역본)에서는 '곶'과 '오름'의 생활사가 기록되었다.

　　땅밑은 석굴이요 산꼭대기는 우묵하게 패였다.
　　섬의 지세가 사발을 엎어 놓은 듯이 비스듬히 기울고 매우 험하다.
평평한 들은 아주 적고 언덕과 등성이가 모두 동글동글하다. 땅 밑
에 얽힌 것이 석굴인데 곳곳이 같은 모양이고, 산꼭대기도 또한 우
묵하게 패였는데 봉우리마다 같은 모습이다. 또 계곡 바닥은 모두가

깊고 험악한 골짜기인데 개천은 땅속으로 스며들어 흘러서 바다에 이르러서야 용출한다. 양쪽 등성이는 가파른 절벽인데 중간에 가로질러 돌들이 쌓여서 사람과 말이 통행할 수 있는 곳을 '도'[梁]라 이르는데, 왕왕 십 리를 가도 도가 하나도 없기도 하다. 산허리 아래는 돌아가며 말을 기르는 목장을 만들었고 드나드는 문을 달아서 또한 도라고 부른다. 또 깊은 숲과 너른 덤불이 많은데 지역 사람들이 소와 말을 길러서 생계를 돕는다.

이렇게 제주도는 예나 지금이나 석굴과 우묵하게 패인 오름의 왕국이다. 3만5천 년 전에 제주도에는 측화산(側火山) 분출이 활발하게 이루어졌다. 그때 수많은 오름이 탄생하였고, 측화산(側火山) 활동으로 분출한 용암은 해변까지 흘러내렸다. 그때 수많은 계곡이 탄생하였다. 그러나 계곡의 물은 땅속으로 스며들었고, 폭우가 그치자마자 강은 건천(乾川)이 되고 말았다. 가파른 절벽으로 이루어진 건천은 우마들의 울타리 구실을 해냈다. 제주도 사람들은 산과 '곶'에서는 나무를 가꾸어 목재나 숯의 재료로 삼았고, '오름'에서는 마소의 월동 사료인 '촐', 지붕을 덮는 재료인 '새'를 생산하거나 방목지로 활용하였다.

도치[도4-1]

　‘도치’는 나무를 찍거나 패는 도끼이다. 이것은 제
주시 아라동 양경찬(1924년생, 남) 씨 집에서 쓰던 것이
다. 쐐기 모양의 날(가로 4.2cm, 세로 21.0cm)의 머리에
구멍을 뚫고 ‘쿳가시낭’(구지뽕나무) 자루를 박아 만들
었다. 제주도가 아닌 육지부에서 전승되는 도끼는 날
반대쪽을 묵직하게 만들어 그쪽으로 물건을 때리는
데 쓰이기도 하였다지만,27) 제주도에서 전승되는 ‘도
치’는 날의 반대쪽을 뾰족하게 만들었다.

도4-1 도치

혼칸톱[도4-2]

'혼칸톱'은 톱날이 가늘면서 길이가 170.4cm나 되는 큰 톱이다. 안덕면 감산리 문○○(1929년생, 남) 씨를 비롯하여 몇 사람이 만든 계(契) 자금으로 마련하여 쓰던 것이다. 이렇게 여러 사람이 계를 조직하여 마련한 자금으로 사서 쓰는 톱을 '계톱', '계톱'을 마련하려고 조직한 계를 '톱계'라고 하였다. '계톱'인 '혼칸톱'은 계원끼리 쓰거나 이웃에 빌려주기도 하였다. 계원이 아닌 이웃 사람이 '계톱'을 빌려 쓰면, 그 값으로 한 사람의 품삯을 '톱계'에 갚았다. 안덕면 감산리 사람들은 두 사람이 마주 잡고 켜는 대톱을 '혼칸톱'이라고 한다. 톱날의 길이가 6자 톱이다. 6자는 1칸이니 '혼칸톱'이다. 제주도 사람들은 나뭇결을 따라 세로로 켜는 것을 '내릴톱', 가로 자르는 것을 '동가리톱'이라고 한다. '혼칸톱'은 '내릴톱' 중에서 가장 큰 것이다. 이 '계톱'으로 장례 때 쓰일 관(棺)이나 개판(蓋板)을 만들 때, 그리고

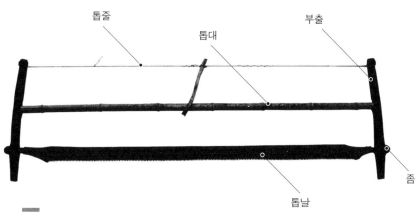

톱줄   톱대   부출

좀

톱날

도4-2 혼칸톱(가로 170.4cm, 세로 55.3cm)

집의 대문이나 궤를 짤 때 등 원목을 켜는 수가 많았다. '흔칸톱'의 톱날은 안덕면 화순리 박 씨 '불미대장'(풀무장이)이 만든 것이다. 박 씨는 제주도 4·3사건(1948) 때, '불미대장'이라는 말 때문에 서북청년단과 경찰에게 죽고 말았다. 그 당시 서북청년단과 경찰들은 안덕면 화순리에서 4·3사건 봉기세력을 무장공비(武裝共匪)라고 규정하고 소탕 작전을 펼치고 있었다. 서북청년단과 경찰들은 봉기세력에 가담하지도 않은 박 씨에게 다가가서, "너는 누구냐?"고 물었다. 박 씨는, "난 대장이우다(대장입니다)!"라고 대답하였다. 박 씨는 '불미대장'이었기에 솔직하게 '대장'이라고 대답하였다. 서북청년단과 경찰들은 '불미대장'을 무장공비 대장이라고 오판하고 박 씨에게 총을 쏘았다. 바로 이 '흔칸톱'을 만든 박 씨 '불미대장'은 그 자리에서 쓰러지고 말았으니, 이 '흔칸톱'은 4·3사건(1948) 이전에 만들어진 것이 된다. '흔칸톱'은 다음과 같이 구성되었다.

① 부출: '부출'은 '흔칸톱' 좌우에 있는 손잡이다. '솔피낭'(쇠물푸레나무)으로 만들었다. '솔피낭'은 함부로 좀이 쏠지 않는 나무이다.
② 톱대: '톱대'는 '부출' 양쪽의 버팀목이다. 달리, '받침대'라고도 한다. 왕대나무로 만들었다.
③ 톱줄: '톱줄'은 '부출'에 묶어 서로 조여주는 줄이다. 달리, '죄움줄'이라고도 한다. '부출' 양쪽 위에 줄을 걸고 '탕개'로 감아 조일수록 아래에 있는 톱날이 비틀거리지 않게 된다. '흔칸톱'을 쓰지 않을 때는 조금 느슨하게 풀어놓는다. 지금은 '톱줄'을 나일론 줄로 삼았으나 지난날에는 '어주에'(어저귀) 또는 '신서란'으로 줄을 꼬았다. 또 조인 줄이 풀어지지 않게 '톱대'에 걸어두는 나무 조각을 '부디새틀'이라고 하였다.

④ 톱날: 톱날은 126개의 날로 구성되었다. 톱날 앞쪽에서는 두서너 사람이 서서 당기고, 날의 등 쪽에서는 한 사람이 서서 톱의 방향을 조절한다. 앞의 사람들이 하는 일을 '등 긴다'(당긴다), 그리고 뒤의 사람이 하는 일을 '매긴다'라고 한다.

⑤ 좀: '좀'은 톱날 양쪽에 붙어 있는 나뭇조각이다. '좀'은 '조이다'의 제주어 '죄우다'에서 온 말이다. 둥그런 나무 조각에 틈을 내고, 그 사이에 톱날의 끝을 끼워 못을 박아 고정하였다. '솔피낭'(쇠물푸레나무)으로 만들었다.

중톱[도4-3]

'중톱'은 '혼칸톱'보다는 작고 '소톱'보다는 큰 '동가리톱'이다. 이 것은 제주대학교박물관에 있는 것이다. 앞의 '혼칸톱'의 구조와 같다. '혼칸톱'이 통나무에서 판자를 오려낼 때 쓰는 것이라면, '중톱'은 건축용으로 기둥의 이음새 등을 새길 때 쓰이는 톱이다.

① 부출: '부출'은 '중톱' 좌우에 있는 손잡이다. '솔피낭'(쇠물푸레나무)'으로 만들었다

② 톱대: '톱대'는 '부출'의 양쪽 버팀목이다. 왕대나무로 만들었다.

③ 톱줄: '톱줄'은 '부출' 양쪽 위에 '탕개'로 조일수록 아래에 있는 톱날이 비틀거리지 않게 하는 줄이다. '중톱'을 쓰지 않을 때는 조금 느슨하게 풀어 보관한다. '톱줄'은 말총으로 꼬아 만들었다.

④ 톱날: '톱날'은 164개의 날로 구성되었다.

⑤ 좀: '좀'은 톱날 양쪽에 붙어 있는 나뭇조각이다. '솔피낭'(쇠물푸레나무)으로 만들었다.

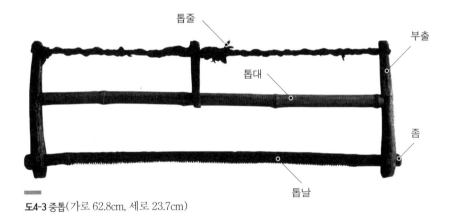

도4-3 중톱(가로 62.8cm, 세로 23.7cm)

소톱[도4-4]

'소톱'은 '중톱'보다도 작은 '동가리톱'이다. 한국의 전통적인 톱의 구조와 같다. 다만 '흔칸톱'과 '중톱'보다 크기가 작을 뿐이다. '소톱'은 '홍세함',[28] 되, 말 등 자그마한 나무 그릇이나, 문을 짤 때 나무를 켰다. 이것은 제주대학교박물관에 있는 것이다. '소톱'의 구조는 다음과 같다.

① 부출: '부출'은 '소톱' 좌우에 있는 손잡이다. '솔피낭'(쇠물푸레나무)으로 만들었다.
② 톱대: '톱대'는 '부출'의 버팀목이다. 왕대나무로 만들었다.
③ 톱줄: '톱줄'은 '부출' 양쪽 위에 '탕개'로 조일수록 아래에 있는 톱날이 비틀거리지 않게 하는 줄이다. '톱줄'은 '신서란'으로 꼬아 만들었다. '소톱'을 쓰지 않을 때는 조금 느슨하게 풀어놓았다.
④ 톱날: 톱날은 모두 111개의 날로 구성되었다.
⑤ 좀: '좀'은 톱날 양쪽에 붙어 있는 나뭇조각이다. '솔피낭'(쇠물푸레나무)으로 만들었다.

도4-4 소톱(가로 40.6cm, 세로 20.5cm)

장호미[도4-5]

 '장호미'는 나무 따위를 찍어 자르는 비교적 묵직한 '호미'(낫)이다.
이것은 구좌읍 행원리 한주섭(1930년생, 남) 씨 집에서 쓰던 것이다.
1960년 전후 이 마을 이 씨네 '불미왕'(대장간)에서 만들었다. '호
미'(낫)가 풀, 곡식, 미역 따위를 베는 도구라면, '장호미'는 나무를 찍
어 자르는 도구이다. 날과 손잡이가 '八' 자 모양이다. 손잡이에는
쓰다 버린 나일론 그물을 감았다.

낫[도4-6]

 '낫'은 남정네들이 서서 '촐'(꼴) 따위를 베는 자루가 긴 도구이다.
이것은 구좌읍 행원리 한주섭(1930년생, 남) 씨가 쓰던 것이다. 제주
도 동부지역 사람들은 '낫'으로 '촐'을 베고, 제주도 서부지역 사람들
은 '호미'(낫)로 '촐'을 벤다. '낫' 자루는 '족낭'(때죽나무)으로 만들었다.
'족낭'은 곧고 가벼워서 좋다. '낫'은 '족낭' 자루에 95도 각도로 날을
꽂았다. '호미'가 남녀 공용의 도구라면, '낫'은 남자 전용의 도구다.
'호미'로 하루에 '촐'을 80뭇 정도를 벤다면, '낫'으로 하루에 400뭇
이상 벨 수 있었다. 구좌읍 행원리 사람들은 '촐' 40단을 한 '바리'라
고 하였다. '호미'로 하루에 '촐' 2바리를 베었다면, '낫'으로 하루에
'촐' 10바리를 벨 수 있었다.

도4-5 장호미
(길이 36.5cm, 날의 폭 6.2cm)

도4-6 낫
(길이 171.5cm, 날의 길이 41.5cm, 날의 폭 6.0cm)

신돌틀[도4-7]

　'신돌틀'은 날을 가진 도구를 갈아 날을 세우는 '신돌'(숫돌)을 앉히는 받침대이다. 이것은 애월읍 상가리 김○○(1926년생, 여) 씨 집에서 쓰던 것이다. '가시낭'(가시나무)으로 '신돌'이 들어갈 만큼 홈을 내고 그 안에 '신돌'을 앉혔다. '신돌틀' 홈에 '신돌'을 비스듬히 세우고, '신돌틀'의 판을 발로 밟고 '호미'(낫) 따위를 갈았다. '신돌틀' 한쪽 가장자리는 깨어지지 못하게 철사로 감아 묶었다.

글갱이[도4-8]

　'글갱이'는 나뭇잎이나 검불 따위를 긁어모으는 갈퀴이다. 애월읍 상가리 변○○(1922년생, 남) 씨 집에서 쓰던 것이다. '글갱이' 자루에 6개의 철사를 끼우고 끝을 구부리고 부챗살 모양으로 휘어 철판으로 고정하였다. 그리고 그 중간에 나뭇조각을 가로 붙이고 칡넝쿨로 얽어매었다. 1970년대까지만 하더라도 이것으로 땔감으로 쓸 솔잎을 긁어모으는 도구로 쓰이는 수가 많았다. 이 마을 '동노왓'·'앞동산'·'뒷동산'에는 소나무가 울창하여 솔잎도 많이 떨어졌다. 이웃 마을 사람들도 솔잎을 구하러 이곳까지 왔을 정도였다. 음력 9월부터 섣달까지 '글갱이'로 솔잎을 긁어모으고, 크게 뭉뚱그려 묶어 지어왔다. 그것을 두고 '보달'이라고 하였다.

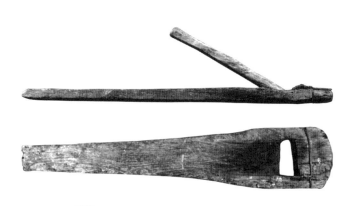

도4-7 신돌틀(가로 49.7cm, 세로 8.0cm)

도4-8 글갱이
(길이 116.0cm)

산마호미[도4-9]

　'산마호미'는 천남성과의 여러해살이풀인 '산마'(반하)를 캐는 도
구이다. 이것은 제주대학교박물관에서 1979년 3월 27일, 제주시 오
일장에서 600원에 산 것이다. '산마호미'는 '산마'를 캐는 '호미'(낫)
이지만, 해녀들이 전복을 따는 '빗창'처럼 생긴 날을 나무 자루에 꽂
았다. '산마호미'의 날이 쉬 빠지지 않게 쇳조각으로 자루에 조여 묶
었다. 제주도에서 '산마'를 채취하여 한약방에 파는 수가 많았다.

도4-9 산마호미(길이 38.5cm)

사냥 도구

제주도 사람들의 사냥을 이해하려면 '분육'이라는 말을 들여다보아야 한다. '분육'은 사냥물을 서로 나누는 일이라는 말이다. 사냥꾼이 통째로 지고 다니는 노루를 '통노루'라고 한다. 제주도에서는 사냥꾼이 한라산 '상잣' 위에서 잡은 '통노루'를 지고 다니는 모습을 본 사람은 누구라도 분배를 요구할 권리가 있었다. 그러나 일단 노루를 분해(分解)한 후에는 '분육'을 요구할 수 없었다. 이렇게 사냥 포획물을 분해하고 서로 나누어 갖는 일을 '분육'(分肉)이라고 한다.

"노루는 살아 있을 때나 죽어 있을 때나 숨으려고만 한다."라는 속담이 전승되었다. 이 속담에는 노루의 생태와 '분육'의 사회사(社會史)가 녹아 있다. 노루는 낮에 사람을 만나면, 놀라서 멀리 도망가 숨으려고 한다. 그래서 "노루는 살아 있을 때 숨으려고만 한다."라는 것이다. 그리고 사냥꾼이 노루를 포획한 후 '분육'으로 뺏기지 않으려고 혼자 숨어서 노루를 해체하기도 하였다. 그래서 "노루는 죽어서도 숨으려고 한다."라는 것이다.

왜 제주도 사람들은 한라산에서 잡은 노루에 대하여 '분육'을 요구하였을까. 제주도의 한라산은 제주도 사람들이 공동으로 소유하였던 산이라는 관습이 통용되고 있었기 때문이었다. 제주도 사람들은 노루, 오소리, 꿩, 참새 따위를 사냥의 대상으로 삼았고, 이에 따른 도구들이 전승되었다.

노리코[도4-10]

　'노리코'는 '노리'(노루)를 잡는 올가미이다. 이것은 구좌읍 송당리 김두향(1923년생, 남) 씨가 만들어 쓰던 것이다. '졸겡잇줄'(멸꿀)을 옭아서 고를 내어 만들었다. 제주도 사람들은 '노리코'를 보통 말총, 오미자 줄, 그리고 '졸겡잇줄'로 만들었다. 말총으로 만든 '노리코'를 '총갈리코', 오미자 줄로 만든 '노리코'를 '넌출코', 그리고 '졸겡잇줄'로 만든 '노리코'를 '졸겡잇줄코'라고 하였다. 사냥꾼들은 겨울에 '노리코' 100개쯤 만들고 등에 지어 산으로 올라 산중턱 숲이나 노루가 잘 다니는 계곡 길목 여기저기에 '노리코'를 설치하였다. 생나무 가지에 지상으로부터 35cm 높이에, 그리고 '코'의 지름이 약 26cm 되게 하여 묶어 두고, 다시 그 주위로는 생나무 가지나 풀을 꺾어다가 여기저기 꽂아 노루가 그 옆으로 빠져나가지 못하도록 꾸몄다. '노리코'를 설치해두고 나서 사냥꾼은 사냥개를 데리고 산중턱에서 노닐고 있는 노루를 찾아 '노리코'가 설치된 곳으로 쫓았다. 노루는 다녔던 길로만 다니는 버릇이 있어 사냥꾼이 설치해 둔 '노리코'가 놓인 곳을 지나다가 잡혔다.

도4-10 노리코(길이 170.0cm)

족제비덫[도4-11]

'족제비덫'은 족제비를 유인하여 잡는 덫이다. 이것은 제주대학교 박물관이 구좌읍 송당리 김두향(1923년생, 남) 씨에게 부탁하여 만들어 소장하는 것이다. '족제비덫'의 구조는 다음과 같다.

① 뒷가지: '뒷가지'는 '∧' 자 모양의 '쿳가시낭'(구지뽕나무) 가지에 그 밑으로는 쪼갠 대나무를 가지런하게 새끼줄로 얽어 묶고, 위에는 짚을 감아 묶어 만들었다. '뒷가지' 위에 돌멩이를 올려놓았다. '뒷가지'를 달리 '부출'이라고도 하였다.

② 앞가지: '앞가지'는 '뒷가지'를 줄에 걸어 들려 있도록 떠받치는 '∧' 모양의 나뭇가지다.

③ 목잽이친: '목잽이친'은 '뒷가지'와 '고동대'를 임시로 연결해 놓는 줄이다.

④ 고동대: '고동대'는 '족제비덫'의 '뒷가지'를 받치는 막대이다. '앞가지'에 받쳐져 있으면서 '목잽이친'과 그 반대쪽 '첨쉐'의 줄이 걸쳐지게 하는 길쭉한 막대이다.

⑤ 첨쉐: '첨쉐'는 '족제비덫'의 '고동대' 끝에 짧게 달린 댓조각으로 '고동대'와 '니껍대'에 걸쳐 이어져서 덫을 고정시켰다가 족제비가 미끼를 물어 잡아당겼을 때는 이 '첨쉐'에 이어졌던 '고동대'와 '니껍대'가 서로 떨어지면서 덫이 찰싹 깔리게 된다.

⑥ 니껍대: '니껍대'는 족제비 미끼인 '니껍'은 뒷가지 아래 있고, '니껍'을 묶은 줄이 그 틈 밖으로 나와 나뭇가지에 묶은 댓가지이다.

족제비가 '뒷가지' 밑에 놓인 미끼를 물어 당기면 '첨쉐'에 걸쳐진

'니껍대'가 빠지면서 동시에 덪이 와르르 무너져 내리기에 족제비는 그 밑에 깔려 도망치지 못하고 잡혔다. 족제비는 고기보다 붓털과 목도리 감을 얻으려 사냥하는 수가 많았다. 털이 가장 좋은 계절인 동지에서 입춘 사이에 덪으로 족제비를 잡았다. 남원읍 신흥리 김만권(1920년생, 남) 씨 가르침에 따르면, 1940년 안팎에 족제비 한 마리의 값은 5~10원 정도로 값이 좋았기에 그것을 잡으려고 애썼다. 제주 사람들이 사용해 온 덪으로는 여러 가지가 있으나, 그중에서도 가장 대표적인 것은 족제비를 잡기 위한 '족제비덪'과 'ᄀᆞ레덪'이었다. '족제비덪'이 족제비를 잡는 덪이라면, 'ᄀᆞ레덪'은 족제비를 잡기에 앞서 그 미끼인 쥐를 잡는 덪이었다. 'ᄀᆞ레'(맷돌) 위짝의 것만으로 설치해놓고 그 밑에 쥐 먹이가 되는 고기 조각을 묶어두었다. 쥐가 달려와 먹이를 잡아당기기만 하면 'ᄀᆞ레'는 저절로 내려지고, 쥐는 그 밑에 눌려 잡혔다.

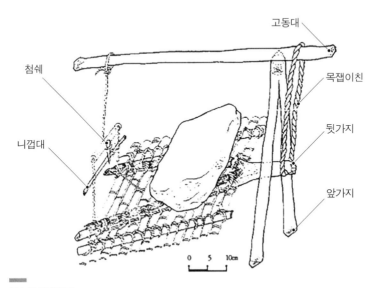

도4-11 족제비덪

오소리창[도4-12]

'오소리창'은 오소리를 잡을 때 쓰는 창이다. 구좌읍 송당리 김두향(1923년생, 남) 씨가 만들어 쓰던 것이다. '오소리창'은 '작살'과 '거낫'으로 구성되었다. '작살'은 끝이 뾰족한 쇠붙이와 나무막대 자루로 붙여 맨 것이다. 그리고 '거낫'은 고리 모양의 쇠붙이와 나무막대 자루에 고리 모양의 쇠붙이를 붙여 맨 것이다. 오소리가 들어간 굴 안에 있는 오소리를 '작살'로 찌르며 못살게 굴다가 '거낫'을 밀어 넣었다. 화가 치민 오소리는 '거낫'을 물고 놓아주지 않았다. 이때 사냥꾼은 '거낫'을 잡아당기어 오소리를 밖으로 끌어내어 잡았다. 서귀포시 회수동 이동기(1916년생, 남) 씨 가르침에 따르면, 오소리가 들어가 있는 굴을 찾으면, 개를 그 안으로 들여보냈다. 오소리와 개는 한판 싸움이 벌어졌다. 사냥꾼이 '작살'로 오소리를 찔러 놓고, '거낫'을 밀어 넣으면 오소리는 '거낫'을 물기 십상이었다. 사냥꾼은 '거낫'을 잡아당기며 굴속에 있는 오소리를 잡을 수 있게 되었다.

도4-12 오소리창
(좌/ 작살 58.0cm, 우/ 거낫 88.1cm)

가축 사육
도구

《위지동이전》(魏志東夷傳)에서, 제주도 사람들은 "소와 돼지 키우기를 좋아한다."(好養牛及猪)라고 하였다. 제주도 사람들은 소와 돼지 키우기를 얼마나 좋아하였을까. 일제강점기 때 일본인 지리학자 마스다 카즈지(桝田 一二)는 1930년대의 통계자료인 《제국통계연감》(帝國統計年鑑)과 조선총독부 《통계연보》(統計年報)를 토대로 제주도 우마(牛馬)의 분포도를 그렸던 적이 있다. 그 무렵에 제주도에는 소가 40,924마리가 있었다고 하였는데, 이는 지금의 남한과 북한을 합친 전국 소 두수의 30%의 셈값이었다. 그리고 《제주도세요람》(濟州島勢要覽, 1937년)에 의하면, 1936년 무렵에 제주도에는 48,100가호가 있었다. 그중 제주도 사람들이 사는 호수는 47,682가호, 일본 사람이 사는 호수는 384가호, 중국 사람이 사는 호수는 32가호, 기타 외국인이 사는 호수는 2가호였다.

같은 책 〈양돈의 현황〉에는 97%의 가호에서 돼지를 키우고 있다고 하였다. 그러니 제주도민이 거주하고 있는 호수에서는 모두 돼지를 기르고 있었던 것이나 다를 바 없다. 제주도 이외의 육지부의 사정은 어떠하였을까. 조선총독부는 옛 신라의 도읍지인 경주를 조사하여 《생활상태조사》(生活狀態調查, 1934년)를 만들었다. 이 책의 〈축산〉을 보면, 그 당시 경주에서 가축을 사육하고 있는 13,223가호 중에서 돼지 사육은 1,839가호에서만 이루어지고 있었다. 그러니 가축을 기르는 농가 중에서도 13.9%의 가호에서만 돼지 기르기가 이루어지고 있었던 셈이었다.

한국 정부는 1970년에 생활환경 개선과 소득증대를 위하여 〈새마을운동〉을 전개하였다. 그즈음 변소개량사업도 이루어지면서 제주도의 돼지우리인 '통시'는 자취를 감추게 되었다. 《위지동이전》 속의 여러 나라 중 돼지 키우기를 좋아하는 곳은 제주도뿐이라는 점도 눈여겨볼 필요가 있다. 이렇게 제주도민들은 소와 돼지 키우기를 좋아하였고, 그 전통은 《위지동이전》의 시대에서부터 1970년대까지 이어져 왔다.

이원조(李源祚, 1792-1871)는 《탐라지초본》(耽羅誌草本)에서, "꿩과 닭은 호역(戶役)이다. 여독호(女獨戶)는 제외다. 가호마다 닭 1마리와 계란 3개를 징수한다. 산촌에서는 꿩으로 대납(代納)한다."라고 하였다. '호역'은 지금의 가옥세와 같은 것이었다. 여자가 혼자 사는 집은 가옥세가 면제되었다. 1가호마다 닭 1마리와 달걀 3개, 그리고 산촌의 가옥으로부터는 닭 대신 꿩으로 거두어들였다. 그러니 제주도 사람들에게 있어 닭치기는 오랜 전통에 걸쳐 이루어졌다.

낙인(烙印)[도4-13]

'낙인'은 소나 말의 엉덩이에 소유를 밝히는 징표를 하는 도구이다. 이것은 제주대학교박물관에 있는 것이다. 원래 이것은 회수동(서귀포시) 공동 소유 것으로 '回' 자 낙인이다. 무쇠로 '回' 자를 만들고, 다시 그 위에 0.9cm 굵기 쇠막대기 2개를 붙인 슴베를 소나무 자루에 박아 만들었다. 회수동 이동기(1916년생, 남) 씨 가르침에 따르면, 회수동에는 수(水), 사(土), 그리고 회(回) 3개 낙인이 전승되었다. 수(水) 자 낙인은 회수동 양씨 문중 공동 소유, 사(土) 자 낙인은 회수동 송씨 문중 공동 소유였다.

감산리 고병수(1916년생, 남) 씨에게 감산리 낙인의 가르침을 받았다. 낙인은 대장간에서 만들었다. 낙인 주인은 우선 고사 제물(祭物)을 마련하였다. 고사 제물은 쌀 1되, 술 1병, 건어(乾魚) 1마리 정도였다. 대장장이는 제물을 차려 고사를 지내고 나서 낙인을 만들었다. 낙인 만드는 일을 '낙인 친다'고 하였다.29) 낙인을 치러 간 사람은 가

도4-13 낙인(길이 163.0cm)

격 흥정 등 이런저런 이야기를 삼갔다. 낙인을 치는 값은 보통 물건 만들기 값보다 4~5배 정도 비쌌다. 낙인은 술일(戌日)과 인일(寅日)에만 만들었다. 그리고 낙인을 만들어 가지고 온 날에는 방목지 일정한 곳에서 고사를 지냈다. 감산리에는 '匕' 자 낙인과 '巳' 자 낙인이 전승되었다. '匕' 자 낙인은 마을 공동 소유의 것이고, '巳' 자 낙인은 감산리 강씨 문중 소유의 것이다. 음력 2월쯤에 낙인으로 소의 엉덩이에 찍었다. 마소를 산야에 풀어놓기 이전이었다. 안덕면 감산리 사람들은 낙인으로 표시하는 일을 '낙인 질른다'고 하였다. 마소의 나이 두 살 때 보통 마소 왼쪽 엉덩이에 '낙인'을 질렀다. 낙인 지르기는 동네 사람들 여럿이 힘을 모아 이루어냈다. 낙인을 지르는 순간 마소가 움직여버리거나 잘못 질러 어지럽게 새겨지는 수도 있었다. 이런 상태의 낙인을 '범벅가부 낙인'이라고 하였다.

부구리체[도4-14]

'부구리체'는 소에 기생하는 '부구리'(진드기)를 긁어내는 도구이다. 이것은 제주대학교박물관에 있는 것이다. 얇은 철판을 톱날처럼 만들고 손잡이로 삼을 나뭇조각에 붙여 만들었다. 제주도 사람들이 인지(認知)하고 있는 진드기의 민속생태에서 진드기는 알 → 새껄리 → 진독 → 부구리 4단계로 발육과정을 거쳤다. 알에서 부화하여 좌우에 각각 3개의 발이 돋아날 만큼 자란 어린 진드기를 '새껄리'라고 하였다. '새껄리'는 소에 달라붙어 피를 빨아먹으며 기생하였다. 네 개의 발이 갓 돋아난 진드기를 '진독', 그리고 알을 배어 배가 불룩한 진드기를 '부구리'라고 하였다. '부구리'는 산란을 할 때

는 소의 몸에서 떨어져 지상에 있는 쇠똥, 말똥, 돌멩이, 참억새 등
에 산란을 하고 생을 마감하였다. 한 마리의 '새껄리'가 소에 달라붙
어 피를 빨아먹으며 기생하다가 '부구리'가 되어 산란하기까지는
약 1개월이 소요되었다. 진드기는 이렇게 지상(地上)에서의 산란, 그
리고 소에 달라붙어 기생(寄生)하기를 반복하였다. 진드기가 많이
기생하면 소는 영양실조와 빈혈을 일으켜 죽는 수도 있었다. 그러
니 소는 진드기에게 뜯기지 않으려고 몸부림을
쳤다. 소는 몸에 달라붙은 진드기를 떨어내려고
꼬리를 휘두른다. 또 어미 소는 송아지 몸에 붙은
진드기를 제거하려고 혀로 핥거나 이빨로 긁는
다. 그러나 소가 진드기를 자력(自力)으로 구제(驅
除)하는 것은 역부족이다. 소의 주인은 '부구리체'
로 소에 붙어 기생하는 진드기를 긁어주었다.

도4-14 부구리체
(길이 47.2cm) 그림 강봉석

돗도고리①[도4-15]

'돗도고리'①은 넓적한 돌판에 홈을 파서 만든 돼지 먹이통이다. '돗도고리'①은 애월읍 상가리 박상봉(1923년생, 남) 씨 집에서 쓰던 것이다. 박 씨는 '돗도고리'①을 1949년 안팎에 이웃 애월읍 납읍리 사람들이 '정짓내'에서 만든 것을 샀다. 그곳의 돌을 두고 '정짓냇돌'이라고 하였다. 이제는 쓸모없는 것이 되었으니, 화분으로나 쓰려고 한가운데 구멍을 뚫었다.

돗도고리②[도4-16]

'돗도고리'②는 넓적한 돌판에 홈을 파서 만든 돼지 먹이통이다. 이것은 제주시 아라1동 오창윤(1935년생, 남) 씨 집에서 쓰던 것이다. 오 씨는 1959년에 분가하였다. 그 무렵 이웃 자연마을에 사는 고 씨에게 부탁하여 '돗도고리'②를 만들었다. 이때 '돗도고리'②를 만드는 값으로 보리쌀 1말을 주었다.

도4-15 돗도고리❶
(가로 56.0cm, 세로 21.0cm)

도4-16 돗도고리❷
(가로 39.5cm, 세로 39.5cm, 높이 25.0cm)

돗도고리③[도4-17]

'돗도고리'③은 넓적한 돌판에 홈을 파서 만든 돼지 먹이통이다. 제주시 아라동 양경찬(1924년생, 남) 씨 집에서 쓰던 것이다. 돗도고리'③은 대물림받은 것이다.

돗도고리④[도4-18]

'돗도고리'④는 넓적한 돌판에 홈을 파서 만든 돼지 먹이통이다. 제주시 아라동 양경찬(1924년생, 남) 씨 집에서 쓰던 것이다.

'돗도고리'④는 1955년 안팎에 새로 만든 것이다. 그 당시 같은 동네에 사는 사람에게 보리쌀 한 말을 주고 만들었다. 그즈음에 제주도에서는 재래종 돼지가 외래잡종 돼지로 바뀌면서부터 대물림받은 '돗도고리'는 쓸 수 없게 되었다. 외래잡종 돼지는 거칠어서 대물림받은 '돗도고리'③에 먹을 것을 떠 주더라도 주둥이로 밀어내 버리기가 일쑤였다고 한다. 그래서 대물림 '돗도고리'③보다 크고 깊게 새로 '돗도고리'④를 만들어 쓰기에 이르렀다.

도4-17 돗도고리❸
(지름 48.0cm, 높이 21.5cm)

도4-18 돗도고리❹
(가로 55.0cm, 세로 47.0cm, 높이 31.5cm)

둑수렝이[도4-19]

'둑수렝이'는 까마귀나 솔개가 병아리를 노리지 못하게 보호하기 위해 만든 닭의장이다. 안덕면 감산리 오기남(1916년생, 남) 씨가 감산리 민속자료실에 기증한 것이다. 오 씨가 순수 '수리대'(이대)의 대오리로 둥그렇게 바구니처럼 만든 것이다. 위쪽에는 모이도 줄 수 있게 비교적 성긴 모양을 하고 있다. 까마귀와 솔개는 늘 병아리를 노렸다. 솔개는 한 마리만 날아와 병아리를 차가 버리는 경우가 많았다. 그러나 까마귀는 동시에 2~3마리가 날아들어 병아리를 차가려고 호시탐탐 노려보는 경우가 많았다. 부화한 어린 병아리는 1개월이 넘어서야 겨우 앞가림을 하였다. 그러니 부화한 어린 병아리가 앞가림하기 전까지는 '둑수렝이'에 가두어 기르는 수가 많았다.

도4-19 둑수렝이(지름 71.2cm, 높이 34.0cm)

밭갈이와
파종 도구

　　　　　　　제주도 토양의 물리적 조건은 열악하
였다. 화산섬의 토양은 화산회토(火山灰土)가 대부분이어서 자갈 함
량이 많거나 경작토의 깊이가 얕았다. 경작토의 열악한 물리적 조
건은 농기구의 특이함으로 나타났는데, 일찍부터 지적된 터였다.
　김정(金淨, 1486~1521)은 제주도 경작토(耕作土) 대부분이 '빌레'와
자갈로 경토(耕土)의 깊이가 얕고 자갈 함량이 많았기에 제주도의
밭갈이는 마치 바닷고기에서 가시를 발라내려고 배를 도려내는 것
처럼 어려웠다고 했다.[30] 그리고 김상헌(金尙憲, 1570-1652)은《남사
록》(南槎錄)에서, 경토의 깊이가 얕은 제주도 농경 풍토와 함께 농기
구의 특이함을 설명하고 있다.[31] 그리고 정언유(鄭彦儒, 1687~1764)
는《탐라별곡》(耽羅別曲)에서 제주도 농기구 중 호미는 길이가 짧고,
보습은 유난히 자그마함을 언급하고 있다.[32] 제주도에서는 지금도
제주도가 아닌 육지부의 '호미'를 '굴갱이'라 하고, '낫'을 '호미'라고
함에 유의할 필요가 있다. 정언유가 지적한 '허뫼'는 바로 제주도의
'굴갱이'가 되기 때문이다.

이들의 지적을 종합해 보면, 제주도 경작토는 깊이가 얕고 자갈 함량이 많아서 땅을 일구기가 마치 바닷고기의 배를 도려내는 것처럼 어려웠고, 이 때문에 제주도의 농기구는 그 폭이 좁고, 크기도 작았다.

쌍따비[도4-20]

　'쌍따비'는 사람의 힘으로 밭을 일구는 날이 둘 달린 도구이다. 이것은 제주대학교박물관에 있는 것이다. 따비 손잡이를 '숫'이라 하는데, 조금은 휘어진 듯하게 만들었다. 발을 올려놓고 땅속으로 눌러 주는 발판을 '버덕'이라 한다. '버덕' 아래쪽은 두 가닥으로 되어 있다. 두 가닥을 '가달'이라고 한다. 두 개의 '가달'을 고정하는 나무못을 '설칫'이라고 한다. 그리고 따비의 날을 '요리'라고 한다. 이런 모양의 '쌍따비'는 제주도 동부지역에서 전승되었다. 1993년 4월 1일(일요일) 송당리 산 15번지 '새왓'에서 이 마을에 거주하는 정창수(1931년생, 남) 씨와 김길수(1934년생, 남) 씨는 필자의 요구에 따라 '쌍따비'로 '새왓'을 일구는 모습을 보여주었다. 두 사람은 1973년까지만 하더라도 따비로 '새왓'을 일구었다. 따비 갈이는 겨울과 초봄에 이루어졌다. 무성했던 풀이 삭아들 때 따

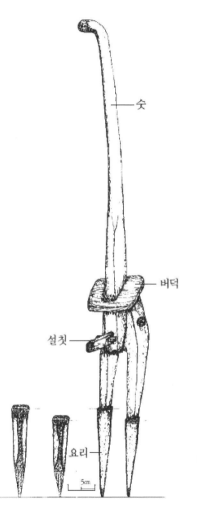

숫

버덕

설칫

요리

5cm

도4-20 쌍따비
그림 강창언(고광민의《제주도의 생산기술과 민속》에서)

비 갈이를 하는 것이다. 봄에 씨앗을 파종하기 때문에 겨울과 초봄이 절기상으로도 안성맞춤일 뿐만 아니라, 뒤엎은 잡초들이 잘 썩기에 따비 갈이 하는 데 좋은 계절이었다. '새'도 성장곡선을 그렸는데, 성장곡선이 끝날 무렵에는 '새'의 뿌리가 썩었다. 이런 모습의 '새왓' 땅을 '무석은땅'이라고 하였다. '무석은땅'은 곧 '뿌리[蕪]가 썩은 게 틀어박힌 땅'이라는 말이었다. '무석은땅'에서 따비 갈이를 하는 까닭은 두 가지로 요약된다. 풀뿌리가 썩은 땅이어야 따비로 갈았을 때 흙덩이가 잘 일어난다는 점과, '무석은땅'의 썩은 풀뿌리들은 천연비료가 되어 특별히 거름을 주지 않아도 곡식이 잘 자란다는 점 때문이었다. 이런 땅에 한 번 따비 갈이를 하면 구태여 별다른 거름을 주지 않아도 3년 정도 곡식 농사가 가능하였다. 소의 힘을 이용해 쟁기로 갈기에는 오히려 불편할 만큼 협소한 땅이나, 조금 넓더라도 자갈돌이 많아 쟁기 갈이가 도저히 곤란한 곳에서는 따비 갈이를 하였다[도4-21].

도4-21 쌍따비로 새왓 일구기 (1993년 4월 1일, 구좌읍 송당리)

벤줄레[도4-22]

 '벤줄레'는 '쌍따비'로 밭을 가는 동안에 땅속에 돌 같은 것을 파는 데 쓰이는 끝이 뾰족한 도구이다. 이것은 제주대학교박물관에 있는 것이다. 이와 같은 '벤줄레'는 제주도 동부지역에서 '쌍따비'와 함께 전승되었다. '벤줄레' 손잡이를 '양주머리'라고 한다. '양주머리'는 '족낭'(때죽나무), '무클'과 '버텅'은 '쿳가시낭'(구지뽕나무), 그리고 그 밑에 날이 박혔다. '무클'은 오른쪽으로 구부정하게 튀어나온 것으로 만들었다. 그러면서도 전체적으로 중심이 잡혔다. 오른발을 '버텅' 위에 올려놨을 때 '무클'이 발목에 부대끼지 않아 편하게 만들었다. 1945년 전후부터 곡괭이와 '철괴'(지렛대)가 흔해지면서 '벤줄레'는 자취를 감춰갔다. 그 대신 곡괭이나 '철괴'로 돌멩이 일구기가 훨씬 쉬웠기 때문이었다.

도4-22 벤줄레
그림 강창언
(고광민의《제주도의 생산기술과 민속》에서)

웨따비 ①[도4-23]

 '웨따비'는 풀뿌리를 뽑거나 밭을 일구는 데 쓰는 날이 하나 달린 도구이다. 자갈과 돌이 많이 깔려 있어서 '잠대'(쟁기)로 일굴 수 없는 땅은 '웨따비'로 일구었다. 제주도에는 '쌍따비'와 '웨따비'가 동시에 전승되는데, '쌍따비'의 날을 '요리', '웨따비'의 날을 '따비끗'이라고 한다. '웨따비'①은 감산리 민속자료실에 있는 것이다. 살짝 휜 '솔피낭'(쇠물푸레나무) 기둥을 중심으로 하여 아래에 '따비끗'이 박혔다. 기둥 위에는 '양주머리'(손잡이)가 붙었다. '양주머리'는 '폭낭'(팽나무)으로 만들었다. 따비의 기둥은 쓰다 버린 쟁기의 '몽클'로 만들었다. 그리고 '따비끗'에서부터 2.5cm 위쪽에 가로대가 박혔다. '폭낭'으로 만들었다. 이를 '버텅'이라고 한다. '버텅'은 따비로 땅을 일굴 때 발판 구실을 한다.

도4-23 웨따비❶ (길이 106.0cm)

웨따비 ②[도4-24]

'웨따비'②는 풀뿌리를 뽑거나
밭을 일구는 데 쓰는 날이 하나 달
린 도구이다. 이것은 안덕면 감산리 고병수(1916년
생, 남) 씨 집에 있는 것이다. '쿳낭'으로 만든 기둥에
'폭낭' '양주머리'를 박아 만들었다. 기둥에 '따비끗'
을 끼웠다. '따비끗'은 여러 사람이 공동으로 마련하
는 수가 많았다. 안덕면 감산리 고병수(1916년생, 남)
씨 가르침에 따르면, '웨따비'는 뜻을 같이하는 마
을 사람들끼리 계를 만들고 공동으로 사서 관리·운
용하는 수가 많았다. 이때의 계를 '따빗계'라고 하
였다. '따빗계'에는 경기용(耕起用) 따비 2개, 기석
용(起石用)의 '벤줄레' 2개, 그리고 '물메' 하나를 갖
췄다. '물메'는 돌 따위를 두들겨 쪼개는 큰
쇠망치이다. '따빗계'의 물품은 계원마다 1
년씩 돌아가며 관리했다. 장사(葬事)를 치르
는 집에서 빌려 가는 경우가 많았다. 1940년 안팎
에 하루 빌려주는 값이 1원이었다. 관리자는 돈
을 모아뒀다가 섣달에 결산보고를 하였다. 감산
리에서 '따빗계'는 1945년 무렵부터 자취가 뜸하
였다.

도4-24 웨따비❷(길이 107.0cm)

웨따비 ③[도4-25]

'웨따비'③은 풀뿌리를 뽑거나 밭을 일구는 데 쓰는 날이 하나 달린 도구이다. 이것은 애월읍 상가리 강○○(1926년생, 남) 씨 집에서 쓰던 것이다. 살짝 휜 듯한 동백나무 기둥 밑에 따비의 날을 끼우고, 위에는 '양주머리'(손잡이)를 끼워 만들었다. 따비 기둥은 쓰다 버린 쟁기의 '몽클'로 만들었다. '몽클'은 '잠대'에 딸린 것으로 '성에' 아래로 비스듬히 뻗어 나간 나무막대이다. 그리고 따비의 날에서부터 2.5cm 위쪽에 나뭇가지의 가로대가 박혔다. 따비의 날을 '따비끗'이라고 한다. '따비끗'은 10여 년쯤 쓰고 나서 닳아지거나 휘어져 무디면, 이웃 납읍리 대장간에 가서 벼렸다. 이 마을 현○○(1922년생, 남) 씨는 1936년에 계원들과 함께 '따비끗'을 벼렸던 기억을 들려주었다. 대장간에 숯을 한 가마니 지고 갔다. 무딘 '따비끗' 두 개를 벼르는 값으로 1원 50전을 주었다. 그 당시, 숯 1가마니 값이 30전이었으니, '따비끗' 두 개를 벼르는 값은 모두 1원 80전이 들었던 셈이었다.

도4-25 웨따비 ❸(길이 119.5cm)

잠대

'잠대'는 쟁기라는 말이다. 이것은 감산리 오기남(1916년생, 남) 씨가 만들어 쓰던 것이다. 지금은 감산리 민속자료실에 있다. '잠대'는 원래 서귀포시 하예동 장 씨가 만든 것이었다. 1958년 어느 날, 오 씨는 '잠대'를 지게에 지고 밭으로 가다가 갑자기 쏟아지는 소나기를 만났다. 소나기를 피하려고 '잠대'를 진 채 감산리 남당동네 '물구레집'(연자방앗간)으로 들어가려는 즈음이었다. 그때 끌고 가던 일소가 뒤따라 들어오면서 '잠대'를 '물구레집' 안으로 밀어버렸다. 그 바람에 '잠대'는 그만 '물구레집'의 '집가지'(처마)에 걸리면서 부러지고 말았다. 오 씨는 '잠대'의 재료를 마련하여 감산리 이○○(1918년생, 남) 씨에게 부탁하여 '잠대'를 다시 고쳤다. 제주도에서 주인은 '잠대' 재료를 마련하고, 목수는 '잠대'를 만드는 경우가 많았다. 그 당시 '잠대'를 만드는 삯은 쌀 1말이었는데, 이는 남자 한 사람이 2일 치 품삯이었다. 감산리 사람들은 '잠대' 만드는 일을 '잠대 서끈다'고 하였다.

① 멍에[도4-26]: 멍에는 '잠대'를 끌기 위하여 소의 목에 얹는 구부러진 막대이다. '잠대' 주인 오 씨가 손수 '머구낭'(머귀나무)으로 만들었다. 옛사람들은 멍에의 길이는 암소용이건 수소용이건 '한 자 두 치'로 가늠하였다. 멍에 양쪽 턱에는 '솜비줄'을 묶었다. '솜비줄'은 밭을 갈 때 '멍에' 턱에 두 끝이 묶이고 '버흐레'에 걸어 쟁기에 이어지는 줄이다. '솜비줄'은 소가 당기는 힘이 '잠대'에 전달되게 하는 굵은 줄이다. 멍에 가운데는 구멍을 비스듬하게 뚫었다. 이 구멍으로 '줍게'를 끼웠다. '줍게'는 소의 목에 멍에가 달라

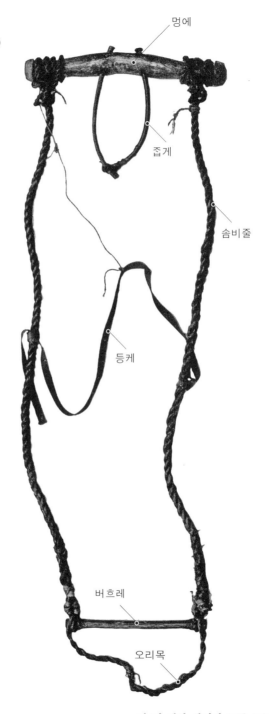

멍에

즙게

솜비줄

등케

버흐레

오리목

붙게 하려고 두 개의 멍에 구멍에 꿰어 소의 목 밑에서 묶어 고정하는 두 가닥의 나뭇가지이다. 멍에 아래쪽에는 11.5cm, 그리고 위쪽에는 7.7cm의 간격을 두고 구멍을 뚫었다. 아래쪽 2개의 구멍 간격은 소에 따라 달랐다. 안덕면 감산리 사람들은 그 간격을 손가락으로 가늠하였다. 암소 멍에는 엄지손가락을 뺀 손가락, 수소 멍에는 엄지손가락을 뺀 오른손가락과 왼손의 집게손가락과 장지를 합친 여섯 손가락으로 가늠하였다. 네 손가락으로 가늠하는 일을 '네손아리', 여섯 손가락으로 가늠하는 일을 '여섯손아리'라고 하였다.

② 줍게[도4-26]: '줍게'는 소의 목에 멍에가 달라붙게 하려고 두 개의 멍에 구멍에 꿰어 소의 목 밑에서 묶어 고정하는 두 가닥의 나뭇가지이다. '상동낭'(상동나무)으로 만들었다. 나뭇가지 두 개가 멍에 양쪽으로부터 내려와 소의 목을 감싸서 끈으로 묶었다. 이때의 끈을 '줍게친'이라고 한다. '줍게친'은 말총으로 꼬아 만들었다. 이렇게 만든 줄을 '총줄'이라고 한다.

③ 솜비줄[도4-26]: '솜비줄'(봇줄)은 밭을 갈 때 멍에 턱에 두 끝이 묶이고 '버흐레'에 걸어 쟁기에 이어지는 줄로 소가 당기는 힘이 '잠대'에 전달되게 하는 굵은 줄이다. '버흐레'는 멍에에 연결된 '솜비줄'을 일정한 간격으로 벌려주어 걸리적거리지 않게 하는 나무 막대이다. 멍에 쪽 '솜비줄' 지름은 2.6cm, '버흐레' 쪽 '솜비줄' 지름은 3.5cm이다. 멍에 쪽에서 '버흐레' 쪽으로 갈수록 점점 굵다. '솜비줄'은 '소리낭'(소리나무)을 으깬 것으로 꼬아 만들었다. 이때의 '소리낭'은 곧게 뻗은 것이었다. '소리낭'을 자귀로 찍어 3mm 폭으로 떼어내는 족족 손으로 잡아당겼다. 다시 자귀로 지름 3mm 안팎으로 쪼갰다. 그것으로 꼬아 '솜비줄'을 만들었다. '솜비

줄'은 '잠대' 주인 오 씨가 손수 만들었다.

④ 등케[도4-26]: '등케'는 '솜비줄'이 밑으로 축 늘어지지 못하게 소의 등 위로 둘러 감는 줄이다. '등케'를 늘이면 보습은 깊이 들어가려 하고, '등케'를 줄이면 보습은 얕게 들어가려 한다. 그러니 '등케'는 농부의 마음에 따라 늘이거나 줄일 수 있게 되어 있다. '등케'는 제주도 쟁기의 특징으로 작용하였다.

⑤ 버흐레[도4-26]: '버흐레'는 멍에에 연결된 '솜비줄'을 일정한 간격으로 벌려주어 걸리적거리지 않게 하는 나무막대이다. '솔피낭'(쇠물푸레나무)으로 만들었다(지름 3.2cm). '버흐레' 양쪽 턱에는 '솜비줄'과 '오리목'을 걸어 묶었다.

⑥ 오리목[도4-26]: '오리목'은 '버흐레' 양쪽 끝을 이어 '솜비줄'에 닿고, 그 가운데는 '잠대'의 '들벵이뿔'에 묶이는 줄이다(지름 1.7cm). 재료는 '솜비줄'과 같이 '소리낭'(소리나무)의 올로 꼬아 만들었다. 소의 당기는 힘이 '잠대'에 전달되는 줄이다. 총 길이는 72cm이다.

⑦ 부림패[도4-27]: '부림패'는 밭을 갈 때 쇠뿔에 줄의 끝을 묶어 밭갈이하는 사람이 '잠대'의 뒤에서 소를 부리게 된 줄이다. '부림패'

도4-27 부림패

앞쪽 줄의 지름은 1.2cm 정도로 비교적 가늘고, '부림패' 뒤쪽 줄 두께는 1.4cm 정도로 비교적 굵다. 이 줄은 두 쪽으로 갈라져 멍에에 묶인 '부림패걸이코'를 지나 다시 '등케'의 안쪽을 거쳐서 '잠대'의 손잡이 격인 '양주머리'에 이른다. 농부는 이 줄의 맨 끝에 달린 손잡이를 잡아 소를 부린다. 이때의 손잡이를 '부림패코'라고 한다. '부림패코'는 '상동낭'(상동나무)으로 만들었다.

⑧ 둘벵이뿔[도4-28]: '둘벵이뿔'은 멍에에서부터 '솜비줄-버흐레-오리목'으로 연결된 줄을 걸어 묶기 위하여 '잠대'의 성에 끝에 박아 놓은 나뭇조각이다. 이때의 나뭇조각이 '둘벵이'(달팽이) 뿔을 닮았다고 하여 '둘벵이뿔'이다. '둘벵이뿔'에 '오리목'을 걸고 끈으로 묶었다. 이때의 끈을 '오리목끈' 또는 '오리목친'이라고 한다.

⑨ 성에[도4-28]: '성에'는 '잠대'에서 가장 중심을 이루는 나무로 '몽클'과 연결되어 보습과 '볏'(볏)을 연결하고 다시 '양주머리'와 연결되고, 그 반대편에는 '둘벵이뿔'이 있어 '오리목'과 연결되는 긴 나무이다. 성에는 '솔피낭'(쇠물푸레나무)으로 만들었다.

⑩ 몽클[도4-28]: '몽클'은 '잠대'에 딸린 것으로 '성에' 아래로 비스듬히 뻗어 나간 나무막대로 끝에는 보습을 맞춰 끼울 수 있게 넓적하고 삐죽한 바닥이 있다. '솔피낭'으로 만들었다. '몽클' 보습 자리 위쪽 넓적한 데를 '들', '몽클' 보습 자리 아래쪽 볼록한 데를 '볼기'라고 한다. 제주도 이외의 육지부에서 전승되는 쟁기와 견준다면 '몽클'은 쟁기 술에 대응된다. 그리고 조금 뒤쪽으로는 '설칫'을 꽂아 고정한 네모난 구멍이 있고, 맨 위쪽에는 쟁기의 손잡이 격인 '양주머리'가 가로로 끼워져 있다.

⑪ 양주머리[도4-28]: '양주머리'는 쟁기의 손잡이다. '몽클'의 맨 위쪽에 가로로 박혀 있어서 좌우로 잡게 되어 있다. '양주머리'는 '폭

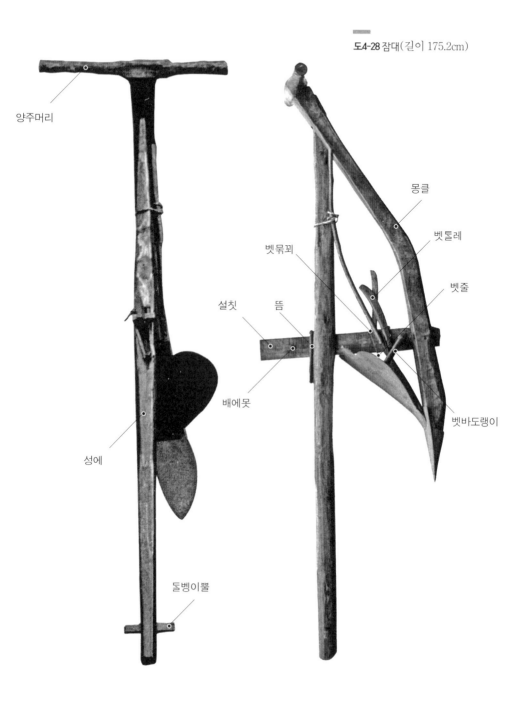

양주머리

몽클

벳묶꾀

벳톨레

설칫

뜸

벳줄

배에못

성에

벳바도랭이

둘벵이뿔

낭'(팽나무)으로 만들었다. '양주머리'는 구멍을 뚫고 '몽클'에 끼우게 되어 있다. '양주머리' 구멍이 헐렁거리면 밭갈이가 성가시다. 그러니 '양주머리'는 나무의 성질이 무르지 않고 구멍을 뚫어놓아도 수축이 덜한 '폭낭'으로 만들었다. '양주머리' 구멍 중심에서 볼 때, '양주머리'는 왼쪽보다 오른쪽이 길다. 제주도 보습은 왼쪽으로 치우쳐지게 만드는데, 그 중심을 잡으려고 이렇게 박아놓았다. '양주머리'는 제주도 이외의 육지부에서 전승되는 쟁기의 손잡이 역할은 물론, 쟁기의 방향을 돌려세우는 자부지 구실도 하였다.

⑫ 설칫[도4-28]: '설칫'은 '성에'와 '몽클' 사이를 일정하게 유지하여 주는 나무막대이다. 제주도 이외의 육지부에서 전승되는 쟁기의 한마루에 대응된다. '솔피낭'(쇠물푸레나무)으로 만들었다. '설칫' 밑에는 볏을 받쳐주기 위한 '볏바도랭이'가 박혀 있다.

⑬ 배에못[도4-28]: '배에못'은 '설칫'에 박힌 성에가 빠지지 않게 위쪽에 가로 박아놓은 나무못이다.

⑭ 뜸[도4-28]: '뜸'은 '잠대'에 딸린 부품의 하나이다. '베에못'과 성에 사이의 '설칫'에 끼워 묶어 밭갈이 깊이를 조절하는 두 가닥의 집게이다. 이것이 들어간 만큼 성에와 '몽클'의 간격은 좁혀지거나 넓혀진다. 성에와 '몽클' 간격이 좁혀지면 보습은 땅속으로 얕게 들어가려고 하고, 성에와 '몽클' 간격이 벌어지면 보습은 땅속으로 깊게 들어가려고 한다.

⑮ 볏줄[도4-28]: '볏줄'은 '볏'(볏)을 '설칫'에 의지하여 틀어 묶는 줄이다.

⑯ 볏묶쐬[도4-28]: '볏묶쐬'는 '볏'(볏)의 등에 붙어 있는 '볏코'(고리)에 줄을 걸어 묶고 그 줄을 '설칫'에 틀어 고정하는 나뭇조각이

다. '설칫' 양쪽에 각각 하나씩 있다.

⑰ 벳바도랭이[도4-28]: '벳바도랭이'는 'ㄱ'자 모양의 나뭇조각이다. 한쪽은 '설칫'에 나 있는 구멍에 끼워지고, 또 한쪽은 '벳'(볕)을 받쳐준다.

⑱ 벳틀레[도4-28]: '벳틀레'는 '벳줄'이 헐렁거리지 못하게, 그 사이에 끼워 틀고 성에에 걸친 나뭇가지이다.

⑲ 보습[도4-29]: '보습'은 '몽클'의 끝에 끼워진 쟁기의 날이다. 제주도 보습은 제주도 이외의 육지부에서 전승되는 것과 견주어볼 때, 중심 너비도 좁고 길이도 짧다(중심 너비 13.7cm, 길이 23cm). 그리고 제주도 보습을 정면에서 볼 때, 왼쪽으로 조금 기울어졌다. 이처럼 제주도 보습을 작게 만든 것은 쟁기로 땅을 일구는 과정에서 자갈 함량이 많은 제주도 경작토의 물리적 압력을 극소화하기 위해서이고, 보습 날의 중심이 한쪽으로 조금 치우쳐지게 만든 것은 화산암반으로 얕은 땅바닥과 정면으로 충돌을 피하여

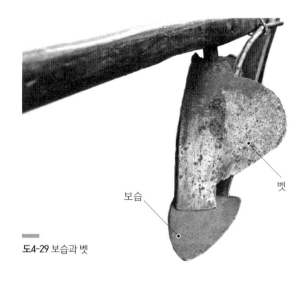

보습

벳

도4-29 보습과 벳

쉬 비껴갈 수 있게 만든 것이다.

⑳ 볏[도4-29]: '볏'은 '잠대'의 일부로 보습에서 넘어오는 흙을 잘 넘어가 뒤집히게 하는 도구이다. 왼쪽으로 뒤틀리어 밭이 갈리는 대로 흙은 왼쪽으로 넘어간다. '볏'의 중심을 이루는 기둥(제주어로는 '볏지둥'이라 함), 보습 위에 살짝 얹히게 된 비스듬하고 평평한 면(이를 '북발'이라 함), 갈려지는 흙을 한쪽으로만 떨어지도록 흙더미를 떠받치는 판(이를 '자락'이라고 함), '설칫특'에 걸쳐지게 하는 오목하게 파인 홈(이를 '마리'라고 함), 그리고 '볏'을 '설칫'에 고정되게 틀어 묶는 줄을 꿰어 걸려고 '볏' 뒤쪽에 달린 4개의 코(이를 '볏코'라고 함)로 구성되었다.

㉑ 볏칼[도4-29]: '볏칼'은 '볏'에 묻힌 흙을 긁어내는 연장이다. 밭갈이 한 '고지'(두둑)를 끝내고 '멍에'(밭이랑)에서 소를 돌려놓고 나서 긁는 경우가 많다. 철판으로 만들어 놓고 손잡이를 끼워 만들거나 나무로만 만들었다.

곡괭이[도4-30]

'곡괭이'는 쇠로 황새의 부리처럼 양쪽으로 길게 내고 가운데 구멍에 긴 자루를 박은 괭이다. 곡괭이가 언제부터 제주도에 들어왔는지는 알 수 없지만, 안덕면 감산리의 경우에는 1945년 안팎에 들어왔다. 곡괭이는 서양에서 쓰던 것인데, 일본을 걸쳐 들어왔을 가능성이 짙다. 곡괭이를 일본에서는 '츠루하시'(つるはし)라고 한다. 이것은 서귀포시 호근동 강재문(1935년생, 남) 씨 집에서 쓰던 것이다. 1980년대에 오일장에서 샀다. 편편한 날과 뾰족한 날이 한쪽씩 붙어 있다.

도4-30 곡괭이
(자루의 길이 81.5cm, 날의 길이 45.3cm)

괭이[도4-31]

괭이는 땅을 파거나 흙을 고르는 데 쓰는 도구이다. 이것은 감산리 오태윤 씨가 감산리 민속자료실에 기증한 것이다. 'ㄱ' 자 모양으로 생긴 쇠 부분의 한쪽에는 넓적한 날이 있고 다른 한쪽에는 괴구멍이 있는데, 이 괴구멍에 자루를 끼우고 쇠못을 박아 고정하였다. '잠대'가 들어갈 수 없는 밭 구석이나 밭담 밑의 땅을 일구거나 갓 개간한 '새왓'(띠밭)의 흙덩이를 바수는 도구로 쓰이는 경우가 많았다. 개간한 밭의 흙덩이를 '켓밧벙에'라고 하였는데, 봄에 따비나 쟁기로 밭을 갈아뒀다가 음력 6월이 넘어서면 괭이로 '켓밧벙에'를 두드리며 펴기도 하였다.

서귀포시 대포동 이지환(1925년생, 남) 씨는 이와 같은 모양의 괭이를 '섶괭이'라고 하였다. '섶괭이'는 곡괭이와 구별하기 위하여 지은 이름이었다. 서귀포시 대포동 사람들은 곡괭이를 '못괭이'라고 하였다.

도4-31 괭이(길이 98.0cm)

곰배[도4-32]

　'곰배'는 흙덩이를 깨뜨리거나 씨 뿌린 뒤 흙을 덮는 데 쓰는 도구이다. 감산리 사람들은 곰방메를 '곰배'라고 한다. 이것은 제주대학교박물관에 있는 것이다. 'ㅅ' 자 모양의 나무토막에 구멍을 뚫고 '족낭'(때죽나무) 자루를 박아 만들었다. 감산리 농경지 토양은 '창고내'를 경계하여 그 남쪽은 '뒌땅', 그 북쪽은 '뜬땅'으로 구성되었다. '뒌땅'은 비교적 딴딴하여 흙덩이가 많았고, '뜬땅'은 푸석푸석하여 흙덩이가 없었다. '뒌땅'은 보리농사가 가능한 1년 2작 지대이고, '뜬땅'은 보리농사가 불가능한 1년 1작 지대이다. 보리농사를 지으려고 밭을 갈 때 크게 일어나는 흙덩이를 '곰배'로 바수어야 한다. 1년 1작 지대에서 따비로 밭을 이길 때에는 흙덩이를 '곰배'로 바수어야 한다. 따비로 밭을 이기고 나서 1~2개월 후에 씨앗을 뿌린다. 이런 밭에 씨앗을 뿌리고 땅을 고르는 일을 '씨 감춘다'고 한다. 씨앗이 땅속에 묻어지게 감춘다는 말이다. 씨앗을 뿌리고 괭이나 '곰배'로 흙덩이를 바수면서 뿌린 씨앗을 덮는다. 이처럼 '곰배'는 원래 흙덩이를 바수는 도구이나 따비로 일군 밭에서는 흙덩이를 깸과 동

도4-32 곰배(길이 115.0cm)

시에 씨를 덮어 묻는 도구로 쓰이기도 하였다.

안덕면 창천리는 '창고내'를 경계로 토질이 뚜렷하게 다르다. 그 남쪽은 '뒌땅', 그 북쪽은 '뜬땅' 지대이다. '뒌땅'은 차지거나 끈끈한 성질의 흙으로 이루어진 땅이라는 말이고, '뜬땅'은 토질이 부석부석하여 찰기가 약하고 보수력이 낮은 땅이라는 말이다. 그리고 '뒌땅' 지대 중에서도 '멧밧'이라는 곳이 가장 끈끈한 성질의 흙으로 이루어진 곳이다. 이런 곳에 보리농사를 지으려고 밭을 갈 때 흙덩이가 크게 일어났다. 또 '뜬땅' 지대라도 '돗밧'인 경우는 흙덩이가 이는 수가 많았다. '돗밧'은 길이 없는 안쪽에 있는 밭 임자들이 길옆 밭을 넘나들면서 길을 낸 밭이라는 말이다. 이런 밭은 흙덩이가 일기 마련이었다. 이런 데는 '곰배'로 흙덩이를 바수는 수가 많았다. 또 '웃드르' 지경에 따비로 일군 밭에 '곰배'로 흙덩이를 바수는 수가 많았다.

돌테[도4-33]

'돌테'는 돌멩이로 씨앗을 뿌리고 나서 토양을 다지는 도구라는 말이다. 이것은 제주민속촌에 있는 것이다. 제주도에는 조나 '산디'(밭벼) 씨앗을 뿌린 밭을 밟아주는 농법이 전승되었다. 마소의 발을 이용하여 밟아주거나, 돌로 만든 '돌테'와 나무로 만든 '낭테'를 마소에 매어 끌며 밭을 다졌다. 이를 '밧불림'이라고 하였다. 조선조 효종 4년(1653)에 이원진(李元鎭, 1594~1665)은《탐라지》(耽羅誌)에서, "토성이 부조(浮燥)하니 밭을 일군 자는 반드시 우마를 몰아다가 밭을 밟는다."(土性浮燥 墾田者 必驅牛馬以踏之)라고 하였다. 제주도의 토

도4-33 돌테(가로 62.0cm, 세로 20.0cm)

양은 대부분 화산회토(火山灰土)이므로, 여름 농사인 조나 밭벼의 씨
앗을 뿌린 밭을 탄탄하게 다져놓아야 보수력(保水力)이 유지되어 발
아(發芽)도 잘 되고 모종도 힘차게 자랐다. 이것은 조나 밭벼의 씨앗
을 뿌린 밭을 다졌던 '돌테'다. 지금 테니스장에 쓰는 롤러와 같은
것이다. '돌테' 양 끝 안쪽에 홈을 내고, 다시 그 안쪽 여기저기에 끌
로 쪼아 지름 8cm 안팎의 혹을 새겨 다듬어 붙인 듯이 만들었다. 통
나무로 만든 것으로 자갈이 있는 밭을 다진다면 그 위로 돌돌 굴러
버릴 염려가 있기에 이렇게 만들었을 것이다. 그리고 '돌테' 양쪽 옆
면 한가운데는 홈을 내고, 나무로 만든 못을 박았는데, 한쪽의 것은
빠져나가 버렸다. 우마나 사람이 끌 때 줄을 이것에 걸어 묶었다.

논일팡[도4-34]

‘논일팡’은 논에서 모를 심을 때 잠깐 걸터앉거나, 도구나 모종 따
위를 얹어 놓을 수 있게 만들어 놓은 받침이다. 이것은 감산리 민속
자료실에 있는 것이다. 직사각형의 판자 위에 3개의 다리를 세우고,
다시 그 위에 판자를 붙였다. 그리고 판자의 네 귀퉁이를 잘라냈다.
그 위에 앉았을 때 옷자락이 귀퉁이에 걸리지 않았다.

서흐레[4-35]

‘서흐레’는 갈아 놓은 논의 바닥을 고르는 도구이다. 감산리 사람
들은 써레를 ‘서흐레’라고 한다. 이것은 감산리 민속자료실에 있는
것이다. 감산리에 경운기가 흔해지기는 1975년 전후부터인데, 그
어간까지만 하더라도 논의 흙덩이를 ‘서흐레’로 바수었다. 감산리
사람들은 ‘서흐레’의 뼈대를 이루는 각목을 ‘버텅’이라고 한다. '버
텅' 아래쪽에 10개의 살을 박았다. 감산리 사람들은 살을 ‘발’[足]이
라고 한다. '발'은 다이아몬드 모양으로 다듬어 만들었다. ‘버텅’ 좌
우 두 번째 ‘발’은 ‘버텅’을 뚫고 나온 것으로 손잡이로 삼았다. '발'
10개 중에 맨 오른쪽 ‘발’ 하나는 빠졌다. 그리고 좌우 첫 번째 ‘발’과
두 번째 ‘발’ 사이에 ‘끌줄’을 거는 막대기를 박았다. 이것에 밧줄을
달아 소가 ‘서흐레’를 끌었다. ‘잠대’로 하는 논갈이 방법에 따라 ‘서
흐레질’ 정도는 달랐다. 논바닥을 바깥에서부터 가운데 쪽으로 시
곗바늘 돌 듯 빙빙 돌아가며 갈았다. 이때는 세 개의 거웃으로 하나
의 ‘고지’(이랑)를 만들며 논을 갈았다. 그리고 밭갈이 때처럼 가로로

만 '고지'를 만들어가며 갈기도 하였다. 이때는 거웃 네 개로 하나의 '고지'를 만들면서 논을 갈았다. 앞의 논갈이를 '메로 간다', 그리고 뒤의 논갈이를 '고지로 간다'고 하였다. 그런데 '메로 간' 논의 '서흐레질'은 편하였지만, '고지로 간' 논의 '서흐레질'은 그렇지 못했다. 어떤 경우건 가로세로 두 번쯤 오가며 '서흐레질'을 하였다.

도4-34 논일팡
(가로 23.6cm, 세로 21.0cm, 높이 23.5cm)

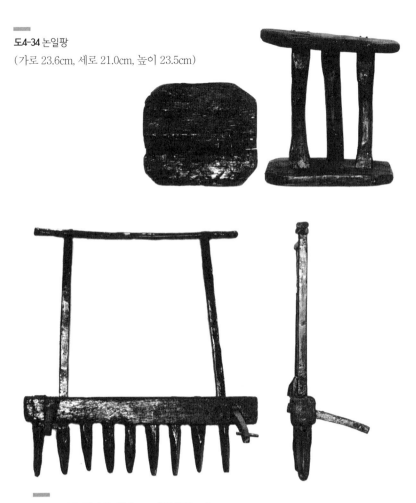

도4-35 서흐레(가로 89.0cm, 세로 87.8cm)

밀레[도4-36]

'밀레'는 논을 갈고 그 바닥을 평평하게 고르는 도구이다. 이것은 감산리 민속자료실에 있는 것이다. '잠대'로 논을 갈고 '서흐레'로 논을 써리고 나서, 다시 '밀레'로 논의 바닥을 평평하게 고르는 것을 '밀레질'이라고 한다. '밀레'는 반달 모양의 널조각(가로 38.2cm, 세로 22.8cm)에 자루를 박아 만들었다. 널조각은 'ᄌᆞ밤낭'(구실잣밤나무), 자루는 소나무이다. 널조각 구멍을 자루의 굵기보다 크게 만들어 자루를 박았다. 이것으로 논바닥을 밀고 당기면서 고를 때마다 헐렁거리면서 널조각이 논바닥 속으로 파고들지 않았다.

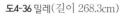

도4-36 밀레(길이 268.3cm)

멜망텡이[도4-37]

　'멜망텡이'는 주로 남자들이 씨앗을 흩뿌려 파종할 때, 씨앗을 담고 둘러메고 다니는 망태기이다. 이것은 제주대학교박물관에 있는 것이다. 억새꽃 껍질로 망태기를 짜듯이 만들었는데, 부리에는 끈이 달렸다. 달리, '씻망텡이'라고도 한다. '멜망텡이'를 왼 어깨에 걸어 메고, 오른손으로 씨앗을 집어내며 뿌린다. 제주도 농작에서 메밀만 점점이 파종하고, 나머지는 거의 흩뿌렸다. 씨앗을 뿌릴 때는 다섯 '고지'(이랑)를 한 폭으로 잡고 뿌렸다. 이런 일을 '고지 잡앙 뺀다'고 하였다. 특히 씨앗을 뿌릴 때만은 다섯 '고지' 중 좌측으로 두 번째 '고지'와 세 번째 '고지' 사이의 고랑을 따라 걸어가며 어깨 밑에서 위로 반원을 그리며 뿌렸다.

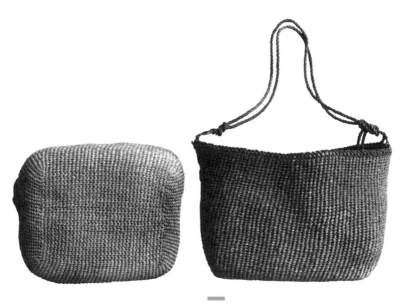

도4-37 멜망텡이
(가로 24.0cm, 세로 16.6cm, 높이 23.5cm)

밭매기
도구

제주도 사람들은 밭매는 일을 '검질맨
다'고 하였다. '검질'은 김의 제주어다. 그것을 매는 일은 밭의 상황
에 따라 달랐다. 숙전(熟田)의 잡초를 '검질'이라고 하였다. 그리고
'난전'의 '검질'을 '벌럭검질'이라고 하였다. '난전'은 마을에서 떨어
져 나간 들녘에 있는 밭이라는 말이다. '벌럭검질'은 벌렁거리면서
매는 검질이라는 말에서 비롯되었다. '검질'과 '벌럭검질'은 '검질'의
종류가 달라서가 아니라 밭매기 방법의 차이에서 말미암았다. 논매
는 일도 이뤄지나 거의 맨손으로 뽑아냈을 뿐이다.

숙전에서 밭매는 일은 한두 사람이 하는 수도 있으나 여럿이 이
루어내기도 하였다. 여럿이 하는 밭매기를 '수눌음검질'이라고 하
였다. 오늘 한 구성원의 밭에서 김을 매면, 내일은 다른 사람 밭에서
맸다. 조직원들끼리 골고루 하루나 이틀씩 돌아가며 밭매기를 하였
다. 밭매기에 들어서면 모든 구성원은 밭머리를 먼저 맸다. 이 밭머
리를 '밧멍에'라고 하였다. '밧멍에'는 밭의 세로로 난 긴 이랑 끝에
가로로 낸 짧은 이랑이라는 말이다. 밭갈이할 때 소와 쟁기를 돌리

는 공간으로 세로로 난 이랑을 다 갈고 나서 맨 나중에 가로로 이랑을 만들었다. '밧멍에'는 한 발의 폭인데, 밭을 매는 동안 늘 출발점이 되는 곳이기도 하였다. 그곳을 맨 먼저 매 두고 나서 밭이랑을 따라 매어 나갔다. 출발점 쪽 밭머리가 '뒷멍에'가 되었고, 목표 지점 쪽 밭머리를 '앞멍에'라고 하였다. 이랑을 따라갔다가 다시 이랑으로 걸어 되돌아와 김을 매어 나갔다. 조직원 여럿이 줄줄이 앉아 밭매기하는데, 어느 쪽이든 가장자리에 앉은 사람을 '익은녘', 나머지 일꾼 모두를 '선녘'이라고 하였다. '익은녘'은 밭매기 때 그 기량이 가장 뛰어난 사람이 김을 매는 쪽, '선녘'은 밭매기 때 그 기량이 뒤진 사람이 김을 매는 쪽이라는 말이다. '익은녘'이 밭매기를 선도(先導)하면, '선녘'들은 뒤따라가며 김을 매어 나갔다. 앞서나간 '익은녘'이 목표 지점 '앞멍에'의 김을 매주면, 나머지 모든 성원의 김매기는 한결 쉬워진다. 먼저 목표 지점에 도달한 조직원은 뒤진 구성원의 밭이랑을 마주 매 준다. 모든 구성원 몫의 김매기를 끝내고서야 다 함께 다시 되돌아와 출발점에서 목표 지점까지 김을 매어 가는 것이다. 밭매는 동안에 피곤함을 달래고 힘을 북돋우기 위하여 노래도 불렀다. 이 노래를 '검질매는 소리' 또는 '사대소리'라고 하였다. '김질매는소리'는 앞소리와 뒷소리로 구성되었다. 앞소리가 '익은녘'의 몫이라면 뒷소리는 '선녘'들의 몫이었다[**도4-38**].

　　앞멍에랑 들어나오라/ 뒷멍에랑 나고나가라
　　검질짓고 굴늦인밧디/ 사디로나 우겨근매자

　제주도 '검질매는 소리'의 노랫말 중 가장 보편성을 갖는 한 토막이다. 밭매는 목표 지점 '앞멍에'는 들어오고, 출발 지점 '뒷멍에'는

도4-38 검질매기 (1960년대, 제주시 화북동) 촬영 홍정표

나가라는 말이다. 곧 밭매는 상황을 노래하고 있다. '검질'이 많이
자라고 이랑이 늦은 드넓은 밭에 밭매기하는데, '사디' 곧 김매는 노
래를 부르면서 꾸준히 매자는 말이다. 이 노랫말 속에는 밭매기의
방법과 힘든 노동을 즐거운 운동으로 반전시켜 내는 일노래의 기능
이 함축되어 있다.

　'난전'에서의 밭매기를 두고 '벌럭검질'이라고 하였다. 후려치듯
이 달려나가며 커다란 '검질'만 매어 감을 원칙으로 하였다. 자그마
한 잡초 따위는 신경을 쓸 겨를이 없었다. 억새 따위의 커다란 김에
만 신경을 곤두세웠다. 일의 조직이나 체제는 숙전(熟田) 밭매기와
같으나, 방법상에 차이가 있었다. 무릎을 굽히지 않고 반쯤 서서 거
의 달려나가듯이 재빠르게 매 나갔다. 커다란 김의 부리에 묻어 올
라온 흙을 털어 묻어 버리며 밭매기하였다.

굴갱이[도4-39]

‘굴갱이’는 주로 김을 매거나 해산물을 캘 때 쓰는 도구이다. 감산리 강○○(1919년생, 여) 씨가 감산리 민속자료실에 기증한 것이다. 이 마을 사람들은 호미를 ‘굴갱이’라고 한다. ‘굴갱이’ 날은 45도 정도 아래쪽으로 구부렸다. 오른손잡이용 ‘굴갱이’다. 이런 ‘굴갱이’를 ‘ᄂ 단굴갱이’라고 한다. 그 반대쪽으로 구부러진 ‘굴갱이’도 있다. 이것 은 왼손잡이용 ‘굴갱이’다. 이런 ‘굴갱이’를 ‘웬굴갱이’라고 한다. ‘굴 갱이’ 목인 슴베가 손잡이를 뚫고 그 밑까지 나오게 하여 구부렸다. 그리고 손잡이는 헝겊으로 감았다. ‘굴갱이’를 잡고 잡초를 뽑는 동 안에 미끄러짐을 막으려는 수단이다. 제주도 이외의 육지부에서 전 승되는 호미는 한 손으로 흙도 파 옮기고 김도 매는 다양한 용도로

도4-39 굴갱이(길이 29.0cm, 날의 길이 10.0cm, 날의 폭 2.0cm)

쓰였지만,**33)** 제주도 '글갱이'는 잡초를 맬 때만 쓰였다. 정언유(鄭彦儒, 1687~1764)는 《탐라별곡》(耽羅別曲)에서, 제주도에서 전승되는 '글갱이'를 '허뫼'라고 하면서, "허뫼는 길이가 짧고, 보습은 유난히 자그맣다."라고 노래하였다. '길이가 짧다'는 것은, 호미 날의 폭이 좁다는 말이다.

　구좌읍 송당리 김두향(1923년생, 남) 씨에게 '글갱이'에 대하여 가르침받았다. 김 씨는 '호미'(낫)와 '글갱이'를 손수 만들었다. 보통 '호미'를 만들다가 남은 쉐로 '글갱이'를 만들었는데, 불에 달구고, 망치로 두드리고, 물에 담가 식히고, '씬돌'(숫돌)에 갈고, 자루에 끼웠다. 자루는 '개낭'(누리장나무)으로 만든 것이었다. '글갱이' 날을 '메우리', 날의 등을 '등어리', 자루 속에 박히는 뾰족하고 긴 부분인 슴베를 '숨메', 자루를 '주럭'이라고 하였다. 구좌읍 송당리에서는 "봄에 글갱이나 호미를 주우면 그해 농사 운수가 좋다."라는 이야기가 전승되었다. '글갱이'로 하루에 밭벼를 심은 밭을 200평 맬 수 있었다.

검질조갱이[도4-40]

'검질조갱이'는 조천읍 북촌리와 구좌읍 행원리 일부 농경지에서 '조갱이검질'을 매는 자그마한 전복 겉껍데기이다. '조갱이검질'은 '조갱이'로 매는 '검질'(김)이라는 말이다. 이것은 구좌읍 행원리 홍복순(1931년생, 여) 씨가 가르쳐 준 것이다. 조천읍 북촌리와 구좌읍 행원리에서는 '조갱이'로 밭에서 김을 매는 수도 있었다. 구좌읍 행원리 '질왓' 지경과 조천읍 북촌리 서우봉(109.5cm) 지경의 밭은 흙이 차졌다. '질왓'은 물이 고이는 '물왓'보다는 물 빠짐이 좋기는 하나 점토질의 밭이어서 질었을 때는 몹시 흙이 차지는 밭이라는 말이다. '글갱이'(호미)로 '검질'을 매려고 해도 그것이 땅속으로 들어가지 않고 미끄러질 뿐이었다. 곡식의 줄기가 상하지 않게 그 틈새로 긁어야 했으니, '조갱이'로 긁어 매는 수가 있었다.

도4-40 검질조갱이
(가로 13.0cm, 세로 9.0cm, 높이 3.8cm)

주지 굴갱이 [도4-41]

'주지굴갱이'는 제주도에서 전승되는 일반적인 '굴갱이'보다 날의 폭이 넓은 '굴갱이'다. 이것은 애월읍 상가리 변○○(1922년생, 남) 씨 집에서 쓰던 것이다. '주지굴갱이'는 볏처럼 직삼각형으로 생긴 날(가로 11.7cm, 세로 5.6cm)의 목을 가늘게 휘어 구부린 뒤 둥근 나무 자루(길이 12.3cm, 폭 3.6cm)에 박아 만들었다. '주지굴갱이'의 날은 왼쪽으로 쏠린 오른손잡이용이다. 애월읍 상가리 사람들은 자루에 박히는 '주지굴갱이'의 목 부분을 '수머리'라고 하였다. '주지굴갱이'는 밭 구석이나 '빌레' 틈 따위에 쟁기가 들어가지 못하여 갈리지 않는 곳의 땅을 긁어 씨앗을 묻는 도구로 쓰이는 수가 많았다. '굴갱이'가 밭매기 도구라면, '주지굴갱이'는 밭갈이 보조 도구인 셈이다. 밭갈이 보조 도구로는 괭이로 대신하는 수도 있었다.

비닐 굴갱이 [도4-42]

'비닐굴갱이'는 마늘이 비닐 바깥으로 나오게 구멍을 뚫는 '굴갱이'다. 이것은 감산리 박영두(1924년생, 여) 씨가 쓰던 것이다. '다간죽낭'(예덕나무) 자루에 지름 0.4cm의 철사 구부러진 것을 꽂아 만들었다. 이것으로 비닐에 구멍을 뚫고 비닐 속에 있는 마늘을 손으로 빼냈다. 1998년 10월, 박 씨가 모슬포 지역에 마늘밭 일로 품 팔러 갔을 때, 마늘밭 주인이 만들어준 것이다. 이것은 요즈음 고안된 비닐 농법의 도구인 셈이다

도4-41 주지굴갱이
(길이 27.3cm, 날의 길이 11.7cm, 날의 폭 5.6cm)

도4-42 비닐굴갱이 (길이 24.9cm)

거름에 따른 도구

        1970년대부터 화학비료가 흔해지면서 전통적인 제주의 거름은 제 모습을 잃어갔다. 거름 주기에는 곡식을 파종할 때 주는 밑거름과 곡식이 성장할 때 주는 웃거름이 있다. 제주도의 전통적인 거름은 곡물에 따라 다를 뿐만 아니라 토양에 따라 다르고, 지역성도 고려되었다.

쉐스랑[도4-43]

'쉐스랑'은 '통시'(돼지우리)에서 '돗거름', '쇠막'(외양간)에서 '쇠거름'을 쳐내는 데 쓰는 갈퀴 모양의 도구이다. 이것은 감산리 민속 자료실에 있는 것이다. '쉐스랑'은 쇠로 3개의 발을 만들고 자루를 박아 만들었다. 한가운데 발의 폭은 2.5cm, 그 옆에 있는 발 2개의 폭은 2.2cm이다. 가운데 발이 옆의 발보다 0.2cm가 더 굵다. 새집을 짓는 동안 흙에 보릿짚을 넣고 흙질할 때 '쉐스랑'으로 흙을 뒤엎기도 하였다. 또 '잠대'로 갈 수 없는 비좁은 논에서 논바닥을 일구기도 하였다.

도4-43 쉐스랑(길이 59.7cm)

오줌항[도4-44]

 '오줌항'은 비료로 쓸 오줌을 모아두는 항아리이다. '오줌항'은 거의 통시 쪽에 돼지 먹이를 모아두는 항아리와 나란히 있었다. 요강 따위에 모아둔 오줌을 '오줌항'에 차곡차곡 채웠다. 오줌은 양이 한정될 수밖에 없으니, '오줌항'에 바닷물을 길어다가 부어 넣고 오줌과 함께 썩혀 거름의 양을 늘리는 수도 있었다. '오줌항'을 팔러 다니는 이도 있었다. 이들이 파는 것은 항아리를 만들다가 잘못되어 찌그러진 것이었다. 곱게 빚어진 항아리는 비쌌지만, 잘못된 항아리는 값이 쌌다.

도4-44 오줌항

졸굴체[4-45]

　'굴체'(삼태기)는 흙이나 쓰레기, 거름 따위를 나르거나 주는 삼태기이다. '통시'에서 거름을 낼 때, 밭으로 옮겨놓는 거름을 이겨 나를 때, '굴묵' 땔감용인 '물똥'(말똥)을 주울 때, 그리고 '굴묵'이나 '정지'(부엌)에서 나오는 재거름을 담아 허리에 의지하여 나를 때도 쓰였다. 재거름을 두고 '불치'라고 했는데, 다섯 '굴체'의 거름이 한 '바리'[馱]가 되었다. 제주도 속담에 "굴체 부지런은 하늘도 못 막는다."라는 말이 있다. 이처럼 '굴체'는 어떤 일에서나 두루 쓰였다는 말이다. 기능은 같지만, 제주도에서는 재료에 따라 여러 가지 '굴체'가 전승되었다. '졸굴체'는 '졸겡잇줄'(멀꿀)로 만든 '굴체'이다. 이것은 애월읍 상가리 김○○(1926년생, 여) 씨 집에서 쓰던 것이다. 김 씨 시아버지가 살아생전에 만들어 쓰던 것이다. '상동낭'(상동나무)을 휘어 '에움'(테두리)을 삼고, '졸겡잇줄'로 얽어 만들었다. '굴체'의 바닥 재료로는 여러 가지 것이 있다. '졸겡잇줄'로 만든 것이 질겨서 좋기에 '굴체' 중에서 으뜸으로 쳤다. '졸겡잇줄'은 이 마을 '상한이골째기', '앞골째기', '족남골째기'에 비교적 많았다.

도4-45 졸굴체
(가로 43.0cm, 세로 63.5cm, 높이 20.0cm)

대글체[도4-46]

'대글체'는 대오리로 만든 '글체'라는 말이다. 이것은 애월읍 상가리 변○○(1922년생, 남) 씨 집에서 쓰던 것이다. 상동나무 '에움'에 '수리대'(이대) 대오리로 얽어 만들었다. '대글체' 앞에는 '꽝낭'(꽝나무)을 붙였다. 바닥에는 거름 자국이 잔뜩 묻어 있다. '쉐막'의 거름을 담아 나를 때 쓰려고 본인이 1997년에 만들어 쓰던 것이다.

도4-46 대글체
(가로 59.0cm, 세로 48.3cm, 높이 24.0cm)

수확과 탈곡 도구

벼와 밭벼, 보리, 조, 피, 깨 등의 곡물들과 콩, 팥, 강낭콩 등은 수확, 탈곡의 과정을 거치지 않으면 먹거리가 될 수 없었다. 곡물의 수확에서부터 이삭 따기, 알갱이 내기, 말리기 등 일련의 탈곡에 도구들이 따랐다. 대표적인 수확 도구는 '호미'(낫)이다. 그러나 콩인 경우는 '골갱이'로 수확하였다. '호미'로 수확하는 일을 '빈다'라고 하였고, '골갱이'로 수확하는 일을 '거끈다'라고 하였다. 탈곡은 줄기에서 이삭을 따내는 일, 그리고 이삭에서 껍질을 벗기는 일이다. 그것은 곡물에 따라 달랐다.

줄기에서 이삭을 따내기는 '클'에서 이루어지는 수가 많았다. 주로 보리와 벼 또는 밭벼가 '클'에서 이뤄졌다. 보리를 훑는 도구를 '보리클'(또는 '가레기클'), 그리고 벼를 훑는 도구를 '판장클'이라고 하였다. '보리클'의 쇠가락이 둥그렇게 생겼다면, '판장클'의 쇠가락은 넓적하게 생겼다. 안덕면 감산리 고병수(1916년생, 남) 씨 가르침에 따르면, '클'은 1921년에 안덕면 감산리에 들어왔는데, '보리클'이나 '판장클'은 그 당시 일본열도에서 들어왔다. 일본열도에서는 '보리클’과 ‘판장클’을 ‘셴바고키’(千齒扱)라고 하였는데, 일본의 원록기(元祿期, 1688~1704)에 대나무로 만든 ‘셴바고키’가 등장하였고, 정덕기(正德期, 1711~1716)에 철제 ‘셴바고키’의 등장을 거쳐, 명치기(明治期, 1867~1911)에 ‘셴바고키’ 행상이 등장하였다.[34]

제주도 농촌사회에 ‘보리클’이 보급되기 전에는 줄기와 이삭을 분리하지 않은 채 도리깨로 탈곡하였다. 일단 보릿단을 묶은 채로 도리깨로 타작해 낟알을 떨어내고 나서, 다시 단을 풀어놓고 타작하였다. 이때 도리깨로만 빗겨 두들겨 가며 짚을 뒤엎었다. 이렇게 보리를 타작하는 일은 ‘ᄀ림질’이라고 하였다. ‘ᄀ림질’은 기술이 요구되는 일이었다.[35]

그 이외의 지역에서는 대부분 줄기와 이삭을 분리하는 과정을 거쳤는데, 두 가지가 전승되었다. ‘호미’(낫)로 잘라내기와 ‘거상치기’가 그것이었다. ‘거상치기’란 보리 단을 줄에 걸고, 줄을 잡아 돌멩이에 내려치며 보리 이삭을 떨어내는 것이었다. 그때의 돌멩이를 ‘섭돌’이라고 하였다. ‘섭’은 잎의 뜻을 지닌 제주어이니, 그것처럼 얄팍하게 생긴 돌에 내려쳤다는 말이다. 그때의 보릿단은 지름이 12cm 안팎으로 잘게 묶었다. 그래야 ‘거상치기’를 하는 데 좋았다. 그 후에 도리깨로 이삭을 후려쳐 가며, 또는 마소의 발로 밟아 줘 가며 이삭으로부터 낟알을 떨어내기도 하였다.[36]

다음에 명석을 펼쳐 놓고 ‘솔박’으로 도리깨질한 보리를 바람에 불려서 불필요한 것을 날려 버리는 ‘불림질’이 있었다. ‘불림질’은 타작을 마친 곡식을 바람에 날려서 검불, 티, 쭉정이 따위를 걸러내는 일이라는 말이다. 이 일을 ‘보리 ᄀ시락동골름’이라고 하였다. 그리고 보리 껍질을 벗겨 내는 것을 두고 ‘능근다’라고 하였는데, 연자매와 ‘남방애’에서 이루어냈다. 연자매에서는 보리 일곱 말 분량에 한

'허벅'의 물을 부어 섞어서, 그리고 '남방애'에서는 보리 2말에 물 2되를 섞어서 찧었다. 방아에 놓기 전에 '슬오리'(쌀보리)는 잠시만 물에 담갔다. 그러나 겉보리는 '슬오리'보다 오래 물에 담가 둬야 하고, 또 서너 차례 방아를 찧어야 한다. 보리에 물을 뒤섞어 줘야 껍질이 잘 벗겨졌다. 보리 일곱 말 분량은 연자매에서 두 시간은 돌려야 껍질이 벗겨졌다. 빗자루로 연자매 위의 돌 아래로만 보리가 몰리게 자주 쓸어주며 골고루 능겼다. 연자매 윗돌 바깥쪽에서 안쪽으로 쓸어 올리는 것을 '혹올림'이라 하였고, 그와 반대로 윗돌 안쪽에 있는 보리를 바깥쪽으로 쓸어내리는 것을 '혹냄'이라고 하였다. 제주도에 연자매가 보급되기 전에는 이 일을 '남방애'에서 하였다. 연자매에서 껍질을 벗겨 놓은 보리쌀을 멍석 위에 널어 말렸다. 그 동안에 종종 '날레군데'로 저어주었다.

  그리고 모든 곡물의 부산물가루를 '체'라고 하였다. 이것을 걸러 내는 것을 '체가름'이라고 하였다. 보리쌀과 그 부스러기를 구분하는 일이다. '푸는체'라는 도구로 '체가름'을 한다. 그 안에 체가름할 보리쌀을 떠놓고 까불러 가면 보리쌀은 '푸는체' 안에 남았고, 부스러기 가루는 밖으로 떨어졌다. 부스러기 가루를 골라내 버린 보리쌀만을 멍석 위에 다시 널어 말렸다. 잘 말리기 위하여 수시로 '날레군데'로 저어주었다. 말린 보리쌀을 'ᄀᆞ레'(맷돌)에서 갈았다. 이 일을 두고 '벌른다'라고 하였다. 'ᄀᆞ레'에 놓고 갈았을 때, 보리 방울이 온전하게 쌀이 되기도 하나 으깨져 버리는 것도 많았다. 그것으로 갈아 나가는 대로 체에 놓고 잘 으깨진 것과 그렇지 못한 것을 나눈다. 온전하게 갈린 보리쌀은 '통보리', 한 방울의 보리가 두 조각으로만 으깨어진 쌀을 'ᄀᆞᆸ쌀', 그리고 아주 자잘하게 여러 개의 방울로 으깨어져 버린 쌀을 '줍쌀'이라고 하였다. 그것은 온전한 쌀은 아니지만,

여러 갈래로 쓰였다. 좁쌀과 섞어 밥을 짓기도 했고, 보릿가루와 같이 수제비를 만들어 먹기도 하였다. 장만하는 과정에서 생긴 보릿가루를 다시 체로 걸렀을 때, 위의 것은 돼지 밥이 되어버리나 그 밑의 것은 수제비 감으로 썼다.

또, 보릿고개로 어려움을 겪던 시절에, 설익은 보리를 베어다 탈곡하여 밥을 지어 먹었는데, 이 보리를 '석보리'·'알보리'·'앞쌀'이라고 하였다. 비교적 이른 수확과 탈곡이라, 정상적인 수확과 탈곡과는 여러모로 달랐다. 안덕면 감산리를 비롯한 제주도 남서부에서는 보릿고개 때 일찍 베어 내 만든 쌀을 '석보리'라고 하였다. 보리는 양지바른 데서부터 먼저 익어 간다. 한 단을 베어다가 불에 그을려 탈곡하였다. 이삭을 손으로 비벼 가시랭이를 떨어내 버린다. 한 되쯤 쌀을 만들어 놓아도 손으로 집으면 보리 방울이 터져 버릴 정도로 물렁했다. 햇볕을 쬐어 물렁물렁한 보리 방울을 말린다. 다시 이것을 솥에다 넣어 불을 때 주며 무른 보리쌀을 말릴 겸 볶는다. 이것을 다시 건져내 말린다. 알맹이가 굳어지면 'フ레'에서 간다. 그것을 삶은 쑥과 함께 버무려 범벅을 만들어 먹었다.

조는 줄기에서 호미로 이삭을 따냈고 '남방애'나 '연자매'에서 장만하였다. 그동안에 '푸는체'로 바람을 일으키며 쭉정이나 겨를 날려버렸다. 그래도 장만이 덜된 것이 있기 마련이었다. 이를 '늬 골랐다'라고 하였다. '늬 골르다'는 곡식 장만이 가지런하게 되어야 할 것이 덜된 것을 가리키는 말이다.

벼와 '산디'(밭벼)의 장만 과정은 같았다. 제주도 농촌사회에 '판장클'이 보급되기 이전에는 벼나 '산디' 줄기에서 이삭을 분리하는 일은 '거상치기', '근대'(벼훑이), 쳇바퀴 따위로 이루어냈다. '거상치기'는 볏단이나 보릿단 따위를 비교적 날카롭게 생긴 돌멩이에 메어쳐서 이삭을 떨어내는 일이라는 말이다.

1939년 5월 27일, 제주시 외도동 전시우 씨네 집에서 이루어진 타카하시 노보루(高橋 昇)의 조사 노트에 '거상치기'가 들어 있는데, 그 내용은 다음과 같았다.

> 멍석 여섯 질을 깔고, 그 주위에 '지직'(띠를 폭 5尺, 길이 3間 크기로 엮어 만든 것) 두 장을 병풍처럼 둘러친다. 멍석 위에 지름 1尺의 둥그런 돌을 놓고, 세 사람이 1.8cm의 줄에 볏단 끝을 묶고 이삭을 돌 위에 내려치며 탈곡한다. 여자 한 사람은 허드렛일을 돕는다.[37]

벼나 '산디'를 '거상치기'로 탈곡하고 나서 'ᄀ시락'(까끄라기)을 이삭에서 떨어냈다. 벼나 '산디' 이삭을 멍석에 펼쳐 놓고 발로 비비며 떨어냈다. 이 일을 'ᄀ시락 거끈다'라고 하였다. '거끈다'의 '거끄다'는 '꺾다'의 제주어이다. 까끄라기를 떨어낸 벼나 '산디'를 '솔박'에 담아 흘리며 바람의 힘으로 까끄라기를 날려버렸다. 이 일을 '불림질'이라고 하였다. 그리고 '남방애'나 연자매에서 두세 차례 장만하였다. '남방아'에서는 2말을, 연자매에서는 7말을 놓고 장만하였다. 장만하는 대로 껍질이 벗겨지는 모양을 '늬 까진다'라고 한다. '푸는체' 안에 담아 바람을 일으켜 쌀만 골라내 버리고 다시 장만하였다. 다시 장만하는 과정에서 가루가 생겼다. 이를 '보미'라고 하였다. '보미'는 돼지에게 먹이로 주었다. 벼나 '산디'를 장만하다 보면 온전한 쌀이 나오기도 하고, 으깨진 쌀도 나왔다. 온전한 쌀과 으깨진 쌀을 '대거름체'로 분리하였다. 온전한 쌀은 체 안에 남았고, 으깨진 쌀은 그 밑으로 빠졌다. 벼나 '산디'에서 으깨진 쌀을 '스레기'라고 하였다.

메밀을 탈곡할 때는 줄기와 이삭을 분리하는 일이 없었다. 도리깨로 메밀을 줄기째 그대로 타작하여 탈곡할 뿐이었다. 베어낸 메밀을 말려서 깔아 놓고 도리깨로 타작하였다. 이 일을 '마당질'이라고 하였다. 메밀 마당질은 거의 메밀밭에서 이뤄졌다. 비교적 집에서 먼 밭에서 집까지 운반하는 일을 쉽게 하려고 밭에서 탈곡 과정을 끝냈던 셈이다. '마당질' 터에는 멍석을 깔기도 하나 여의치 않으면 깔지 않는 수도 있다. 멍석을 깔지 않고 마당질을 하려면 하루 전날 밭으로 가서 그 바닥을 깨끗이 청소해 두고, 도리깨로 두드려 가며 땅을 다진 후에 다시 발로 탄탄하게 밟아 마치 마당처럼 만들어 둔다. 한쪽에 3~4명씩, 양쪽에 6~8명이 서서 마당질하는 모양을 두고 '촌마당질'이라고 하였다. 가득 찬 마당질이라는 말이다. 이럴 때는 멍석 열두 장을 펼쳐 놓는다. 떨어진 짚을 밖으로 내던지고 또 새로 타작할 것을 들여놓기도 하는 조력자가 필요하였다. 이 사람을 두고 '저수에꾼'(또는 '사공')이라고 하였다. '촌마당질'로 하루 스무 섬 정도 거뜬히 타작할 수 있다. '마당질'을 할 때 높은 곳과 낮은 데가 생기게 마련이다. 높은 데를 '동산'이라 하고, 알갱이가 떨어지지 않은 생생한 이삭을 '생곡'이라고 하였다. '동산'과 '생곡'에 주력하며 마당질한다. 한쪽에서는 떨어진 짚을 밖으로 내놓거나 또 타작할 것들을 들여놓는다. 마당질은 힘겨운 일이다. 힘겨운 일을 신나게 '어야홍'이라는 일노래를 구성지게 부르며 타작하였다.

상강(10월 23일경)을 넘어서면 낮에 없던 바람이, 해가 질 무렵에 곧잘 불어오는 수가 많다. 마당질한 메밀을 그 바람에 날려서, 검불·티·쭉정이 따위를 털어냈다. 이를 '불림질'이라 했다. 대오리로 구멍이 체보다는 굵게 엮어 만들어 곡식 따위를 쳐내는 탈곡 도구를 '얼맹이'(어레미)라고 한다. '불림질'을 해도 그 속에는 타작하는 과정에서

부서진 메밀 줄기 따위도 들어 있다. 이를 '얼맹이'로 분리해 내는 일을 '얼맹이질'이라고 하였다. 보통 소의 등짐으로 운반한다. '질메' 양쪽에 한 섬들이 '멕'에 담아 묶어 운반한다. 바로 이때를 소의 등 힘을 키우는 좋은 기회로 삼기도 한다. 길바닥의 작은 돌멩이들은 달걀 깨지듯 부서질 정도로 무겁게 실어 날랐다.

메밀은 'ᄀ레'(맷돌)에서 갈아 껍질을 벗겼다. 이 일을 '검핀다'고 하였다. 그리고 'ᄀ레' 홈에 듬뿍듬뿍 많이 넣고 갈아야 메밀이 가루가 되지 않는다. 갈리는 대로 '푸는체'로 바람을 일으켜 껍질을 내보내 두고, '줌진대체'로 친다. 안에 남아 있는 것은 다시 갈고, 빠져나온 것을 '대거름체'로 친다. 쌀은 그 안에 남아 있고, 거기에서 빠져 내린 것을 '거름체'로 친다. '스레기'는 그 안에 남고, '는젱이'는 빠진다. 이런 일이 여러 차례 반복된다. '스레기'는 가루로, 그리고 '는젱이'는 떡, 범벅, 수제비 감으로 삼았다.

피의 이삭을 줄기로부터 분리하는 일을 두고 '톳다'(따다)라고 하였다. '호미'(낫)를 한쪽 발로 눌러 세우고, 줄기에 달린 이삭을 한 줌 가득 모아 쥐고 날에 대고 잘랐다. 피의 이삭을 도리깨로 타작하였다. '남방애'에서 찧어 장만하는 일을 '능근다'고 하였다. 피를 '남방 아'에서 7차례 찧어야 껍질이 모두 벗겨져 쌀이 되었다. 두 번째까지 '남방아'에서 찧은 것을 '푸는체'(키)에 담아 바람을 일으켜 가며 피와 껍질을 분리하였다. 세 번째부터야 쌀이 나오기 시작하였다. 3회 째부터 '푸는체'로 껍질을 날려 버리고 '쳇망'(쳇불)이 비교적 촘촘한 것으로 깨진 쌀을 가려 내 두고, 다시 조금 성긴 '쳇망'의 체로 온전한 쌀을 쳐냈다. 앞의 체를 '줌진거름체', 뒤의 체를 '굵은거름체'라고 하였다. 으깨진 쌀을 '아시피쏠', 그리고 온전한 쌀을 '무거리 피쏠'이라고 하였다. 피는 다시 '남방애'에서 찧어 나갔다. 찧어 낼 때마다 능그기를 반복했다.

제주도 사람들은 수수를 '대죽'이라고 하였다. 쌀을 얻는 '대죽'을 '쑬대죽' 또는 '아진대죽'이라고 하였다. 대죽의 알갱이는 쳇바퀴로 훑으며 이삭으로부터 떨어내고 나서 'ᄀ레'에서 갈아 쌀을 냈다.

강낭콩은 보리가 익을 무렵이면 줄기가 모두 삭아 버렸다. 이런 모양을 '감 삭앗다'고 하였다. 소량일 수밖에 없으므로 손으로 껍질을 벗겨 콩을 장만하였다.

콩을 수확하는 일을 '거끈다'고 하였다. 콩 줄기를 '호미'(낫)로 베는 일이 없이 '글갱이'(호미)로 꺾는 수가 많아서다. '호미'는 날이 얇은데, 콩의 줄기는 두툼하여 손을 벨 우려도 없지 않으므로, '글갱이'를 줄기에 대고 눕히며 꺾었다. 이를 어느 정도 말려서 도리깨로 타작하여 낟알을 얻었다.

팥은 '산디'(밭벼)와 거의 같은 시기에 '호미'로 베고 묶어 말렸다가 도리깨로 타작하여 낟알을 얻었다.

깨는 처서(8월 23일경) 전에 베어 묶어 세워 일주일쯤 말린 후에 몽둥이로 털어 낟알을 얻었다. 거의 익어 갈 무렵에 태풍을 동반한 비바람이 때려 버리면 깨 농사는 망쳐 버리기 일쑤다. 그런데 말리는 도중, 그것도 5일쯤 말렸을 때 큰비가 오면 깨 농사는 허탕이 되고 만다. 만일 깨가 비에 젖으면 빗물이 씨방으로 들어가 마른 깨를 밖으로 밀쳐내고 말았다. 즉, 씨방이 비어 버리는 것이다. 이를 두고 '깨 부껏다'고 하였다. 이러니 깨 농사는 "항에 들어가야 깨라고 한다."라고 할 정도로, 마지막 과정까지 세심한 주의가 필요하였다. 깨는 아무리 잘 되었다고 해도 털어 탈곡하여 항아리에 들어가야 마음이 놓이게 되는 곡물이다. 내일 털려고 오늘 할 일을 내일로 미루었다가 그날 저녁에 비가 오는 날이면 깨 씨방에 빗물이 차 낟알이

그냥 나와 버린다. 이렇게 되면 농부들의 마음도 허망하다. 허망해지지 않으려면 날마다 깨를 털어내야 했다.

호미[도4-47]

　'호미'는 곡물을 수확할 때 줄기나 목을 베어내거나, 풀이나 나뭇가지를 베어내는 낫이다. 고구마를 수확하기에 앞서 고구마 줄기를 이것으로 베어 걷어낼 때도 쓰였다.[38] 이것은 제주대학교박물관에 있는 것이다. 넝쿨이 감겼던 자국이 박힌 소나무를 손잡이로 삼고, 그것에 끼워 박아 만들었다. 손에 잡히면 미끄럽지 않아서 풀이나 곡물을 베기가 좋았다. 제주도가 아닌 육지부에서는 이와 같은 것을 두고 낫이라고 하나, 제주도에서는 '호미'라고 한다.

도4-47 호미
(길이 37.8cm, 날의 길이 17.2cm, 날의 폭 4.5cm)

느람지[도4-48]

 ‘느람지’는 쌓아놓은 낟가리 따위에 비나 바람이 들지 않게 하려
고 띠로 엮어 그 낟가리를 둘러가면서 덮어 주거나 가리는 이엉처
럼 엮은 것이라는 말이다. 이것은 제주시 아라동 김계하(1913년생, 여)
씨 집에서 쓰던 것이다. 김 씨 남편 오 씨가 살아생전에 만든 것이
다. ‘느람지’를 엮는 ‘새’를 ‘느람지새’라고 하였다. ‘느람지새’는 ‘새’
중에서도 길고 질긴 것이었다. 한 집안에 보통 ‘느람지’ 15파니가 필
요하였다. 제주도 사람들은 ‘느람지’를 세는 단위를 ‘파니’라고 하였
다.

도4-48- 느람지(길이 400.0cm)

근대[도4-49]

두 개의 나무막대 틈에 벼 이삭을 끼워 탈곡하는 도구이다. '근대'는 '근는 대'에서 온 말이다. 제주도 말 '근다'는 "닭이 발톱으로 땅이나 널어놓은 물건을 긁어서 앞으로 끌다." 또는 "갈퀴 따위로 널어진 검불을 긁어 한데 모으다."의 뜻으로 쓰이고, '근대'는 '근다'의 어간 '근-'과 '-대'[竹]로 구성된 말이다. 이것은 감산리 강○○(1919년생, 여) 씨가 옛 기억을 더듬어 나에게 만들어준 것이다. 대나무 가지에 실 묶은 것을 곱쳐 걸고, 그 줄 사이로 나머지 막대를 끼워서 튼다. 그 틈에 나락 이삭을 끼우고 댓가지를 조여 떨었다.

보리클[도4-50]

'보리클'은 보리의 낟알을 떨어내는 도구이다. 이것은 제주시 아라동 양경찬(1924년생, 남) 씨 집에서 쓰던 것이다. 지금의 제주시 '남수각'에 살았던 김 씨가 고안하여 만든 것을 1960년 안팎에 사다가 썼다. 나무토막 대신 쇳조각 위에는 여러 개의 날을, 양옆에는 고리를, 밑에는 양쪽으로 '앞발'과 '뒷발'을 끼워 세우는 각각 두 개의 구멍과 손잡이를 붙여 만들었다. 이것에 네 개의 나무 발을 꽂아 세우고, 고리에는 돌멩이를 묶어 걸어서 보리를 훑기 좋게 만들었다. 나무토막에 박은 '보리클'은 가끔 살이 틀어지거나 비틀어지거나 빠지는 일이 있어 불편했지만, 이것은 그런 일이 전혀 없이 단단하게 만들어진 것이다. 김 씨는 이런 것을 고안하여 제법 많이 팔았다. 안덕면 감산리 고병수(1916년생, 남) 씨 가르침에 따르면, '보리클'을 '가레기클'이라고 하였다. 제주도 사람들은 물레로 실을 지을 때, 실이 감기는 쇠꼬챙이인 가락을 '가레기'라고 하였다. '보리클'의 쇠로 만든 살이 '가레기'를 닮아서 '가레기클'이라고 한다. 감산리에는 1925년 무렵에 일본열도에서 도입된 보리 이삭을 훑는 '가레기클'과 나락 이삭을 훑는 '판장클'이 전승되고 있었다.

도4-49 근대(길이 20.0cm)

도4-50 보리클(가로 50.0cm, 세로 39.1cm)

판장클[도4-51]

'판장클'은 나락을 훑는 도구이다. 이것은 감산리 민속자료실에 있는 것이다. 안덕면 감산리 고병수(1916년생, 남) 씨 가르침에 따르면, '판장클'은 워낙 비싼 것이어서 이웃끼리 돈을 모아 같이 사는 경우가 많았다. 네모난 나무토막(가로 49.5cm, 세로 3.6cm, 높이 7.5cm)에 폭 4mm의 쇠로 만든 살 23개를 세워 박았다. 나무토막에는 가로 면과 세로 면에 구멍이 나 있다. 나락을 훑을 때 나무 발을 끼워 세우는 구멍이다. 그리고 나무토막 앞에는 '흥농'(興農)이라는 상호와 '영'(榮)이라는 마크가 찍혀 있다. 그리고 쇠판 뒷면에도 회사 마크가 박혀 있다. 마크의 내용은 '1932 흥농'이다. 이 '판장클'은 1932년에 만들어졌던 모양이다. 감산리에서 탈곡기는 1951년에 고병수(1916년생, 남) 씨가 맨 처음 들여왔는데, 이를 '맥타기'(麥打機)라고 하였다. 이때까지만 하더라도 '가레기클'로 보리를 훑고 '판장클'로 나락을 훑었다. 1960년에는 보릿대째로 탈곡하는 '맥타기'가 보급되었다. 이때부터 '가레기클'과 '판장클'은 쓸모없게 되었다. '맥타기'는 제주도 해륙기계공업사(海陸機械工業社)에서 만든 것이었다.

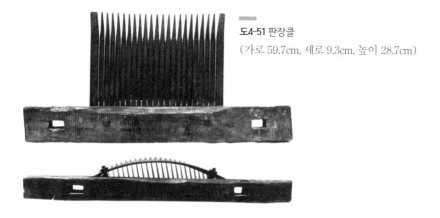

도4-51 판장클
(가로 59.7cm, 세로 9.3cm, 높이 28.7cm)

도깨[도4-52]

'도깨'는 곡식의 낟알을 떠는 도리깨이다. 이것은 감산리 민속자료실에 있는 것이다. '도깨'는 손잡이, 연결부, 타부(打部)로 구성되었다. 손잡이를 '어시'라고 한다. 부모를 뜻하는 '어버시'라는 말에서 말미암았다. '어시'는 '족낭'(때죽나무)으로 만들었다(153.1cm). 안덕면 감산리 사람들은 연결부를 '틀레', 타부를 '아덜'이라고 한다. '틀레'는 비틀어진 모양을 나타내는 말이고, '아덜'은 '아들'이라는 말이다. 손잡이가 '부모'라면 타부는 '아들'이라는 말이다. '틀레'와 아들은 한몸인데, '윤누리낭'(윤노리나무)로 만들었다. 손잡이 꼭대기에서 7.2cm 내려온 지점, 지름 2cm 구멍에 '틀레'를 끼운다. 그리고 '틀레'에 '아덜'을 끼우고 줄로 얽어맸다. '너덩줄'(멀꿀)로 얽은 줄이 시원치 않았던지 대나무를 덧놓고 나일론 줄로 다시 감아 얽어맸다. '틀레'는 젖은 '윤유리낭'을 불에 달구고 나서 틀어 만든다. 그리고 '아덜'은 0.9cm의 나뭇가지인데, 그보다 더 가는 쪽의 것을 '틀레'에 묶었다. '어시'를 잡고 '아덜'을 후방에서 전방으로 돌려가며 곡식의 낟알을 떨어낸다. '도깨'의 재료는 음력 7월 이후에 베어낸 것이라야 나무좀이 쏠지 않아서 오래 쓸 수 있었다.

도4-52 도깨(길이 153.1cm)

피고리[4-53]

　'피고리'는 피[稷] 이삭을 담아 말리는 대그릇이다. '피고리'는 피를 탈곡(脫穀)하는 보조 도구인 셈이다. 이것은 표선면 성읍리 한시준 씨(1927년생, 남)가 복원한 것이다. '피고리'는 제주도의 일반적인 '구덕'처럼 '수리대'(이대) 대오리로 겯었다. 다만 일반적인 '구덕'과는 달리 아가리가 둥근 모양이다. '피고리' 밑바닥이 직사각형이 아니라 정사각형에 가깝기 때문이다. 제주도에서 피 재배는 동부지역에서 비교적 많이 이루어졌다. 하지(6월 21일경)에 피를 파종하고 상강(10월 23일경) 무렵에 거두어들였다. '눌'(노적가리)을 만들어 저장했다. 겨울에 시간이 날 때마다 '눌'에서 피를 베어 묶은 단을 빼어내어 줄기와 이삭을 분리하였다. 집의 '정지'(부엌) 한쪽에 평평한 돌멩이를 사각형으로 세워 묻어놓고 불을 지피는 붙박이 화로를 마련하였다. 이를 '봉덕'(또는 '부섭')이라고 하였다. 붙박이화로 위에 네 발이 달린 사각형 틀을 세웠다. 높이는 약 50cm 정도다. 이를 '고리틀'이라고 하였다. 그 위에 '피고리'를 올려놓고, 피 이삭을 담았다. '봉덕'의 불기운으로 '피고리'에 담긴 피 이삭을 말렸다. 피의 껍질은 여러 겹으로 이루어져 있어 피 이삭 말리기가 간단하지 않았다. 말린 피 이삭은 멍석 위에 펼쳐 놓고 발로 밟거나 비비며 탈곡하였다. 이렇게 '피고리'는 피의 탈곡 보조 도구였던 셈이다.

작대기[도4-54]

　'작대기'는 검부러기 따위를 뒤엎거나 걷어내는 데 쓰는 긴 막대

이다. 이것은 감산리 오윤태 씨가 감산리 민속자료실에 기증한 것
이다. 두 가달이 달린 나무이다. '도깨'(도리깨)로 곡식 낟알을 떨어낼
때, 타작이 골고루 잘되게 이삭을 뒤엎거나 검부러기 따위를 걷어
낸다. 가끔 '쇠막'(외양간)이나 마당의 지푸라기 따위를 걷어낼 때도
쓰인다.

도4-53 피고리
(가로 65.0cm, 세로 67.5cm, 높이 65.0cm)

도4-54 작대기(길이 140.0cm)

멍석①[도4-55]

'멍석'은 짚으로 새끼 날을 만들어 네모지게 짜 만든 큰 깔개이
다. 흔히 곡식을 널어 말리는 데 쓰나, 시골에서는 큰일이 있을 때
깔아놓고 윷을 놀기도 하였다. 제주도에서 멍석을 세는 단위를 '질'
이라고 하였고, 그 크기는 보통 가로 3자, 세로 6자를 기준 삼아 만
들었다.

'멍석'①은 서귀포시 호근동 김남호(1937년생, 남) 씨 집에 있는 것
이다. 가로 146.0cm, 세로 302.5cm의 것이다. 호근동은 논이 있는
마을이기에 멍석①은 온통 볏짚으로만 만들었다. 날줄 124개에 '돌
레' 303개로 구성되었다. '돌레'의 수가 303개이니, 정확하게 '돌레'
의 폭을 1cm로 짠 셈이다. 그리고 가장자리에 있는 날을 두고 '굿늘'
이라고 한다. '굿늘'은 멍석 좌우 가장자리에 있는 날줄이라는 말이
다. '굿늘'은 보통 날보다 조금 굵다. 멍석①은 1965년 안팎에 김 씨
아버지(1896년생)가 결은 것인데, 사연이 있었다. 김 씨는 5남 2녀 중
4남으로 태어났다. 김 씨는 부모에게 변변한 재산을 물려받지 못하
였다. 김 씨는 이 마을 '하논'에서 소작농으로 논을 일구며 부지런히
일하여 1965년에 집을 샀다. 그의 아버지는 기쁜 마을에 멍석 4질
을 짜서 아들에게 선물하였다. 멍석①은 아버지가 만들어 준 4질 멍
석 중 하나이다.

도4-55 멍석❶(가로 145.0cm, 세로 302.5cm)

멍석②[도4-56]

멍석②는 제주시 아라동 양경찬(1924년생, 남) 씨 집에 있는 것이다. 양 씨는 1954년 안팎에 이웃 '거르셍이'라고 하는 동네에 사는 김 씨에게 부탁하여 만들었다. 김 씨는 눈을 못 쓰는 시각 장애인이었다. 김 씨는 멍석 짜는 기술을 익혀 평생 이것만 만들면서 살았다. 김 씨가 만든 멍석은 단단하여 인기가 높았다. 가로 160.8cm, 세로 340cm의 것이다. 논이 없는 마을이기에 온통 '산디'(밭벼) 짚으로 만들었다. 멍석②는 날줄이 126개, '돌레'는 346개로 구성되었다. '돌레'의 폭은 약 1cm 정도이다. 그리고 가장자리에 있는 날을 '긋늘', 그 안쪽의 날을 '늘'이라고 한다. '긋늘'의 지름은 0.7cm, '늘'의 지름은 0.4cm이다. 왼쪽으로부터 55, 111, 166, 219, 172번째 '돌레'에 '낄레'를 박았다. 다시 왼쪽에서부터 187과 188번째 '돌레' 사이에 선을 긋고, 위쪽에 윷놀이 말판을 그렸다. 그리고 헐린 데는 비닐 조각을 대어 기웠다.

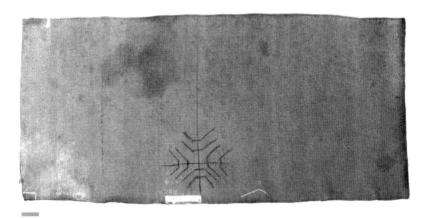

도4-56 멍석❷(가로 340.0cm, 세로 160.8cm)

당그네[도4-57]

'당그네'는 곡식을 말릴 때 고르게 펼치거나 모을 때 쓰는 도구이다. 이것은 애월읍 금성리 고정숙(1939년생, 여) 씨 집에서 쓰던 것이다. 'ᄌᆞ베낭'(구실잣밤나무)에 날을 세운 판대기(가로 37.5cm, 세로 17.0cm)에 구멍을 뚫고 자루(112.0cm)를 박아 만들어 '날레'를 저을 때 썼다. '날레'는 "말리거나 볕을 쬐기 위해 마당의 멍석에 널어놓은 곡식"이라는 말이다. 이와 같은 도구를 제주도 다른 지역에서는 '날레군데'라고도 하였다.

도4-57 당그네(길이 112.0cm)

날렛멕[도4-58]

　'날렛멕'은 곡식을 명석에 널고 담아 나를 때 쓰는 멱서리이다. 이 것은 애월읍 상가리 김○○(1926년생, 여) 씨 집에서 쓰던 것이다. 이 '날렛멕'은 1969년 안팎에 김 씨 시아버지가 만든 것이다. '날레'란 곡식을 볕에 쬐기 위하여 널어 말리는 일을 두고 하는 말이니, 그럴 때 곡식을 운반하거나 잠시 보관해두는 그릇이다. '대수리'라는 '산 디'(밭벼) 짚으로 걸어 만들었다. 바닥은 직사각형, 아가리는 둥그렇 다. 그리고 쓰다 버린 천을 띄엄띄엄 곁들여 짰다. 천으로 '三' 자를 새겨 넣었다. 제주시 건입동 고봉만(1934년생, 남) 씨 가르침에 따르 면, 제주도의 '멕'(멱서리)은 크기에 따라 '닷섬들이', '석섬들이', '두섬 들이', '흔섬들이', '날렛멕', '걸름착', '멜망텡이' 등이 전승되었다. '흔 섬들이' 멱서리를 달리 '착부지'라고 하였다. '걸름착'은 통시 거름을 담아 지어 나를 때 쓰는 멱서리이다. '걸름착'은 8말에서 10말들이 크기다. '멜망텡이'는 씨앗을 뿌릴 때 어깨에 걸치는 자그마한 멱서 리이다. '날렛멕'은 보통 8말들이 멱서리이다. '날렛멕'을 '날레멩텡 이'라고도 하였다. 주로 곡식을 담고 방아를 찧으러 갈 때 쓰이는 수 가 많았다.

솔박[도4-59]

　'솔박'은 나무를 둥그스름하게 파서 만든 바가지 비슷한 그릇이 다. 이것은 구좌읍 행원리 강공빈 씨 집에서 쓰던 것이다. '솔피 낭'(쇠물푸레나무)으로 만들었다. 곡식을 탈곡하거나 말리는 동안 곡식을 떠서 담거나 퍼내는 보조 그릇으로 쓰이기도 하고, 때에 따라서 곡식의 정도를 가늠하는 계량 도구로 쓰이기도 하였다.

도4-58 날렛멕
(가로 45.0cm, 세로 32.5cm, 높이 34.0cm)

도4-59 솔박
(가로 17.8cm, 세로 13.0cm)

푸는체[도4-60]

  '푸는체'는 곡식 따위를 까불려 쭉정이나 티끌 따위를 골라내는
키이다. 이것은 안덕면 감산리 민속자료실에 있는 것이다. 제주도
'푸는체'는 제주도 이외의 육지부에서 전승되는 '키'와 비교할 때, 바
닥의 재료와 형태가 다르다. 육지부의 '키' 바닥은 버들가지나 대오
리가 대부분을 차지하지만, 제주도 '푸는체' 바닥은 '자골'(자귀풀), 새
삼, 버드나무 따위로 만들었다. 그중 '자골'로 만든 '푸는체'를 으뜸
으로 꼽았다. 육지부에서 전승되는 '키'에는 귀[耳]가 달렸지만, 제주
도 '푸는체'에는 귀가 없다. 그리고 육지부에서 전승되는 '키'의 뼈대
는 왕대나무이지만 제주도의 그것은 '자귀낭'(자귀나무)이다. 제주도
사람들은 이것을 '에움'이라고 한다. '푸는체'의 바닥을 '에움'에 끼
우고, 칡넝쿨로 얽어맸다. 제주도에서 '푸는체'를 만드는 고장은 한
림읍 금악리였다.

도4-60 푸는체
(길이 55.5cm, 폭 48.5cm)

얼맹이[도4-61]

'얼맹이'는 밑바닥의 구멍이 굵은 것으로 곡식을 타작하고 나서 검불 따위를 맨 처음 걸러낼 때 쓰는 도구이다. 이것은 제주시 아라동 양경찬(1924년생, 남) 씨 집에서 쓰던 것이다. '수리대'(이대)를 재료로 에움은 둥그렇고, 바닥은 정사각형으로 만들었다. 구멍의 지름은 8mm이다. 주로 메밀이나 콩을 타작하고 나서 검불 따위를 걸러내는 도구로 쓰이는 수가 많았다. 알맹이는 떨어지고 검불은 안에 남았다. 그리고 바닥 모서리는 가는 줄로 감았다. 그래야 바닥의 '날대'가 움직거리지 않았다.

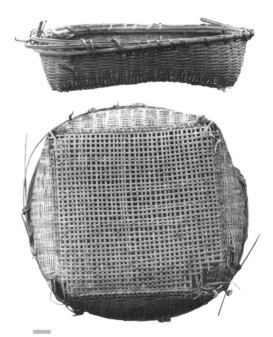

도4-61 얼맹이
(가로 41.5cm, 세로 41.0cm, 높이 11.7cm)

유채얼맹이[도4-62]

'유채얼맹이'는 밑바닥의 구멍이 굵은 것으로 유래를 타작하고 나서 맨 처음 검불 따위를 걸러낼 때 쓰는 도구이다. 이것은 제주시 아라동 양경찬(1924년생, 남) 씨 집에서 쓰던 것이다. 유채 '굵매기'(깍정이)는 '유채얼맹이' 안에 남고 알맹이는 빠져 내렸다. '유채얼맹이'는 소나무로 만든 둥그런 '에움'(쳇바퀴)에 지름 0.4cm의 철망(鐵網)을 메워 만들었다. 제주도에서 유채 재배의 역사는 1940년부터이니, 이것은 그 이후에 만들어진 도구가 되는 셈이다.

도4-62 유채얼맹이
(지름 42.3cm, 높이 8.1cm)

대체[도4-63]

'대체'는 조금 가는 댓개비로 만든 체이다. 체의 구멍이 3mm 정도이다. 달리, '흙은대체'라고도 한다. '흙은-'은 '흙다'에서 온 말로 '굵다'라는 말이다. '대체'는 '줌진대체'보다 '쳇망'(쳇불)의 구멍이 굵은 것이다. 이것은 제주시 아라동 양경찬(1924년생, 남) 씨 집에서 쓰던 것이다. 소나무로 만든 쳇바퀴에 철망을 메워 만들었다. 이 정도 구멍 길이의 '쳇망'을 원래는 댓개비로 만들었기에 '대체'라고 한다. 메밀과 조를 타작하고 나서 맨 처음 걸러낼 때 쓰이는 체이다. '국매기'(깍정이)는 체 안에 남고 알맹이는 빠져 내린다. 또 보리를 'ᄀ래'(맷돌)에서 가는 동안에 보리와 보리쌀을 분간할 때도 쓰였다. 미처 갈리지 않은 보리는 체 안에 남고, 쌀이나 가루는 밑으로 흘러내렸다.

도4-63 대체
(지름 27.7cm, 높이 8.1cm)

줌진대체[도4-64]

　'줌진대체'는 '쳇망'(쳇불)의 구멍이 2mm의 체이다. 달리 '대거름체'라고도 한다. 안덕면 감산리 강종남(1963년생, 남) 씨가 감산리 민속자료실에 기증한 것이다. '줌진대체'는 대오리로 만든 체이지만, 이것은 대오리 대신 철사로 만들었다. 가늘고 자잘한 대오리 대신 철망으로 만든 쳇불을 소나무로 만든 둥그런 '에움'에 메워 만들었다. '에움'이 겹쳐진 곳에 구멍을 내어 줄을 끼워 묶어서 쓰지 않을 때는 어디에 걸어두었다. '줌진대체'는 밭벼와 보리를 장만하는 동안에 쓰는 도구이다. 쌀 방울은 쳇불 안에 남고, 으깨진 것은 쳇불에서 빠졌다. 으깨진 쌀을 '줌쌀'이라고 한다. 또 메밀 쌀을 'ᄀ레'(맷돌)에서 갈았을 때 메밀 쌀은 쳇불에서 빠져 내리고, 미처 갈리지 못한 메밀은 쳇불 안에 남는다.

도4-64 줌진대체
(지름 26.6cm, 높이 8.2cm)

거름체[도4-65]

'거름체'는 '쳇망'(쳇불)의 구멍이 1mm인 체이다. 이것은 제주시 아라동 양경찬(1924년생, 남) 씨 집에서 쓰던 것이다. 소나무로 만든 둥그런 쳇바퀴에 나일론 그물로 만든 '쳇망'을 메워 만들었다. 원래 '거름체'의 '쳇망'은 말총으로 만들었다. 보리를 장만할 때는, '줌쌀'은 체 안에 남고, 가루는 구멍으로 흘러내렸다. 메밀을 장만할 때는, '스레기'는 체 안에 남고, '는젱이'는 구멍으로 흘러내렸다. '스레기'는 부스러진 쌀알이고, '는젱이'는 메밀을 맷돌에 갈아 가루를 만들때, 가루를 쳐낸 그 나머지로, '갈린 껍질과 가루가 뒤섞인 나깨'라는 말이다. 피를 장만할 때는, 피는 체 안에 남고, 쌀은 구멍으로 흘러내렸다. 그리고 조를 장만할 때는, 쌀은 체 안에 남고, 가루는 구멍으로 흘러내렸다.

도4-65 거름체
(지름 26.0cm, 높이 8.0cm)

합체[도4-66]

 '합체'는 말총으로 쳇불을 잘게 짜서 만든 것으로 가루를 쳐내거나 술 따위를 거를 때 쓰는 도구이다. '쳇망'(쳇불) 구멍 지름은 0.6mm이다. 달리 'ᄀ는체'라고도 하였다. 안덕면 감산리 강종남 (1963년생, 남) 씨가 감산리 민속자료실에 기증한 것이다. 말총 대신 나일론 그물로 짜서 만든 것이다. 소나무로 만든 둥그런 '에움'(쳇바퀴)에 쳇불을 메워 만들었다. 그리고 '에움'이 겹쳐진 곳에 구멍을 내어 걸이 줄을 끼워 묶었다. 메밀 쌀이나 볍쌀을 'ᄀ레'(맷돌)에서 갈아 떡가루를 만들 때 미처 안 갈린 쌀을 쳐냈다. 메밀 쌀이나 '곤

쌀'(흰쌀)을 'ᄀ레'(맷돌)에서 갈아 떡가루를 만들 때 안 갈린 것을 걸러낼 때 쓰는 체이다. 피를 장만할 때는, 쌀은 체 안에 남고, 가루는 구멍으로 흘러내렸다. 가루는 돼지나 개의 먹이로 주었다. 더러 막걸리 따위를 걸러내는 도구로 쓰이는 수도 있었다.

그물질 도구

조선조 효종 4년(1653) 때 이원진(李元鎭, 1594~1665)은《탐라지》(耽羅志)에서, 제주도는 "산과 바다는 험악하니, 그물을 쓸 수 없다. 고기는 낚고, 들짐승은 쏘아 잡았다."(山險 海惡 不用網罟 魚則釣 獸則射)라고 기록하였다. 그러나 제주도에서도 그물 어법과 어구는 전승되었다. 제주도가 아닌 육지부에는 전승되지 않지만, 제주도에서만 전승되는 '자리그물', '상어그물', '머르칠 그물' 등의 그물 어법이 전승되었기 때문이다.

머르칠그물[도4-67]

'머르칠그물'은 제주도 북쪽 갯마을 사람들이 갯가에 그리 크지 않은 돌멩이가 수북한 '머들'을 빙 둘러 치우고, 그 자리에 그물을 둘러치고 그 안에 든 물고기를 잡는 그물이다. '머르칠그물' 어법과 어구는 구좌읍 한동리 고원길(1933년생, 남) 씨에게 가르침받았다.

'머르칠그물'과 어법은 다음과 같았다. 구좌읍 한동리에서는 1980
년대까지 '머르칠그물'로 물고기를 잡는 일이 전승되었다. '머르칠
그물' 길이는 8.5m, 그물 폭은 약 70cm 정도이다. 억새꽃 껍질로 꼬
아 만든 윗줄('웃베릿줄'이라고 함)에 '머구낭'(머귀나무)으로 만든 부표
인 '버국'이 띄엄띄엄 매달렸고, 밑줄('알베릿줄'이라고 함)에는 봉돌이
매달렸다. 그물코는 집게손가락과 장지가 들락거릴 정도였다. 이런
모양의 그물 모양을 두고 사결이지(四結二指)라고 하였다.

　여름철 썰물 때 돌멩이가 수북한 갯가에서 그물을 빙 두를 만큼
만 돌을 치웠다. 바닷물이 빠져나가는 쪽으로 그물을 쳤다. 그 후에
그물 안쪽에 있는 돌을 치워나갔다. 큰 돌멩이는 놓아두었다. '머르
칠그물' 속에 갇힌 고기들은 큰 돌멩이 밑으로 숨어들었다. 큰 돌멩
이 밑으로 아카시아나무로 만든 '궷낭'(굅목)을 질러 흔들어가면, 그
밑에 숨었던 고기는 밖으로 내빼다가 '머르칠그물'에 걸렸다. '머르
칠그물'로 우럭, 볼락, 장어 따위를 잡았다. 우럭과 볼락은 그물에
잘 걸려드나, 장어는 그렇지 않았다. 그물 안에 갇힌 장어를 작살로
찔러 잡았다.

도4-67 머르칠그물로 물고기 잡기(1997년 6월 4일, 구좌읍 김녕리) 촬영 고광민

족바지[도4-68]

 '족바지'는 석방렴(石防簾)에 가두어진 물고기를 잡는 그물이다. 이
것은 구좌읍 행원리 한주섭(1930년생, 남) 씨 집에서 쓰던 것이다. 한
씨가 1998년에 만들었다. 'Y' 자 모양의 소나무를 손잡이로 하고, 대
나무로 원형의 테두리를 만들어 그물을 끼웠다. 행원리 사람들은
원형의 테두리를 '에움'이라고 하였다. 석방렴은 갯가 후미진 곳에
자리하는 수가 많았다. 구좌읍 행원리 사람들은 석방렴을 '개'라고
하였다. '개' 안에 가두어진 물고기는 '족바지'로 잡았다. 'Y' 자 모양
의 소나무 가지 양쪽에 폭 3cm의 왕대나무 쪼갠 것을 휘어 붙여 묶
었다. '족바지'의 그물코 길이는 1cm이다. '수노리코' 길이는 6cm이
다. '수노리코'는 '족바지' 그물의 끝부분에 성기게 뚫려 있는 구멍이
다. '수노리코'에 줄을 걸고 '에움'에 감았다. 이때의 줄을 '수노리줄'
이라고 한다.

도4-68 족바지(가로 106.0cm, 세로 209.0cm)

맞잽이그물[도4-69]

'맞잽이그물'은 석방렴(石防簾)에 가두어진 물고기를 잡으려고 왕대나무 2개(길이 317.5cm)로 앞은 넓고 뒤는 좁은 부채 모양으로 만든 그물이다. 이것은 구좌읍 하도리 조창진(1920년생, 남) 씨 집에서 쓰던 것이다. 왕대나무 자루 2개가 겹쳐진 데에 구멍을 내고 철사를 끼워 고정하였다. '맞잽이그물' 위쪽에 2개의 자루를 떠받치는 받침대가 묶여 있다. 왼손은 '맞잽이그물' 자루를, 오른손은 받침대를 잡고 고기를 잡을 수 있게 만들었다. 그리고 그물 앞에는 납으로 만든 봉돌 두 개가 좌우에 붙어 있다. 이런 그물을 두 개의 왕대나무 자루에 붙였다. 그물코는 1.5cm이다. 그물 뒤쪽에는 기다란 고기 주머니(길이 271.0cm)가 붙어 있다. 이것을 '불알'이라고 한다. '맞잽이그물'에 든 물고기는 '불알'로 담아 놓고 다시 '맞잽이그물'로 물고기를 잡는다. 왼손은 자루를, 그리고 오른손은 받침대를 잡고 고기를 잡았다. 이것으로 고기를 잡는 데, 두 사람이 필요했다. 한 사람이 그물로 고기를 잡으면 나머지 한 사람은 그물에 든 고기를 바구니에 담았다.

도4-69 맞잽이그물(1999년 12월 19일, 구좌읍 하도리)

비께그물[도4-70]

'비께그물'은 '비께'(두톱상어)를 잡는 그물이다. 《한국수산지》(韓國水産誌)는 제주도의 '상어그물'이 돋보인다고 하였다. 여기에서 '상어그물'은 제주도에서 전승되었던 '비께그물'을 두고 이른 말이다. 그 당시 제주도가 아닌 육지부에서는 상어를 주낙이나 손줄낚시로 낚았지만, 제주도에서는 그물로 잡았다고 기록하면서 그물의 구조와 함께 사용법을 설명하고 있다. 이런 그물을 두고, '비께그물'이라고 한다. 안덕면 사계리 고술생(1911년생, 남) 씨에게 가르침받은 '비께그물'의 구조는 다음과 같았다.

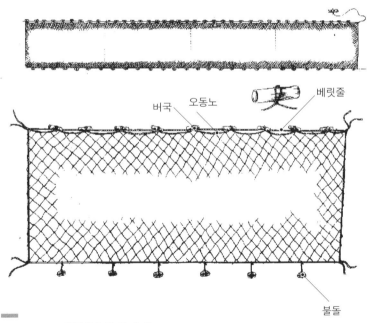

도4-70 비께그물(《한국수산지》에서)

'비께그물'의 그물은 굵기 4mm의 실을 그물코가 한 뼘 정도로 성기게 짜서 만들었다. 그물의 폭은 한 발, 길이는 30cm 정도였다. 그물 위아래 줄을 '베릿줄'이라고 하였다. '베릿줄'은 짚이나 '남총낭'(종려나무) 껍질로 굵게 꼬아 만들었다. '버국'은 그물이 물속에서 설 수 있도록 부력을 유지해 주기 위하여 그물 위에 붙이는 나뭇조각이다. '버국'은 오동나무로 만들었다. '오동노'는 그물 위아래 '베릿줄'에 그물눈보다 성기게 끼워 그물을 고정하는 줄이다. '오동노'는 그물 실보다 굵다. '불돌'은 그물이 물속으로 축 처져 있도록 무게를 주는 돌멩이다. '불돌'은 한 발 간격으로 하나씩 매달았다. 한 발 높이의 그물이 물속 깊이 들어가 있더라도 물 위에서 쉬 확인되게 부표를 띄워 두었다. 이렇게 만든 그물을 한 떼라고 하는데, 보통 7떼를 이어 붙였다. 이것을 '연폭'이라고 하였다. 그 양쪽에 76.5cm 정도의 줄을 묶고 부표인 유리 공을 달아맸다.

동고락사둘[도4-71]

'동고락사둘'은 자리돔을 잡는 둥그런 그물이다.《한국수산지》(韓國水産誌) 기록에 따르면, 1908년에 제주도에는 282개의 자리그물이 있었다. 1984년 여름, 조천읍 조천리 바다에서 관찰한 '동고락사둘' 구조는 다음과 같았다.

① 돗대: '돗대'는 '동고락사둘'을 달아매는 기둥(6m)이다. '돗대'에 '용도'(도르래)를 매달아 줄을 걸고 바닷속으로 그물을 드리우거나 수면 위로 끌어올리는 구실을 한다.

② 에움: '에움'은 나무나 대로 둥그렇게 둘러서 그물을 거기에 끼워 고정하는 둥근 테두리이다. 배 가까운 쪽의 것을 '앞대', 그 나머지 부분을 '왕잇대'라고 한다. '앞대'는 늘 배에 부닥뜨리기 때문에 단단한 나무로, 그리고 '왕잇대'는 보다 가벼운 왕대나무로 만들었다. '에움'은 20.4cm 정도이다. '앞대'에는 제법 두툼한 줄이 묶여 있다. '사둘'을 들어 올리는 줄인데, '앞대'에 묶인 줄이라서 '앞줄'이라고 한다.

③ 그물: 그물눈의 길이는 3.2cm이다. 20.4cm 길이 '에움'에 따른 자리그물의 그물코는 보통 1,200개이다. 그러니 '에움' 한 발당 그물코가 100개인 셈이다. 나일론 그물이 나오기 전에 실로 그물을 짤 때는 한 사람이 한겨울 동안 그물을 결었다. 요즈음에 이르러 '에움' 32.3cm 길이의 것이 등장하였다.

④ 불돌: 달리 '에움대돌'이라고도 한다. '사둘'이 물속으로 쉬 가라앉게 달아매는 돌멩이다(1.2kg).

⑤ 앞돌: '앞대'에 달아매는 돌멩이다(15.0kg).

⑥ 버릿줄: '에움'에 묶여 일정하게 벌려 간격을 유지시켜 주는 줄이다. 달리 '들친'이라고도 한다.

⑦ 버릿줄웃목: 9개 가닥의 '버릿줄'을 하나로 모아 묶은 줄이다. 그 줄에는 오동나무로 만든 부표(浮漂)가 달여 있다. 그래야 물속으로 들어가더라도 가라앉지 않아서 좋다. '버릿줄'과 '버릿줄웃목' 사이에는 '무릇줄'을 걸 수 있는 고리가 매달렸다.

⑧ 무릇줄: '버릿줄웃목'에 걸어 '사둘'을 떠올리는 줄이다.

도4-71 동고락사둘(1984년 여름, 조천읍 조천리) 촬영 김기삼

덕자리사둘[도4-72]

자리돔은 배를 타고 나가 '사둘'을 바닷속에 드리워 잡는 것이 일반적인데, '덕자리사둘'은 비교적 높직한 갯바위인 '덕'에서 자리돔을 잡는 '사둘'이라는 뜻으로, '사둘'의 손잡이에 기다란 대막대기를 이어 '덕'에서 바다 밑으로 '사둘'을 드리워 자리돔을 잡는 그물이다. 사진은 1991년 8월 21일, 한경면 고산리 '성제돌'이라는 갯가에서 이루어진 '덕자리사둘'이다. 한경면 고산리 수월봉 자락에는 '성제돌'을 비롯하여 '서비여', '한지 ᄆᆞ루', '큰여', '두럭바우'에서도 '덕자리사둘'로 자리돔을 잡는 일이 이루어졌다. 그날 '덕자리사둘'로 자리돔을 잡는 일은 13시부터 16시까지 이뤄졌는데, 15말의 자리를 잡았다. 여러 번 '덕자리사둘'을 드리우는 동안 한 마리도 뜨지 못할 때도 있었지만, 한꺼번에 2되의 자리를 잡을 때도 있었다. '덕자리사둘' 구조는 다음과 같았다.

① 뜰대: '덕자리사둘'을 드리우거나 들어 올리는 나무막대다. 그물과 고기를 동시에 들어 올려야 하기에 '숙대낭'(삼나무)으로 만든 것이다.

② 목줄: '뜰대' 꼭대기에 묶인 1m의 줄이다.

③ 줄도래기: 목줄과 '버릿줄' 사이에 있는 회전 고리다.

④ 버릿줄: '줄도래기'에서부터 에움까지 230cm의 6개 줄이 103cm 간격으로 에움에 묶었다.

⑤ 에움: '덕자리사둘'의 테두리다. 대로 만들었는데, 그 길이는 4m 정도이다.

⑥ 그물: 그물코가 3.2cm의 그물이다.

목줄

뜰대

줄도래기

버릿줄

에움

그물

사둘불

줄

바르구덕

도4-72 덕자리사둘(1990년 여름, 한경면 고산리) 촬영 강창언

⑦ 사둘불: 2kg의 쇳덩이다. 그물을 드리울 때 그 무게로 말미암아 그물이 쉬 물속으로 들어간다. 쇠를 구하기 어려웠던 지난날에는 돌멩이로 만들었다.

⑧ 바르구덕: '사둘'로 떠올린 자리를 담아두는 구덕이다.

⑨ 줄: 28.9cm 길이의 줄이다. 갯가 중 비교적 평평한 곳에서 조립한 '사둘'을 묶어 헤엄쳐 끌고 갔던 줄이다.

국자사둘[도4-73]

'국자사둘'은 국자의 형태로 생긴 자리돔 잡이용 그물이다. '국자사둘'은 애월읍 일대에서 비교적 많이 전승된다. 그물이 달린 '에움'이 '뜰대'에 붙은 모양이 마치 국자를 닮은 '사둘'이어서 '국자사둘' 또는 'ᄌᆞ럭사둘'이라고 한다. 'ᄌᆞ럭'은 자루(柄)의 뜻을 지닌 제주어다. 'ᄌᆞ럭사둘'은 기다란 'ᄌᆞ럭'에 에움이 달린 '사둘'이라는 말이다. '국자사둘'은 한 사람만이 '터우'를 타고 나가 자리를 잡는 자그마한 그물이다. 일정한 자리돔 어장으로 가서 닻을 드리워 배를 세우고, 배의 이물 쪽에서 배와 거의 직각으로 '국자사둘'을 드리웠다가 잡아당기며 자리돔을 잡았다. '터우' 이물 중간쯤에 '사둘대'를 걸쳐두는 나무 고리가 붙어 있다. 이를 '버텅'이라고 한다. '국자사둘'을 드리우고는 한 손에는 '사둘대', 한 손에는 물안경을 잡고 물속을 들여다보며 자리돔들이 그물 위로 몰려들었는지를 살폈다. 자리돔들이 그물 위에 몰려있으면, '사둘대'를 배의 이물에 받쳐 눕혀 들어올렸다.

① 사둘대: '사둘대'는 720cm 길이의 '뜰대'다. 달리 'ᄌᆞ럭'이라고도 한다.
② 에움: '에움'은 '국자사둘'의 그물을 거는 지름 310cm 안팎의 테두리다. 비교적 바닷물에 질긴 소리나무로 만들었다. '자리'들이 놀라 도망가는 일이 없게 검은색을 칠하였다.
③ 그물: 그물코가 3.2cm의 그물이다.
④ 버릿줄: '버릿줄'은 '사둘대' 꼭대기에서부터 240cm 내려온 지점에 묶은 줄이 세 가닥으로 나뉘지면서 에움에 묶는다.

사둘대

버릿줄

에움

그물

터우   상자리

도4-73 국자사둘(1960년대, 애월읍) 촬영 홍정표

⑤ 쿡박새기: '쿡박새기'는 '국자사둘' 안에 든 자리돔을 떠내는 그릇
이다. '쿡'(박)을 둘로 쪼개어 씨앗을 파내 버리고 만들었다.

⑥ 수경(水鏡): 물속에 드리워 사둘 안에 몰려든 자리돔을 가늠하는
물안경이다.

⑦ 터우: 제주도 북서부 쪽에서 전승되어 온 '터우'에는 '상자리'가 고
물 쪽으로 쏠려 있는 수가 많다.

⑧ 상자리: '상자리'는 배 위의 평상과 같은 것이다. 여러 가지 물건을
얹어놓기도 하거니와, 그 위에 서서 노를 젓기도 한다.

덕그물[도4-74]

'덕그물'은 갯가 언덕에서 물고기를 잡는 그물이다. 낭떠러지 해변으로 이루어진 마라도에는 천연 포구가 없었다. 그러니 바다 한가운데 떠 있는 섬이면서도 섬사람들은 먼바다로 나갈 수 없었다. 때문에, 마라도 사람들은 조간대와 그 가까운 어장에서, 그리고 뭍에 올려 두었던 0.5t 정도의 배를 타고 가까운 바다에서 어로 활동을 펼치는 게 고작이었다. 대신 낭떠러지를 이용한 그물이 전승하였으니, 이를 '덕그물'이라고 하였다. 낭떠러지도 굽이가 있다. 뭍쪽으로 들어온 곳이 있으니 쑥 내민 곳도 있다. 쑥 내민 두 곳에서 그물을 드리우거나 끌어올렸다. 이와 같은 곳은 모두 '덕그물' 어장이나 다름없었다. 마라도에는 '덕그물' 밭이 많았다. '덕그물'은 '자리덕', '남대문', '물내리는덕', '섬비물', '고래미통', '알살레덕', '남덕', '올한덕'에서 이루어졌다. 그물 양쪽에 줄을 묶어 돌출 점 한쪽에서 드리워가는 대로 맞은편에서 잡아당겼다. 저녁에 그물만 '덕' 아래 물속에 쑥 잠기게 밧줄을 좌우 돌출 지점에 묶어 뒀다가 아침에 잡아당기며 걷어 올렸다. 실로 '덕그물'은 마라도다운 그물이었다.

도4-74 덕그물(1994년 겨울, 마라도) 촬영 고광민
마라도 '죽은남대문'에서 저녁 해질 무렵에 '덕그물'을 드리우고 있다.

제4장 생산·생업과 도구 **323**

방진그물[도4-75]

'방진그물'(防陣-)은 기다란 그물로 물고기를 에워 가두어 놓고, 그 안에서 자그마한 그물로 물고기를 잡는 그물이다. 구좌읍 행원리에서 전승되었던 '방진그물' 사례는 다음과 같다. 일제강점기에 조선총독부는 1908년 2월에서부터 11월까지 약 10개월간 제주도 수산업 실태를 조사하여 《한국수산지(韓國水産誌)》를 만들었다. 그 속에는 행원리 수산업 내용도 기록되었는데, 그 내용은 다음과 같다.

> 구좌읍 행원리는 구좌읍 한동리에서 서쪽 1리에 있다. 마을 앞에는 깊게 후미진 포구가 있다. 주위 연안에 있는 여러 항만(港灣) 대부분의 포구는 늘 폭풍에 시달리기 일쑤다. 그런데 이 마을의 항만은 길목은 비좁으나 그 안으로 오면 드넓어 사방의 풍랑을 피할 수 있을 뿐만 아니라, 수심도 제법이라 큰 배 수십 척이 들어설 수 있다. 본도 북쪽에 있는 양항(良港)의 하나이다. 인가(人家)는 279호이다. (중략) 매년 8월부터 이듬해 3월까지 일본인이 이곳에 근거 삼아 잠수기업(潛水器業)에 종사자 2조가 있다. 한 팀은 목조(木造) 일본식 가옥에, 그리고 나머지 한 참은 초가집에 기거한다. 이 마을의 대표적인 수산물은 멸치, 전복, 해삼, 우무 등이다. 이 마을도 다른 마을과 같이 4~5년 전부터 후릿그물 한 틀로 멸치잡이를 시작했다. 그 이외에 자리그물 한 틀이 있다.[39]

구좌읍 행원리 '방진그물'은 1904년 전후부터 시작되었던 모양이다. 그 당시에는 1개의 '방진그물' 조직만 있었다. 행원리 사람들은 '방진그물' 조직을 '멜접'이라고 하였다. '멜접'은 멸치를 잡는 접(接)

도4-75 방진그물(1930년대, 구좌읍 월정리) 소장 고광민

이다. 그 후 행원리에는 '구접', '신접', '신설망'까지 '멜접'이 3개까지 늘어났다. 고춘도 씨 가르침에 따르면 '신설망'은 1950년 무렵에 탄생하였다. '멜접'에 필수적인 것은 통나무 배 '터우'였다. '멜접'마다 '터우' 6척이 필요하였다. 그래서 '구접'과 '신접'은 일본 쓰시마(對馬島) '숙대낭'(삼나무)으로, 그리고 '신설망'은 한라산 구상나무로 '터우'를 마련하였다. 일제강점기 때에는 대마도 사람들이 '숙대낭'을 배에 싣고 제주도 이곳저곳에 팔러 다녔다. 해방 이후 대마도 '숙대낭'이 제주도로 들어올 수 없었으니, '신설망' 사람들은 한라산 구상나무로 '터우'를 만들 수밖에 없었다. '방진그물'은 모래밭 어장에서만 펼쳐졌다. '족바지'를 이용한 '개'[石防簾] 어로기술이 단지 물때의 힘을 이용해 멸치 떼들을 '갯담'(석방렴을 만들기 위하여 쌓은 돌담) 안에 가둬 놓고 잡는 원시적 어법이라면, '방진그물'은 거대한 그물을 이용하여 인공적으로 멸치를 비롯한 물고기 떼들을 가두어 놓고 잡는 진보적인 어로기술이었다. 후릿그물로 물고기를 잡으려면 공동 조직이 필수적이었다.

　'방진그물'로 멸치를 비롯한 물고기를 잡는 데는 30~40여 명이 필요하였다. '구접', '신접', '신설망'까지 3개의 '멜접'마다 그물을 따로 저장하는 곳을 마련하였다. 후릿그물을 저장하는 곳을 '그물막'이라고 하였다. '구접' 그물막은 '신영물동산', '신접' 그물막은 '건난디', 그리고 '신설망' 그물막은 '셍이코지'에 있었다. '멜접'마다 접원들이 모여 으뜸 1명을 선출하였다. 으뜸을 '망장'(網長) 또는 '계장'(契長)이라고 하였다. '망장'은 공원(公員) 1명과 소임(所任) 2명을 거느렸다. 공원은 장부를 관리하였다. 소임은 멸치잡이 때는 물론, 계원들이 모여 공동으로 작업할 때 소집하고 작업도 지휘하였다. 그리고 '멜접'은 서로 긴밀한 관계를 유지하였다.

'방진그물' 어장은 '짚은개', '모살곳', '새개조름'이었다. '멜접'은 서로 출어 순번을 정하였다. 예를 들어 '짚은개'는 '구접', '모살곳'은 '신접', 그리고 '새개조름'은 '신설망'이 어장을 차지하는 식이다. 물고기가 '짚은개' 어장에만 몰렸을 경우, '구접'이 우선 출어할 권리가 있었다. '구접'에서 '방진그물'로 고기떼를 가둬 놓은 뒤에야 '신접'과 '신설망'에서 후릿그물을 칠 수 있었다. 이럴 때 '구접'을 선진(先陣), '신접'과 '신설망'을 후진(後陣)이라고 하였다. 고기떼들이 어장에 몰려오면, '방진그물'을 쳐서 가둬두기 전에 이를 확인하는 일이 우선이었다. 이를 위하여 2척의 거룻배가 바다로 나갔다. 이때의 거룻배를 '당선' 또는 '멜당선'이라고 하였다. '당선' 2척에는 각각 2~3명이 타고 있었다. 이들은 물고기 행방의 식견과 판단이 뛰어난 사람들이었다. 물고기들이 어장으로 몰려든 수량, 그리고 그날에 알맞은 간만의 차도 고려해 가며 그물을 드리울 위치와 방향 등을 가늠하면서 어로작업 시작부터 끝까지 모든 일을 진두지휘하였다. '멜접' 접원[契員]들은 '당선'에서 내려지는 명령대로 움직였다. '당선' 한 척은 재빨리 뭍으로 와 출동을 기다리고 있는 계원들에게 명령을 내렸고, 1척의 '당선'은 해당 어장에 남아 있으면서 멸치 떼들의 행방을 주시하였다.

2척의 배에 '방진그물'을 나눠 싣고 어장으로 출동하였다. '방진그물'을 싣고 어장으로 출동한 배를 '망선'(網船)이라고 하였다. '망선'에는 그물을 드리우고 감는 나무토막이 장착되어 있었다. 이를 '마개'라고 하였다. '망선'마다 12발 길이의 그물 여섯 폭을 나눠 실었다. 이때의 그물은 고기떼들을 에워싸기 위한 것이었다. 고기떼를 에워싸는 일을 '방진'(防陣)이라고 하였다. 그물은 모두 12발짜리 12폭, 매 1폭의 그물 위에는 '숙대낭'(삼나무)으로 만든 '버국'[浮標]이

30cm 간격으로 붙어 있었다[도4-76]. 밑에는 1m 간격으로 '불돌'(그물추)이 붙어 있다[도4-77].

　12폭 그물은 말꼬리 털로 꼰 '총줄'로 서로 단단하게 묶었다. '총줄'로 그물을 이어 묶기를 '연폭'이라고 하였다. 5척의 '터우'가 출동하였다. 5척의 '터우'는 닻을 싣고 있었다. 5척의 '터우'는 닻을 드리우기도 하였다. 이때의 '터우'를 '닻배'라고 하였다. '터우'는 '방진그물'의 부표(浮漂)가 되기도 하였다. 이때의 '터우'를 '활터우'라고 하였다. 그리고 후릿그물 안으로 들어가 물고기를 뜨고 뭍까지 운반하였다. '터우'에는 각각 2명이 승선하였다. 밀물 따라 어장 안으로 몰려든 고기떼가 다시 썰물 따라 먼바다로 나가려고 하는 순간, 바로 직전에 '방진그물'을 드리워야 어장 안으로 몰려온 고기떼를 최

도4-76 방진그물 버국
(가로 23.7cm, 세로 10.0cm, 높이 6.8cm)

도4-77 방진그물 불돌
(가로 10.5cm, 세로 9.0cm, 높이 17.5cm)

대한 많이 포위할 수 있었다.

두 진영의 '당선'에서 내리는 명령에 따라 2척의 '망선'은 한쪽으로 6개의 '방진그물'을 이어 묶어 가며 드리웠다. '터우'에서는 적당한 위치에 닻을 드리웠다. 우산처럼 후릿그물을 쳐 놓고 나서, 일정한 위치까지 '방진그물'을 끌어당기는 동안이라도 고기들의 양과 간만의 차, 그리고 그물을 당기기에 가장 안성맞춤인 모래밭 위치까지 고려해 가며 '당선'의 진두지휘에 따라 '망선'과 '닻배'는 일정한 목적지까지 그물을 끌었다.

목표 지점까지 '방진그물'을 끌어오면, 곧 완전히 고기들을 에워싸 놓는 그물 정지작업에 들어갔다. 그 위치는 해안에서 가장 가까운 곳이면서 또 썰물이 극에 달했을 때 수심이 얕아 작업하기에도 수월한 곳이었다. 썰물이 극에 달했을 때 포위해 둔 고기떼를 잡았다. '방진그물' 안에 가둬둔 고기떼를 '장막후림'이라는 그물로 몰아 잡았다. '장막후림' 그물 길이는 12발, 폭은 5m 정도였다. 2척의 '터우'는 '방진그물' 안으로 들어가 수심이 비교적 얕은 곳에 '장막후림'을 드리워 놓고 천천히 수심 깊은 쪽으로 고기들을 몰아갔다. 수심 얕은 쪽을 '개코', 수심 깊은 쪽을 '한불턱'이라고 하였다.

이쯤 되면 '방진그물' 주위 다섯 군데에서 부표 기능을 하고 있던 '터우' 중 두 척의 배는 그 안으로 들어가 '장막후림' 안에 가두어진 멸치 떼를 '족바지'(뜰채)로 뜨면서 '고리'라는 커다란 바구니에 담아 나갔다. 이때의 '터우'를 '선진터우'라고 하였다. '선진터우'에는 '고리' 8개가 실려 있었다. 8개 '고리'에 물고기를 채운 '터우'는 뭍으로 운반하였다. 구좌읍 행원리를 비롯한 제주도에서 전승되었던 방진그물은 제주도의 독자적인 어법이었다.[40]

후릿그물[도4-78]

후릿그물은 바다에 넓게 둘러치고 여러 사람이 두 끝을 끌어당겨 물고기를 잡는 큰 그물이다. 후릿그물은 제주도 일부 지역에서 전승되었다. 후릿그물 공동체를 '그물접'이라고 하였다.

한림읍 금능리 '그물접'의 경우이다. 한림읍 금능리 서쪽 갯가 모래밭에 후릿그물이 이루어졌었다. 같은 어장에서 고기를 잡는 '그물접'은 셋 있었다. 한림읍 금능리 동동네 사람들이 중심이 된 '구접'과 '신접', 그리고 섯동네 사람들이 중심이 된 '복젱이선접'이 있었다. 가장 오래된 접이 '구접', 그 이후에 결성된 접이 '신접'이다. '복젱이선접'은 사연이 있다. '복젱이'는 복어의 제주어다. 멸치들이 몰려들었나 싶어 그물을 드리워 힘껏 당겨 봤더니만, 멸치는 한 마리도 안 보이고 '복젱이'만 그물에 가득 차 있었다. 그로부터 금능리 섯동네 '그물접'을 '복젱이선접'이라고 일렀다. 한림읍 금능리 '그물접' 운용에도 규칙이 있다. '그물접' 으뜸들이 모여 순번을 정한다. 만약 오늘 멸치가 어장으로 많이 몰려와 '구접'과 '신접'에서 그물을 드리우게 되면, 내일은 나머지 한 접인 '복젱이선접'이 제일 먼저 그물을 드리우게 되는 것이다.

조천읍 신흥리 '그물접'의 경우이다. 조천읍 신흥리 앞 갯가는 드넓은 백사장으로 이루어졌다. 그 안에 '엿개'라는 포구, 석방렴 '큰개', 문어들의 산란장 '뭉게여', 그리고 '방진터'가 있다. '방진터'가 바로 후릿그물 어장 이름이다. '그물접'은 '묵은접'과 '새접' 2개가 있었다. 음력 정월에 차례가 정해지면 하루씩 번갈아 가면서 그물을 드리웠다. 조천읍 신흥리 김봉우(1914년생, 남) 씨에게 '후릿그물'의 구조에 대하여 가르침받았다.

① 한불: 후릿그물 한가운데를 '한불'이라 하는데, 물고기가 몰려 있는 곳인 만큼 폭 다섯 발 정도에 길이 50m 정도였다.

② 어깨: '어깨'는 '한불'의 좌우 어깨가 되는 2개 그물로 폭 세 발 정도에 한쪽 길이 50m 정도다.

③ 늘개: '늘개'는 날개라는 말이다. 어깨 좌우에 다시 연결되는 2 개의 그물로 두 발 정도의 폭에 한쪽이 70m 정도이다. 크고 작음에 차이가 없지 않으나 한림읍 금능리의 것은 그물 전체 길이가 290m 정도 되는데, '한불'에서 '늘개'로 올수록 그물은 점점 좁아졌다. 그리고 양 '늘개'에는 닻줄을 묶었다. 한쪽 닻줄의 길이가 200m 정도이다. 여러 사람이 닻줄에 매달려 잡아당기며 그물을 끌어 올렸다. 닻줄은 '숨베기'(순비기나무)의 뿌리 또는 소리나무를 으깨어 꼬아 만들었다.

한 '그물접'의 구성원은 보통 50~60명 정도이다. 구성원마다 목화를 갈아 실을 뽑아 만든 그물을 모아 하나의 후릿그물을 만들었다. 그물 부표를 '버국'이라고 한다. 삼나무로 만들어 '웃베리'에 20cm 간격으로 달아맨다. '알베리'에는 '불돌'이라는 돌멩이 봉돌을

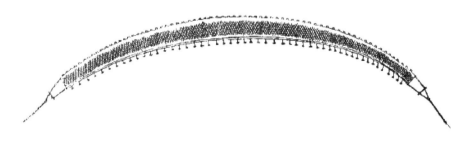

도4-78 후릿그물(《한국수산지》에서)

30cm 간격으로 달아맸다.

후릿그물로 밤에만 물고기를 잡았다. '그물접'마다 모두 다섯 척의 배가 필요하였다. 한 척은 고기떼들이 몰려들었는지를 확인하고 작전 지휘를 내리는 배로 두 사람 정도 승선한다. 이 배에 탄 사람을 '해상'이라고 한다. 아마 바다를 살피는 이라는 뜻인 한자어 '해상'(海祥)에서 비롯된 말이 아닌가 한다. 두 척은 '망선'이다. 그물을 싣고 나가 서로 이어 묶어 그물을 드리우는 임무를 수행하는 배다. 한 배에 세 사람 정도 승선한다. 나머지 두 척은 '닷배'이다. 보통 통나무를 연결하여 만든 '터우'인 수가 많다. 닻을 싣고 나가 그물에 묶은 후 닻을 뭍까지 운반하는 임무를 수행하는 배다.

'해상'은 바다로 나가 어떤 방법으로든 고기떼들을 확인해야 한다. 눈짐작으로 하는 게 대부분인데, 배의 바닥을 발로 내리쳐서 고기떼들이 갑자기 놀라 내뺄 때 내는 불빛으로 확인하였다. 확인하면 고동을 불거나 횃불을 밝혀 '망선'과 '닷배'의 출동을 알렸다. '망선'에서는 그물을 묶어 드리우고, '닷배'에서는 닻줄 한쪽을 그물에 묶고 나머지 한쪽 끝을 잡아끌며 뭍으로 온다. 뭍에 대기하고 있던 성원들은 두 개의 닻줄에 매달려 줄다리기하듯 닻을 힘차게 당긴다. 그물이 물속으로 가라앉아 고기들이 도망 못 가게 하기 위하여 그물 한가운데는 한 척의 배가 부표 기능을 하며 따라온다. 갯가 가까운 데까지 그물을 당겨 놓고, 그 안에 가둬진 고기를 잡아나갔다.

낚시질
도구

　　"제주도 사람들은 그물을 사용하지 않았다(不用網罟). 산과 바닷속이 험악하니, 물고기는 낚고 들짐승은 활을 쏘아 잡았다."(山險海惡 不用網罟. 魚則釣 獸則射).

　조선왕조 영조 41년(1765)에 편집된《증보 탐라지》(增補耽羅誌, 김영길 번역본)에 들어있는 내용이다. 화산섬 제주도의 바닷속으로 그물을 드리우기가 사나우니, 물고기는 낚시로만 낚았다는 것이다. 바다에서 물고기를 낚는 일은 어부들의 일거리였다. 제주도 어부들은 낚싯배를 타고 일정한 어장으로 가서 갈치, 옥돔, 재방어도 낚시로 낚았다.

갈치술[도4-79]

'갈치술'은 갈치를 낚는 손줄낚시이다. 이것은 한림읍 수원리 고성범(1919년생, 남) 씨가 쓰던 것이다. 고 씨는 이것으로 가을에 비양도 주위에서 갈치를 낚았다. 고 씨가 쓰던 '갈치술'의 구조는 다음과 같다.

① 차세: '차세'는 줄 타래를 감아두는 틀이다. '소낭(소나무)'으로 만들었다.

② 줄: '줄'은 낚싯줄이다. 지름 3mm의 나일론 줄로, 204.0cm이다. 나일론 줄이 나오기 전에는 면화에서 가늘게 실을 뽑고, 다시 그것을 세 겹으로 꼬아 굵기 0.4cm 정도로 꼬았다. 줄은 질기고 또 뻣뻣해야 서로 엉키지 않았다. 줄을 풋감 즙으로 물들이고 다시 또 20여 일 동안 썩힌 돼지나 소의 피를 바른다. 그것을 말리고 나서 다시 그 줄을 솥에 넣어 쪄낸 후 말렸다. 한번 만들어놓은 줄은 20여 년 동안 사용이 가능하다. 1년에 한 번쯤은 풋감 즙 또는 돼지나 소의 피로 물들여주었다.

③ 훼롱: '훼롱'은 낚시에서 '본줄'과 '봉약줄'을 이어주는 연결고리이다.

④ 봉약줄: '봉약줄'은 '훼롱'과 '마삭'을 이어주는 목줄이다. 나일론 줄을 5mm 굵기로 엮어 만들었다.

⑤ 마삭: '마삭'은 "갈치나 옥돔을 낚을 때 쓰는 어구의 부품으로 낚시의 간격을 수평으로 일정하게 벌려주어 두 개의 낚시가 서로 얽히지 않게 하는 것"이다. 가늘고 탄력 있는 질긴 나무나 철사 따위로 만든다. 철사를 휘어 만들었다. 가운데는 비교적 두껍게, 그

도4-79 갈치술

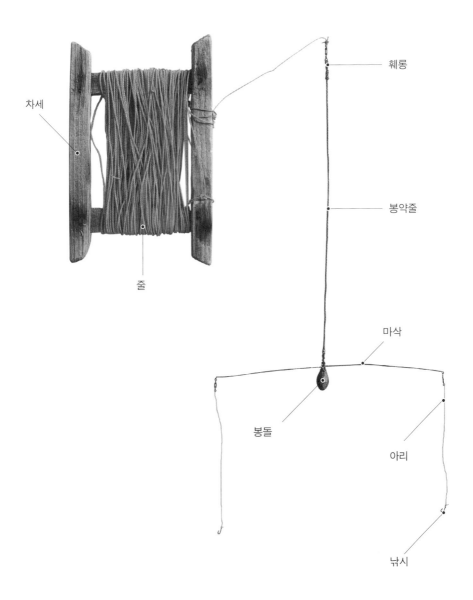

차세

줄

훼롱

봉약줄

마삭

봉돌

아리

낚시

리고 양쪽 끝으로 갈수록 가늘다. 한가운데는 지름 3mm다. 철사
가 흔하기 전에는 '윤누리낭'(윤노리나무)으로 이것을 만들었다
고 한다.

⑥ 봉돌: 봉돌은 납으로 만들었다.

⑦ 아리: '아리'는 굵은 낚싯줄에 달린 '뽕돌'(봉돌)에 이어 매어진 줄
로 가늘어도 질긴 낚시를 매는 줄이라는 말이다. '생선'을 낚을 때
는 24cm, 갈치를 낚을 때는 70cm로 조금 길었다.

⑧ 낚시: 갈치 낚시는 목이 긴 편이다.

갈치는 상강(10월 23일경)부터 곡우(4월 20일경)까지 깊은 바다에서
월동하였다. 그리고 곡우부터 처서(8월 23일경)까지는 갯가에서 비
교적 멀리 떨어진 '펄바다'에서 활동하였고, 처서부터 상강까지는
갯가에서 비교적 가까운 '걸바다'에서 활동하였다. 곡우부터 대서(7
월 22일)까지, 제주도 어부들은 '펄바다'에서 갈치를 낚았다. 이때 '펄
바다'에서 낚는 갈치를 '봄갈치'라고 하였다. 그리고 처서부터 상강
까지, 제주도 어부들은 '걸바다'에서 갈치를 낚았다. 이때 '걸바다'에
서 낚는 갈치를 'ᄀᆞ실갈치'라고 하였다. 'ᄀᆞ실갈치'는 가을 갈치라는
말이었다. '봄갈치'는 낮에 낚았고, 'ᄀᆞ실갈치'는 밤에 낚았다.

구좌읍 평대리 한윤혁(1920년생) 씨에게 갈치 낚기와 뱃삶에 대하
여 가르침받았다. 1970년대까지 한 씨는 낚싯배를 타고 'ᄀᆞ실갈치'
를 낚으러 다녔다. 이때 갈치 낚기는 간만(干滿)의 차가 보잘것없는
조금에만 이루어졌다. 자그마한 낚싯배는 간만의 차가 큰 사리 때
에는 물살을 거스르기가 버거웠다. 그리고 갈치 낚기는 밤에만 이
루어졌는데, 갈치가 야행성 물고기였기 때문이었다. 갈치 어구는
'갈치술'이라는 손줄낚시였다. 어부들은 각자 '갈치술'을 하나씩 갖

추었다.

　낚싯배는 어부 서너 사람이 탈 수 있는 크기였다. 어부 네 사람이 타면 '갈치술'과 '갈치술'이 엉키기 일쑤였다. 제주도 어부들은 낚싯 배가 비좁아 여러 개의 손줄낚시가 서로 뒤엉키는 모양을 '술맞춤' 이라고 하였다. 한 씨가 타고 다녔던 낚싯배는 세 사람이 타야 '술맞 춤'이 일지 않았다. 이때 어부 두 사람은 낚싯배 '한장' 좌우에 각각 한 사람씩 앉아서 갈치를 낚았다. '한장'은 낚싯배 맨 한가운데 칸살 이라는 제주도 말이다. 그리고 낚싯배 주인은 뒤쪽 칸살 '고물'에 앉 았다. 갈치 미끼는 '고도리'라는 고등어 새끼거나 갈치 살코기를 발 라낸 것이었다. 갈치 어장에 닻을 드리우고 낚싯배를 세웠다. 갈치 가 물리는 수심이 달랐는데, 그 지점을 'ㄱ리'라고 하였다. 어부들은 각자 자기가 고기 낚는 'ㄱ리'를 찾아야 갈치를 많이 낚을 수 있었 다. 낚싯배 선주는 두 사람의 어부에게 각각 어획량의 5분의 1의 갈 치를 뱃삯으로 받았다.

돌림갈치술[도4-80]

 '돌림갈치술'은 어스름 저녁 무렵이나 달밤에 돗폭을 펼쳐놓고 배를 움직여가며 갈치를 낚는 어구이다. '돌림술' 또는 '흘림술'이라고도 하였다. '돌림'은 '달리다'의 뜻을 가진 제주어 '돌다'의 명사형이고, '술'은 줄의 제주어다. 또 '흘림술'이란 배를 세우지 않고 흘려가며 갈치를 낚는 줄이라는 말이다. 이것은 성산읍 신풍리 고자권(1923년생, 남) 씨가 쓰던 것인데, 구조는 다음과 같다.

① 차세: '차세'는 낚싯줄을 감아두는 얼레다. 나뭇조각을 다듬어 붙여 정사각형으로 만들었다.

② 줄: 지름 3mm의 3겹으로 꼬아 만들었다. 길이는 8m이다.

③ 줄봉돌: '줄봉돌'은 낚싯줄과 이어진 줄인데, 12.2m 길이에 약 20cm 간격으로 불규칙하게 납 봉돌이 줄줄이 붙어 있다. 자연스레 배를 흘리는 중에 본 줄이 물 위로 떠버릴 우려가 있으니, 물속으로 가라앉게 무게를 주려고 달아맨 것이다.

④ 훼롱: '훼롱'은 '아릿줄'과 본 줄의 봉돌을 이어주는 도르래다.

⑤ 아릿줄: '아릿줄'은 굵은 낚싯줄에 달린 '뽕돌'(봉돌)에 이어 매어진 줄로 가늘어도 질긴 낚시를 매는 줄이라는 말이다. 61cm의 철사다.

⑥ 낚시: '돌림갈치술' 낚시 전면은 직사각형, 측면은 삼각형의 납덩이 좌측에 두 개의 낚시가, 그리고 그 반대쪽에 고리가 달렸다. 낚시와 고리는 한몸이다. 납덩이를 두고 '알봉돌'이라고 한다. 본 줄에 달린 봉돌이 '줄봉돌'이고, '알봉돌'은 그 아래쪽의 봉돌이라는 말이다. '알봉돌' 가까운 쪽의 낚시를 '웃낚시', 그리고 그보다

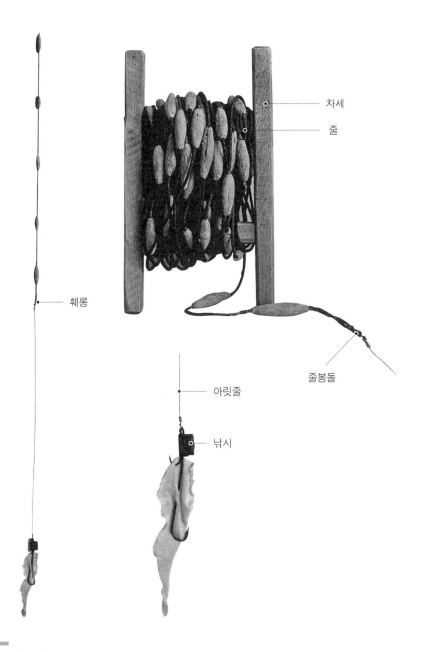

차세

줄

훼롱

줄봉돌

아릿줄

낚시

도4-80 들림갈치술

떨어져 있는 낚시를 '알낚시'라고 한다. 맨 처음에는 헝겊을 미끼삼아 갈치를 낚고, 다음부터 갈치 꼬리를 미끼로 쓴다. 칼로 잘라낸 갈치 꼬리의 위쪽은 '웃낚시'에, 그리고 아래쪽은 '알낚시'에끼운다.

훌치기[도4-81]

'훌치기'는 우도에서 전승되었던 갈치 낚시다. 달리, '끄슬퀴'라고도 한다. '불림낚시'에서 쓰는 자잘한 봉돌들 대신, 그 무게가 '고지돌'이라는 기다란 봉돌에 쏠려 있다. '훌치기'의 구조는 다음과같다.

① 차세: '차세'는 본 줄을 감아두는 얼레다. 한쪽 기둥에는 나일론 줄이 감겨 있다. 쓰지 않는 동안에 낚시를 끼워 두는 걸이 구실을 한다.
② 본줄: 108.8cm 길이의 나일론 줄이다.
③ 고지돌: 1,020g의 쇳덩이다. 조금 휘어진 모양이다. 그래야 낚시가 물속으로 들어가면서 비스듬하게 휘어지며 들어가기 때문에본 줄에 얽히지 않아서 좋다.
④ 아릿줄: '아릿줄'은 굵은 낚싯줄에 달린 '뽕돌'(봉돌)에 이어 매어진 줄로 가늘어도 질긴 낚시를 매는 줄이라는 말이다. 봉돌에달린 고리와 '고지돌'을 이어주는 191cm의 줄이다.
⑤ 낚시: 앞의 낚시와 비슷하다.

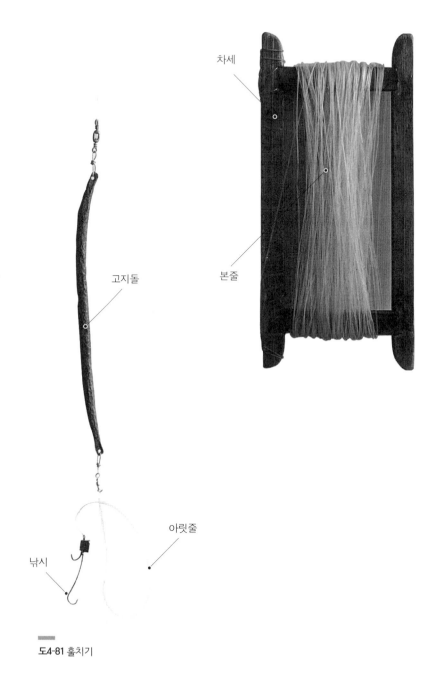

차세

본줄

고지돌

아릿줄

낚시

도4-81 훌치기

'훌치기'로 갈치를 낚는 어기는 8월 추석 전후부터 상강(10월 23일 경)까지인데, 때를 가린다. 일출과 일몰 전후 약 2시간 반 동안이나 달이 밝은 날 밤에 낚는다. 전자를 '해차구'(또는 '해거름'), 후자를 '둘차구'(또는 '둘지기')라고 한다. 물때를 가리지 않으나 갈치 '끌낚기'에서는 물살의 방향보다 그 반대 또는 조류 방향을 가로지르며 지그재그로 항진한다. 항진 속도는 보통 2노트 정도인데, 낚싯줄이 15도 각도로 비스듬히 들어가도록 유지하면서 그 속도를 조절한다.

저립낚시[도4-82]

'저립낚시'는 '저립'(재방어)을 낚는 낚시이다. 이것은 우도 고 씨가 만들어 쓰던 것이다. '저립낚시'는 두툼한 줄 200여 발에 2m 철삿줄에 낚시를 달아맸다. '저립' 낚시에서 25cm 위쪽에 자그마한 낚시를 다시 매달았다. 자그마한 낚시는 낚시에 꿴 미끼를 위에서 다시 꿰어놓는 것이었다. '저립' 미끼는 갈치, '만배기'(만새기), 고등어였다. 이때의 '저립낚시' 쇠뿔 양쪽에 구멍을 내었고, 그 자리에 소라 껍데기나 전복 겉껍데기를 박아놓았다. '저립낚시'의 쇠뿔은 아무것이나 되지 않았다. 3살쯤 된 살아 있는 황소 뿔을 뽑아 만들었다. 어린 수소 뿔이어야 빛깔도 좋았기 때문이었다. 그래야 '저립'의 눈을 끌 수 있었던 모양이었다. '저립'의 어로기술을 다룬 최초의 글은 1910년에 발간된《한국수산지》(韓國水産誌) 3권이다. 그 내용은 다음과 같다.

연해에 많다. 음력 7~8월 해안에서부터 20~30리 이내까지 와서 논다. 제주도 북서안 모슬포 연안에 많다. 직업적으로 어획하지는 않는다. 때때로 일본 잠수기업자나 섬사람들이 끌 낚기로 낚아 잡는다.41)

도4-82 저립낚시

우도면 오봉리 주흥동 양순향(1935년생) 씨에게 '저립' 낚기와 뱃삯에 대하여 가르침받았다. 우도 '저립' 어장은 우도 북쪽 '박머리'에서부터 '새비튼여'까지였다. 어기는 하지(6월 22일경)부터 상강(10월 24일경)까지였다. 하지 무렵에는 어린 '저립'이 우도 어장으로 몰려들었다. 우도 사람들은 어린 '저립'을 '깨저립'이라고 하였다. 음력 7~8월 무렵에 '저립'은 150kg 정도까지 자랐다. 물때는 간만의 차가 느슨한 '조금'보다는 물살이 드센 사리 동안에 더 잘 잡혔다. '저립'은 주로 낮이나 달 밝은 밤에도 낚았다. 낚싯배는 세 사람이 탈 수 있는 크기였다. 우도 오봉리 어부들은 세 사람이 같이 힘을 모아 '저립'을 낚았다. '저립' 낚기 동아리들은 서로 힘을 모아 '저립' 손줄낚시를 공동으로 마련하였다.

　　'저립' 미끼에 따라 어법이 조금 달랐다. 갈치는 전통적인 미끼였다. 갈치를 반으로 토막을 내어 머리 쪽은 내던져 버리고 꼬리 쪽만 미끼로 삼았다. 이때 소뿔은 바로 갈치 머리 역할을 하게 되는 것이었다. 갈치를 통째로 꿰면 '저립'이 꼬리만 잘라 먹고 내빼 버리는 경우가 많았다. '만배기'는 1960년대부터 고안된 미끼였다. '만배기'를 낚싯배 안에 살려두었다가 산 채로 낚시에 꿰어 미끼로 삼았다. '만배기'가 없을 때는 고등어로 대신하였다. 미끼를 달아맨 '저립' 낚시를 물속으로 드리워 놓고 배를 이동시켜 가며 낚거나 닻을 드리운 채 배를 세워 놓고 낚았다. 앞의 어법을 '흘림배기', 뒤의 어법을 '닻배기'라고 하였다. 미끼에 따라 어법이 달랐다. '흘림배기' 때는 갈치를 미끼로 삼았고, '닻배기' 때는 살아 있는 '만배기'나 고등어를 미끼로 삼았다.

　　또 어법이나 미끼에 따라 하루 중에서도 시간대가 달랐다. 갈치 미끼를 이용한 '흘림배기'는 해 뜨기 전(이때를 '북새'라 함)이나 해가

질 무렵, 또는 달밤에 주로 낚았고, '닻배기'로 고등어를 미끼로 할 때는 밤에, 그리고 '만배기'를 미끼로 할 때는 낮 동안에 낚았다. '흘림배기' 때 '저립'이 물면 '저립'과 배가 서로 줄다리기하듯 힘을 겨루었다. '닻배기' 때는 배를 세운 채 미끼를 달아맨 낚싯줄을 흘려주었다가 고기가 물면 힘을 내 낚싯줄을 잡아당겼다. 낚싯배가 물속으로 들어가는 험한 지경에 이르기도 하였다.

오봉리 어부들은 '저립'을 낚고 나서 서로 분배하였다. 어부 세 사람과 낚싯배 1척이 각각 4분의 1씩 나누어 차지하였다.

골핀낚시[도4-83]

'골핀낚시'는 다금바리 따위를 낚으려고 집에서 손수 만든 낚시라는 말이다. 이것은 서귀포시 토평동 오○○(1942년생, 남) 씨가 만들어 쓰던 것이다. 강철을 불에 달구어 만들었다. 낚시의 목을 줄로 다듬었다. 거기에 실을 칭칭 감고 송진을 녹여 먹였다. 그 끝에 줄을 묶었다. 줄은 20발 길이다. 낚싯밥은 '각제기'(전갱이) 다섯 마리였다. 낚시에 '각제기'를 줄줄이 끼우고 꼬리를 위쪽으로 한데 모아 묶었다. 그리고 '각제기'의 다섯 몸통을 실로 느슨하게 묶었다. 미끼가 묵직하게 끼워진 낚시를 빙빙 돌리다가 바닷물로 내던졌다. 다금바리가 물면 잡아당겨 낚아 올렸다. '골핀낚시'로 다금바리 낚기는 음력 8월에 이루어졌다. 그때는 다금바리의 활동이 왕성하였다. 주로 밤에만 이루어졌다. 이웃 보목마을과 경계지점 동쪽을 '높은덕'이라고 하였다. 그 앞에 '생이덕'이 있다. 초저녁에 '높은덕'에서 '생이덕'까지 헤엄쳐 들어갔다. 그곳에서 밤새껏 다금바리를 낚다가 이른 새벽에 헤엄쳐 뭍으로 나왔다. 밤에 이루어지는 일이라 두세 사람이 같이 갔다.

도4-83 골핀낚시(가로 4·3cm, 세로 8.0cm)

뭉게삼봉[도4-84]

　'뭉게삼봉'은 문어를 낚는 낚시 3개로 구성된 어구이다. 이것은 우도에서 수집한 것이다. '뭉게삼봉'은 납덩이와 대나무를 부착시켜 철사로 감아 고정하였다. 대나무 끝에 낚시 세 개를 실로 탄탄하게 감아 묶었다. 미끼를 감아 묶기 위한 가느다란 철사도 붙어 있다. 미끼를 대나무 위에 놓아 이 철사로 감아 묶는 것이다. 대나무에 구멍을 뚫어 '목줄'(아리)을 묶었다. 목줄은 회전 고리에 연결되고, 회전 고리는 다시 줄에 이어 묶었다. 미끼는 '각제기'(전갱이)나 '어렝이'(황놀래기)'를 쓴다. 문어가 여러 번 물어뜯어 가면 미끼의 신선도는 떨어지게 마련이다. 그럴 때마다 갈아 맨다. 미끼가 없으면 자잘한 문어를 낚아 껍질을 벗겨 두고 미끼로 쓰기도 한다.

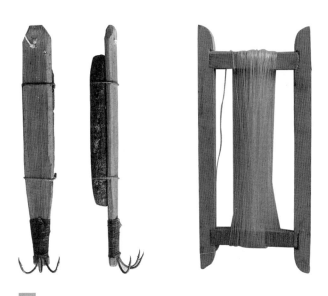

도4-84 뭉게삼봉(길이 16.0cm, 폭 2.0cm)

방어낚시[도4-85]

'방어낚시'는 방어를 낚는 낚시이다. 마라도에서는 3가지 '방어낚시'가 전승된다. 마라도 김상원(1933년생, 남) 씨가 쓰던 것이다. '방어낚시'는 50~60발 되는 줄 끝에 봉돌을 매고 그 밑에 두 개의 낚시를 달아맨다. 미끼는 미꾸라지다. 미꾸라지 미끼는 바로 낚시에 끼우지 않고 아가미로 끼워 주둥이로 나온 실을 낚시와 봉돌 사이에 묶었다. 방어는 온대성 회유어(回遊魚)다. 마라도 연근해에 음력 10월부터 이듬해 음력 2월까지 회유한다. 특히 마라도는 제주도 내에서도 소문난 방어 어장이다. 방어는 낮과 밤에는 먹이를 찾아 나서

지 않기 때문에 아침저녁으로만 잡으러 나간다. 방어는 배를 타고 일정한 어장으로 나가 낚았다. 여러 곳에 어장이 이루어지지만, 마라도 남쪽 '걸바다'가 끝나는 수심 63m 내외가 가장 소문난 방어 어장이다. '걸바다'는 조간대를 지나 바닷속 바닥이 돌이나 암반으로 이루어진 바다라는 말이다. 이 일대 갯밭 이름을 '신알목'이라고 한다. '신알목'은 새로 찾아낸 마라도 아래쪽의 물목이라는 말이다. 이곳은 자리 어장도 이루어지고 있으니, 방어와 '가다리'(재방어)의 먹이사슬이 이루어지고 있는 모양이다.

도4-85 방어낚시(길이 27.0cm)

방어훌치기낚시[도4-86]

'방어훌치기낚시'는 방어 낚기의 하나로 방어들이 무리 지어 있는 곳으로 낚시를 내던져 걸려 올리는 낚시이다. 마라도 김상원(1933년생, 남) 씨가 쓰던 것이다. '방어훌치기낚시'는 50발 정도의 낚싯줄, 봉돌, 낚시로 구성되었다. 세 개의 낚시를 납덩이에 꽂아 만들었다. 방어가 무리를 이루어 노닐고 있는 곳으로 낚시를 던져 걸어 올리는 어로기술을 두고 '훌치기'라고 한다. '방어훌치기낚시'로 방어를 낚는 일은 음력 2월 전후, 낮 동안에만 이루어졌다. 배를 타고 나가 방어를 후려쳐 잡으려면 오십 발 정도의 낚싯줄에 '훌치기낚시'를 달아매었다. 방어의 무리를 찾아내어서 어구를 휘돌리다 내던지면 멀리 날아갔다. 힘차게 잡아당기다 보면 어쩌다 방어가 걸려 올라왔다.

도4-86 방어훌치기낚시(길이 20.0cm)

덕방어낚시[도4-87]

'덕방어낚시'는 비교적 높직한 갯바위에서 방어들이 무리 지어 있는 곳으로 낚시를 내던져 걸려 올리는 낚시이다. 마라도 김상원(1933년생, 남) 씨가 쓰던 것이다. 낚시 머리에 납 조각을 붙였다. 그리고 낚시와 납 조각 사이에 방어 껍질을 붙였다. 납 조각은 멸치의 머리, 방어 껍질은 멸치의 몸통과 꼬리 모양을 하였다. 이것을 '덕방어낚시'라고 하였다. 마라도 갯밭 중 비교적 높은 덕에서 방어를 낚는 낚시라는 말이다. 50m 정도의 줄에 '덕방어낚시'를 묶었다. 이것을 멀리 내던지고 슬슬 잡아당기다 보면 방어가 물었다.

물오징어낚시[도4-88]

'물오징어낚시'는 물오징어를 낚는 어구다. 대정읍 하모리 라승남(1935년생, 남) 씨가 쓰던 것이다. '물오징어낚시'는 낚싯대와 물고기 모양의 낚시로 이루어졌다. 낚싯대 허리에는 철사 고리가 붙었는데, 여기에 낚싯줄을 감아둔다. 낚시는 오동나무를 잘 다듬어 물고기처럼 만들고, 배에는 납, 꼬리에는 오징어낚시를 동여맨다. 그 후에 대오리를 구멍에 박아 눈퉁이를, 말총을 구멍에 박아 배지느러미를, 수탉의 목털을 구멍에 박아 날개 지느러미를 만든다. 음력 7월에서부터 12월까지 제주도 남서안을 배로 오가며 밤에 물오징어를 낚는다.

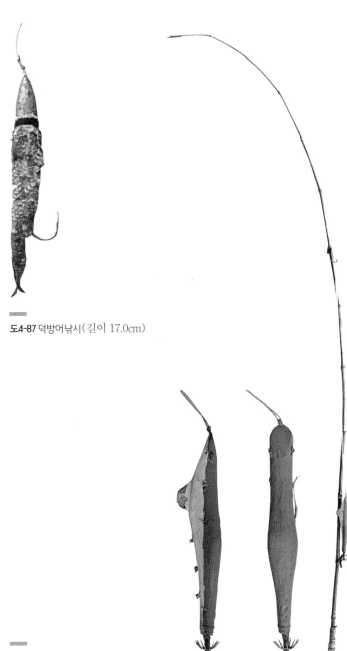

도4-87 덕방어낚시(길이 17.0cm)

도4-88 물오징어낚시(길이 188.3cm)

해녀들의 도구와 어부들의 도구

　　　　　　　　　　　　김춘택(金春澤, 1670~1717)의 《잠녀설》
(潛女說)은 전복을 따는 잠녀(潛女)의 기록이다. 제주도 '줌녜'(해녀) 사
회에서는 '빗줌녜'라는 말이 전승된다. '빗(전복)'을 따는 '잠녀'라는
말이다. 김춘택의 《잠녀설》은 미역 따는 잠녀에 초점을 맞춘 이건
(李健, 1614~1662)의 〈제주풍토기〉와 쌍벽이다. 역사 속에서 제주도
해녀들은 전복을 따는 해녀들을 '빗줌녜', 미역을 따는 해녀들을 '줌
녜'라고 하였다. 그리고 제주도 해녀들은 전통적으로 물속으로 들
어가 거름 해조류를 채취하였다. 그리고 남자들은 배를 타고 바다
로 나가 거름 해조류를 채취하였다.

　1960년대 이후 대일수출의 길이 열리기 시작하면서부터 제주도
해녀들은 물속으로 들어가 여러 가지 성게를 잡는 일이 벌어졌다.
1960년부터 1970년까지는 소금에 절인 성게의 알을 수출하였고,
1971년부터는 소금에 절이지 않은 성게의 알을 나무상자에 담아
수출하였다. 성산읍과 표선면 해녀들은 나무상자에 담은 성게의 알
을 '곽성게'라고 하였다. 이 절에서는 통시적으로 해녀들이 사용하

였던 도구, 해녀들이 물고기를 잡는 작살, 그리고 해녀들이 바다풀 캐는 도구와 대비적 관점에서 어부들이 배를 타고 나가 거름 해조류를 캐는 도구도 들여다보았다.

눈[도4-89, 4-90]

'눈'은 해녀들이 쓰는 물안경이다. '눈'은 '족은눈'[도4-89]과 '큰눈'[도4-90]이 전승되었다. '족은눈'이란 '작은 눈'이라는 뜻인데, 보통 안경과 같이 좌우 두 알로 된 것이다. 달리 '족세눈'이라고도 하였다. 이것은 제주대학교박물관에 있는 것인데, 눈에 맞게 구리판으로 틀을 짜고, 그 틀에 맞게 유리를 오려 붙이고, 납으로 접착하여 만들었다. 다시 고무줄을 묶고 머리 뒤에 걸어 쓰게 만들어졌다.

제주도에서 '눈'은 '엄쟁이눈'과 '궷눈'이 전승되었다. '엄쟁이'란 애월읍 구엄리, '궤'란 구좌읍 한동리를 가리킨다. 구좌읍 한동리에서 평생을 '눈' 만드는 일에 종사해온 고계연(1925년생, 남) 씨의 가르침에 따르면, '엄쟁이' 출신인 '정참봉'이라는 사람이 1840년대 중반에 한동리로 넘어와 '눈'을 만들어 팔기 시작하면서 '궷눈'의 역사가 시작되었다. 눈의 재료는 구리판과 유리, 그리고 이를 접착하는 납이다. 구리판이 어려운 시절에는 구리판 대신 왕대나무, 그리고 접착용 납 대신 촛농이었다. 왕대나무 매듭을 눈에 씌울 수 있게 잘 다듬고, 매듭 자리에 유리를 끼워 촛농으로 엉겨 굳게 하여 '눈'을 만들었다. 그 후에 왕대나무 대신 구리판, 그리고 촛농 대신 납으로 눈을 만들었다.

'족은눈'은 쓸 사람에게 맞추는 일이 없이 대량으로 만들어 팔았다. '큰눈'이란 좌우 두 눈을 한 안경알 속에 덧씌울 수 있게 된 모습이다. 달리 '왕눈'이라고도 하였다. '족은눈'이 '왕눈'으로 대체된 것은 1960년대의 일이다. 나중에 '왕눈'의 시절이 되면서부터 눈에 맞추어 만들어야 했는데, 제주도 전역을 돌아다니며 그것을 만들었다.

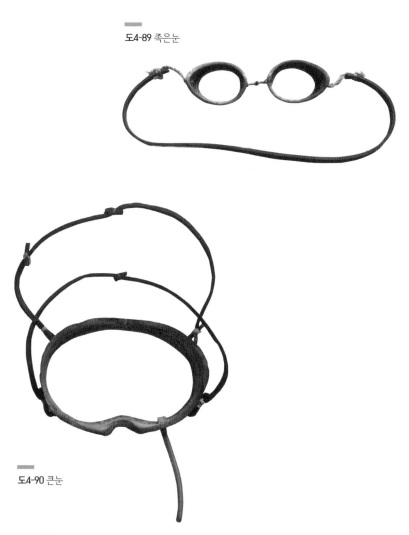

도4-89 족은눈

도4-90 큰눈

빗창[도4-91]

　'빗창'은 제주도 해녀들이 '빗'을 따는 창(槍)이라는 말이다. '빗'은 전복이라는 말이다. 전복 가운데 암컷을 '암첨복', 그리고 수컷을 '숫첨복'이라 이르기도 하나, 달리 '암핏'·'숫핏'이라고도 한다. '빗'이 '핏'으로 바뀜은 '점복'이 '첨복'으로 변하듯 접두사인 명사에 다시 명사가 덧붙여질 때 'ㅎ'이 삽입되어 격음화된 것이다. 김춘택(金春澤, 1670~1717)의 《잠녀설》(潛女說)에서 '빗창'을 '철첨'(鐵尖)이라고 기록하였다. 이것은 제주대학교박물관에 있는 것이다. 길쭉하고 납작한 쇠붙이에 머리는 말아졌고, 이 구멍에 끈이 달렸다. 이 줄을 손목에 걸어 두르는 일은 절대 없었다. 해녀들이 잠수하는 동안에 함부로 빠지지 않게 해녀복의 허리에 감긴 줄에 '빗창'을 끼우고, 다시 그것에 감아두는 줄에 지니지 않았다. 잠수하는 동안 전복이 보이면, 이것을 풀어 손에 잡고 전복을 따낼 뿐이었다. 전복을 따려고 '빗창'을 찔렀는데도 불구하고 전복이 떨어지지 않을 때는 익사할 우려가 있기 때문이었다.

도4-91 빗창(길이 23.4cm)

전복까꾸리[도4-92]

'전복까꾸리'는 물속 바위 밑 깊은 곳에 붙어 있는 전복을 따고 긁어내는 갈퀴이다. 이것은 한경면 고산리 조문순(1961년생, 여) 씨가 쓰던 것이다. 1994년부터 이 마을 해녀 몇 사람이 고안하고, 대정읍 하모리에 있는 대장간에서 주문하여 만들어 쓰는 것이다. 둥그런 쇠막대를 갈퀴처럼 구부리고 펴서 날을 세웠다. '전복까꾸리'의 날은 안쪽이 아닌, 등 쪽에 나 있다. 그것을 자루에 박아 만들었다. 자루에는 고무줄을 단단하게 동여 묶었다. 물속에서 자루를 손에 잡아도 미끄러지지 못하게 하기 위해서다. 이곳 바닷속에는 커다란 돌멩이가 많이 깔려 있을 뿐만 아니라, 바위 그늘이 발달하였다. 그런 곳에 '숫전복'이 붙어 있는 수가 많다. 그런 곳에 붙어 있는 전복을 '엉전복'이라고 한다. 그런 전복을 찾아내고서도 '빗창'이 미치지 못하여 따지 못하는 수가 많다. '빗창'으로 딸 수 없는 전복을 따려고 고안(考案)해낸 것이 바로 이것이다. '엉전복'을 발견하면, 그 주위에서 자그마한 돌멩이를 줍는다. '전복까꾸리'의 날을 전복이 딱 붙어 있는 바위의 바닥에 대어 붙이고, 돌멩이로 자루의 꽁무니를 내려쳐 전복을 따낸다. 이곳 19명의 해녀 중 두 사람만 '전복까꾸리'로 전복을 따고 있었다.

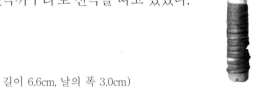

도4-92 전복까꾸리
(길이 59.9cm, 날의 길이 6.6cm, 날의 폭 3.0cm)

오분작 글갱이 [도4-93]

　'오분작글갱이'는 '오분작'(떡조개)을 따는 쇠로 만든 '글갱이'(호미)다. 이것은 비양도(한림읍 비양리) 임○○(1938년생, 여) 씨가 쓰던 것이다. '오분작글갱이' 날은 납작하고, 둥근 목을 나무 자루에 박았다. 그리고 자루 꽁무니에 고무줄을 채웠다. 썰물 때 갯가에서 잠수하지 않은 채 고무줄을 손목에 걸고 '오분작'을 잡거나 잠수하여 성게 따위를 땄다. 이와 같은 도구는 1960년대 말에 비양도에 들어왔다. '오분작글갱이'가 비양도에 들어오기 전에는 밭매는 '글갱이'로 대신하였다.

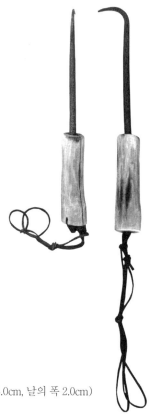

도4-93 오분작글갱이
(길이 25.9cm, 날의 길이 4.0cm, 날의 폭 2.0cm)

물구럭 굴갱이[도4-94]

'물구럭굴갱이'는 '물구럭'을 잡는 쇠로 만든 '굴갱이'(호미)다. 이 것은 제주대학교박물관이 제주시 이호동에서 수집한 것이다. '물구럭굴갱이' 날은 둥글다. 또 둥그런 목을 자루에 박아 만들었다. 소나무 자루에는 잡았을 때 손가락이 닿는 곳에 홈을 내어 물속에서도 잘 미끄러지지 않게 만들었고, 자루 꽁무니에는 나일론 끈을 달았다.

성게얼맹이[도4-95]

'성게얼맹이'는 성게 알에 붙어 있는 찌꺼기를 걸러 내는 구멍이 송송한 양은그릇이다. 이것은 구좌읍 하도리 고이화(여) 씨가 1970년대부터 만들어 쓰는 것이다. 양은그릇에 쇠못으로 2~3mm의 구멍을 뚫어 만들었다. 그리고 떨어져 나가려는 바닥의 테두리를 철사로 기워 묶었다. 제주도에서 성게는 자급자족의 해산물에 지나지 않는데, 1970년대부터 대일수출품으로 대접받으면서 이와 같은 도구가 고안되었다.

도4-94 물구럭굴갱이

(길이 41.9cm, 날의 길이 4.2cm, 날의 폭 2.0cm)

도4-95 성게얼맹이

(지름 24.5cm, 높이 11.8cm)

대조개창[도4-96]

'대조개창'은 '보리대엽' 또는 '남색조갱이'라는 비교적 큰 '대조개'를 잡는 창이다. 이것은 제주시 삼양동 박양심(1947년생, 여) 씨가 쓰던 것이다. 끝이 세 갈래로 갈라진 창을 자루에 박아 만들었다.

제주시 삼양동 해녀들은 '대조개창'을 들고 '석은배기'라는 곳에서 물속으로 들어가 '보리대엽'을 캤다. '석은배기'는 수심이 12m 정도로 매우 깊은 바다이다. 자잘한 자갈돌이 있고, 모래도 조금 있다. '석은배기'는 담수가 솟구치는 곳이다. '석은배기'는 물이 워낙 차가워서 옷만 입고 잠수할 때는 미역 채취를 단 몇 분도 하기 어렵다.

요즘 제주시 삼양동 해녀들은 이곳에서 '대조개'를 잡고 있다. 물질하다 보니 조개껍데기가 바닥에 널려 있는 것을 발견하고는 그 자리를 열심히 파보았으나 조개를 발견하지 못하였다. 모래가 있는 쪽으로 가서 구멍이 송송 난 곳을 깊이 파보아도 조개를 찾을 수 없었다. 그래도 더욱 깊게 파고 들어가 15cm 깊이에 이르니, '대조개'가 빽빽하게 박혀 있었다.

그 후 이곳에서 조개를 캐게 되었다. 1995년 여름, 박양심(1947년생, 여) 씨가 이곳에 '대조개'가 깃들어 있는 것을 맨 처음 찾아내었다. 모래와 자갈이 뒤섞인 곳이기에 제주도 다른 곳에서처럼 맨손으로 잡아낼 수 없었다. 첫해에는 '빗창'으로 자갈 모래를 파서 '대조개'를 잡았지만 그렇게 많이 잡을 수 없게 되자, 1996년부터 '대조개창'을 고안해내기에 이르렀다. '대조개창' 목에는 줄이 붙었다.

해녀들은 잠수하며 물속에 있는 '대조개'를 파서 손에 잡고 물 위로 나와 '테왁'에 달린 '망사리'에 담았다. 그동안 '대조개삽'은 물속 바닥에 놓아두었다. 다시 잠수할 때 자기의 '대조개삽'을 쉽게 찾아

넬 수 있게 되었다. 그리고 '대조개' 밭으로 오가는 동안에 '테왁'에 묶어두었다.

돌늣조갱이[도4-97]

'돌늣조갱이'는 '돌늣'(돌김)을 긁어 채취하는 '조갱이'라는 말이다. '조갱이'는 자그마한 전복 겉껍데기라는 말이다. 이것은 구좌읍 행원리 홍복순(1931년생, 여) 씨가 쓰던 것이다. 갯바위 거친 데 붙은 '돌늣'은 재거름을 살살 뿌려 줘 가며 맨손으로 돌김을 매듯이 땄고, 갯바위가 비교적 매끈한 데 붙어 있는 '돌늣'은 '돌늣조갱이'로 긁어 땄다.

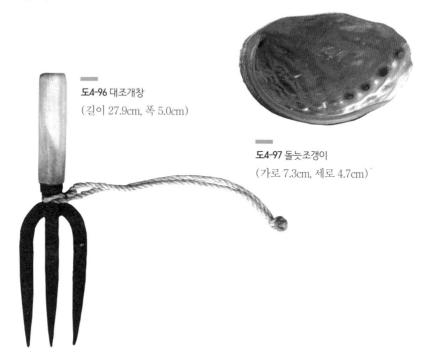

도4-96 대조개창
(길이 27.9cm, 폭 5.0cm)

도4-97 돌늣조갱이
(가로 7.3cm, 세로 4.7cm)

돌늣솔[도4-98]

　'돌늣솔'은 마라도 사람들이 갯바위에 붙은 돌김을 긁어 따는 도구이다. 이것은 마라도 김창부(1912년생, 여) 씨가 쓰던 것이다. 비교적 강한 철사를 한데 뭉치고 손잡이에 헌 장갑을 묶어 만들었다. 마라도 돌김은 유난히 길었다. 제주도의 돌김은 마라도의 것처럼 길지 않다. 돌김이라 하지 않고 '늣' 또는 '돌늣'이라고 하였다. 채취법도 마라도에서와 조금 달랐다. 짧고 미끄러운 것이라 재거름을 가지고 가서 살살 뿌려 가며 손으로 매고 나서 씻어 널어 말렸을 뿐이었다. 마라도 사람들은 돌김을 따고 말려서 생계에 보태었다. 1965년 2월에 제정한〈마라도 향약〉을 보면, 돌김은 양력 12월 하순에 마을 회의에서 결의하여 허채(許採)한다고도 하였다. 1994년 현재

몇 사람이 돌김을 따고 있을 뿐이다. 돌김은 맨손, 또는 전복 겉껍데기로 긁어 땄다. '돌늣솔'로 긁어 따기도 하였다. 따낸 돌김은 단물에 씻고 나서 칼로 잘게 난도질하고 단물에 담갔다가 '새(띠)'로 엮어 만든 '발장'에 펴 널어 말렸다. 정성스럽게 말린 돌김은 제주도로 나와서 팔기도 하였고, 또 마라도 돌김 맛을 아는 육지 사람들로부터 주문받아 넘기는 수도 있었다.

도4-98 돌늣솔(길이 19.0cm, 폭 4.7cm)

아시궹이[도4-99]

　'아시궹이'는 자루가 긴 낫의 하나로, 깊은 물속의 것이나 멀리 떨어진 곳에 있는 미역 따위를 베거나, 그것을 건져 올리기 좋게 만든 낫이다. 이것은 구좌읍 하도리 김이선(1917년생, 여) 씨가 쓰던 것이다. 보통 제주도에서 쓰는 호미의 날을 111cm의 소나무 자루 옆에 대고 전깃줄과 철사를 엉성하게 매어 만들었다. 자루의 길이는 개인차가 있지만, 보통의 것보다 짧다. 김 씨는 이것으로 갯가에서 얕은 물속의 미역을 베거나, 바람에 떠밀려온 미역과 우뭇가사리를 건져 올렸다.

도4-99 아시궹이
(길이 115.0cm, 날의 길이 19.0cm)

중게호미[도4-100]

'중게호미'는 미역, 톳 따위를 베고 캘 때 쓰는 낫이다. 이것은 제주대학교박물관이 제주시 이호동에서 수집한 것이다. 자루를 턱지게 다듬었다. 자루 아래쪽은 물속에서 자루를 손에 잡아도 빠지지 않게 낸 것이고, 자루 위쪽의 것은 감아 묶은 철사가 벗겨지지 않게 턱을 낸 것이다. 그리고 뭍에서 쓰는 호미의 날보다 두꺼운 편이다. 땅의 풀을 베는 낫을 '비호미'라고 하고, 바다의 풀을 베는 것을 '중게호미'라고 한다. '비호미'와 '중게호미'는 자루에 날을 채우는 법이 달랐다. '비호미'는 날을 자루 속에 박지만, '중게호미'는 날을 자루 옆에 꽂고, 다시 철사로 묶었다. 그래야 바닷물 속에서도 날이 빠지지 않아서 좋았다. '중게호미'의 '중게'는 자물쇠 따위가 '잠가지다'라는 뜻의 제주어 '중그다'에서 온 말이다. 그러니 '중게호미'는 '비호미'와 달리 호미의 날을 잠그듯이 철사로 틀어 묶어 만든 호미라는 뜻을 지녔다. 이것으로 조간대에서는 톳, '지충', 그리고 점심대(漸沈帶)에서는 미역, 감태, 거름 해조류 따위를 베어냈다.

도4-100 중게호미
(길이 26.1cm, 날의 길이 18.0cm)

줄아시[도4-101]

'줄아시'는 '실갱이'(잔가시모자반)라는 거름 해조류
를 벨 때 쓰는 기다란 낫이다. 이것은 제주대학교박
물관에 있는 것이다. '줄아시'는 '줄'[索]과 '아시'로
구성된 말이다. 아시는 '따내다'의 뜻을 지닌 제주어
'앗아내다'의 명사형이다. '아시'에 줄을 묶어 바닷
속으로 드리우고 '실갱이'를 베어내는, 곧 '앗아내
는' 것이다. 그래서 '줄아시'다. 제주도 사람들은 통
나무배 '터우'나 풍선을 타고 '줄아시'로 '실갱이'를
채취한다. 배의 종류에 따라 실갱이를 채취하는 방
법이 다르다.

'터우'로 '실갱이'를 채취하는 어로공동체의 구성
원은 '실갱이'를 채취하는 팀과 '실갱이'를 운반하는
팀으로 나누어졌다. '실갱이'를 채취하는 팀은 모두
6명이다. 이들은 2개의 '터우'에 각각 3명씩 나누어
탔다. 이때의 '터우'를 '줄아싯배'라고 한다. '줄아싯
배'에서는 1명이 노를 저었고, 2명은 '줄아시'로 '실
갱이'를 베어냈다. 이때 조류의 역방향으로 '터우'를
항진(航進)하면서 '실갱이'를 베어냈다. 그러면 '실갱
이'는 물 위에 둥둥 떴다. '줄아싯배'의 임무는 이것

도4-101 줄아시
(길이 361.8cm, 날의 폭 6.8cm)

으로 끝이다. '실갱이'를 운반하는 팀도 6명이다. 이들은 3개의 '터우'에 각각 2명씩 나누어 탔다. 이때의 '터우'를 '공쟁잇배'라고 한다. '공쟁잇배'에서는 한 사람은 '터우'의 노를 젓고, 한 사람은 '공쟁이'(갈퀴)로 물 위에 뜬 '실갱이'를 끌어올린다. '실갱이'가 '터우'에 가득 채워진다. 뭍으로 실어 나른다. 3척의 '터우'가 서로 번갈아 가며 이 일을 이루어낸다.

　풍선으로 '실갱이'를 채취하는 방법은 한림읍 월령리 양창부(1926년생, 남) 씨에게 가르침받았다. 이 마을에서는 한 척의 풍선을 3명이 공동으로 소유하는 경우가 많다. 풍선을 타고 '실갱이'를 채취할 때 한 사람은 노를 젓는다. 이때 '터우'처럼 조류의 역방향이 아니라 순방향으로 항진한다. 두 사람은 이물과 고물에 각각 한 사람씩 서서 '줄아시'의 줄을 들어 올렸다 내리기를 반복하며 '실갱이'를 베었다. '실갱이'가 물 위에 뜨면 '공쟁이'로 '실갱이'를 건져 올렸다. '줄아시'로 '실갱이'를 베어내고 '공쟁이'로 건져 올리기를 반복하면서 풍선 가득 '실갱이'를 채워나갔다.

　'실갱이' 수확에 참여한 가호에서는 한 사람의 여성 노동력이 출동한다. 이들은 '실갱이'를 널어 말린다. 무더기를 만들어 점점이 늘어놓는다. 이를 '덤' 또는 '마들'이라고 한다. '실갱이'의 덤을 서로 나누어 갖는다. 어로공동체의 구성원들은 각자 하나의 몫을 배당받는다. 이를 '몸찍'이라고 한다. 배(떼나 풍선)의 몫으로도 하나의 몫을 배당받는다. 이를 '뱃찍'이라고 한다. '줄아시'의 몫으로 하나의 몫에서 2분의 1의 '실갱이'를 배당받는다. 이를 '줄아시찍'이라고 하였다. 배나 '줄아시'를 공동으로 소유하고 있는 경우에는 '뱃찍'이나 '줄아시찍'은 없었다.

듬북낫[도4-102]

'듬북낫'은 물속에 있는 거름 해조류인 '듬북'을 베어내는 기다란 낫이다. 이것은 제주대학교박물관에 있는 것이다. '듬북낫'의 날은 대장간에서 주문하여 만들고, 자루는 손수 가시나무를 베어다가 만들었다. 가시나무는 섬유질이 강하여 잘 부러지지 않았고, 침수성(沈水性)이 좋아 물에 잘 가라앉았다. 자루를 길게 할 양으로 두 개의 가시나무를 대어 머리털로 꼰 말총 줄로 묶어 연결하였다. 그리고 날은 가죽 실로 묶었다. '듬북낫'으로 거름 해조류를 베어내기는 대개 '터우' 1척에 남자 두 사람이 이루어 내는 수가 많았다. '듬북낫'을 쥔 사람이 이것을 바닷속으로 드리운 채 거름 해조류를 베어나가면, 그 거름 해조류는 저절로 물 위로 뜨기 마련이다. 또 한 사람은 베어낸 거름 해조류들이 물 위에 뜨는 대로 '공쟁이'로 끌어당기며 배 위에 실었다.

도4-102 듬북낫
(길이 500.0cm, 날의 길이 86.7cm)

공쟁이①[도4-103]

'공쟁이'①은 '아시'나 '듬북낫'으로 베어내어 물 위에 뜬 거름 해조류를 건져 내거나, 물속 바위에 붙어 있는 거름 해조류를 휘감아 당기며 채취하는 꼬부라진 갈퀴이다. 이것은 제주대학교박물관에 있는 것이다. 구부정한 나뭇가지를 왕대나무 자루에 대고 나일론 실로 동여매어 만들었다.

공쟁이②[도4-104]

'공쟁이'②는 파도에 떠밀려온 듬북, '우미'(우뭇가사리), 미역, 톳 따위 해조류를 바닷가에서 걸어 올리는 도구이다. 이것은 구좌읍 행원리 임지영(1952년생, 남) 씨 집에서 쓰던 것이다. 솔가지 6개가 달린 소나무 조각을 왕대나무 자루에 붙여 매었다. 솔가지 사이에는 나일론 줄로 얽어매었다. 우뭇가사리 따위가 솔가지 사이에 빠져나가지 않아서 좋았다.

도4-103 공쟁이❶(길이 509.0cm)

도4-104 공쟁이❷(길이 176.5cm)

공쟁이③[도4-105]

‘공쟁이’③은 파도에 떠밀려온 듬북, ‘우미’(우뭇가사리), 미역, 톳 따위 해조류를 바닷가에서 걸어 올리는 도구이다. 구좌읍 행원리 동동네 어느 집에서 본 것이다. 솔가지 5개가 달린 소나무 조각을 ‘수리대’(구릿대) 자루에 붙여 매었다. 솔가지 사이에는 나일론 줄로 얽어매었다. 우뭇가사리 따위가 솔가지 사이에 빠져나가지 않아서 좋았다.

공쟁이④[도4-106]

‘공쟁이’④는 파도에 떠밀려온 듬북, ‘우미’(우뭇가사리), 미역, 톳 따위 해조류를 바닷가에서 걸어 올리는 도구이다. 이것은 구좌읍 행원리 홍산원(1910년생, 여) 씨 집에서 쓰던 것이다. 솔가지 6개가 달린 소나무 조각을 왕대나무 자루에 붙여 매었다. 솔가지 사이에는 나일론 줄로 얽어매었다. 우뭇가사리 따위가 솔가지 사이에 빠져나가지 않아서 좋았다.

공쟁이⑤[도4-107]

‘공쟁이’⑤는 파도에 떠밀려온 듬북, ‘우미’(우뭇가사리), 미역, 톳 따위 해조류를 바닷가에서 걸어 올리는 도구이다. 이것은 구좌읍 행원리 고춘도 씨가 만들어 쓰던 것이다. 솔가지 5개가 달린 소나무 조각을 왕대나무에 끼우고, 나일론 실로 감아 묶었다.

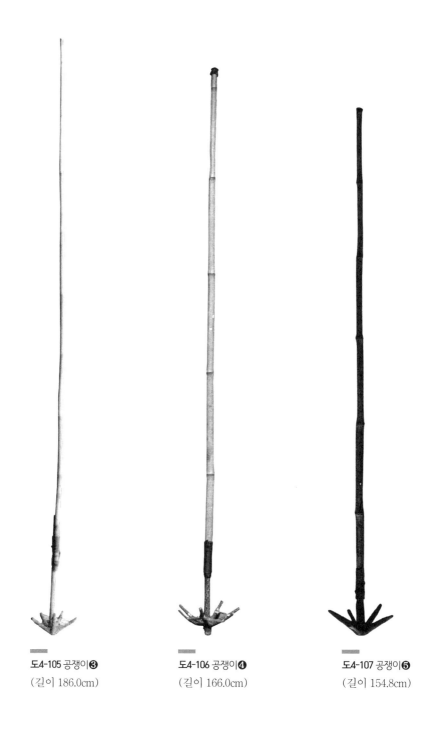

도4-105 공쟁이❸

(길이 186.0cm)

도4-106 공쟁이❹

(길이 166.0cm)

도4-107 공쟁이❺

(길이 154.8cm)

글갱이 ①[도4-108]

‘글갱이’는 바다풀 더미를 긁어 헤치면서 필요한 것만 골라내는 도구이다. 이것은 구좌읍 행원리 홍산원(1910년생, 여) 씨가 쓰던 것이다. 동백나무 자루에 철사(굵기 4mm) 우그린 것을 묶어 만들었다.

글갱이 ②[도4-109]

‘글갱이’는 바다풀 더미를 긁어 헤치면서 필요한 것만 골라내는 도구이다. 이것은 구좌읍 행원리 홍산원(1910년생, 여) 씨가 쓰던 것이다. 쇠파이프에 박은 철사를 부챗살 모양으로 모으고 나서, 철사 한쪽을 우그렸다. 본디 쓰임은 뭍에서 솔잎 같은 땔감을 그러모으는 것이나, 바닷가에서 ‘우미’(우뭇가사리)를 그러모으는 도구로 쓰였다. ‘우미’가 ‘글갱이’ 살 사이로 빠져나가지 못하게 나일론 실로 얽어맸다.

도4-109 글갱이❷(길이 108.5cm)

적마께[도4-110]

‘적마께’는 갯바위에 붙어 자라는 쓸모없는 바다풀 따위의 ‘적’을 제거하는 ‘마께’(방망이)다. 이것은 제주민속촌에 있는 것이다. ‘ㄱ’ 자 모양의 날을 소나무 자루에 박아 만들었다. ‘적’은 바다의 잡초와 같은 것이니, 이것이 많이 나 버리면, 쓸모 있는 바다풀이 자랄 터전을 잃어버렸다. ‘적마께’로 갯바위를 찍으며 ‘적’을 제거하였다. 구좌읍 행원리 홍복순(1931년생, 여) 씨는 이런 도구를 ‘적마께’라고 하고, 이것으로 갯바위의 ‘적’을 제거하는 일을 ‘개닦기’라고 하였다.

소살[도4-111]

‘소살’은 기다란 왕대나무 끝에 미늘이 돋은 뾰족한 쇠를 박아 물고기를 쏘아 잡는 도구이다. 이것은 대정읍 하모리 변화옥(1924년생, 여) 씨가 필자의 부탁으로 복원하여 준 것이다. 지름 0.7cm의 쇠막대 끝에 양쪽으로 미늘을 내어 만든 날을 나무 자루에 박고, 철사로 묶어 만들었다. 변 씨의 나이 25세 되던 해인 1949년부터 ‘고무줄소살’을 썼고, 그 이전에는 해녀들이 잠수하여 이와 같은 것으로 고기를 쏘아 잡았다고 한다.

도4-110 적마께
(길이 34.7cm, 날의 길이 6.5cm, 날의 폭 3.9cm)

도4-111 소살
(길이 80.7cm)

고무줄소살[도4-112]

    '소살'은 기다란 왕대나무 끝에 미늘이 돋은 뾰족한 쇠를 박아 물고기를 쏘아 잡는 도구이다. 이것은 한경면 고산리 이춘선(1936년생, 여) 씨가 쓰던 것이다. 고무줄이 달린 '소살'이다. 네모난 세 가닥의 살에 '미늘'을 내었다. 그리고 '살'은 지름 0.7cm로 둥글다. 이것을 '수리대'(이대)의 가는 쪽에 끼우고 나일론 줄을 단단하게 감아 묶었다. '수리대'의 끝에 고무줄을 붙였다. 고무줄이 나오기 전에 해녀들이 잠수하여 물고기를 쏘아 잡았던 '소살'도 전승되었다. 해녀들이 물고기를 쏘아 잡는 기회는 두 가지가 있었다. 전복과 '구제기'를 잡다가 부수적으로 쏘아 잡는 일이 있었고, 물고기만을 쏘아 잡을 목적으로 잠수하는 일을 두고 '궤기물에'라고 하였다. '궤기'는 고기의 제주어다. 이것으로 '궤기물에' 중에 '붉바리'(벨우럭)·다금바리·우럭·광어·문어 등 주로 정착성 물고기를 잡았다. 1940년대 고무줄 '소살'이 나오면서부터 정착성 물고기는 물론 방어·'구릿'(벵에돔)·숭어 등 이동성이거나 보다 민첩한 물고기도 쏘아 잡을 수 있게 되었다.

도4-112 고무줄소살(길이 190.5cm)

비께거낫[도4-113]

　'비께거낫'은 해녀들이 물속으로 들어가 산란하려고 물속에 누워 있는 '비께'(두툽상어)를 찍어내는 '거낫'이다. '거낫'은 자루를 길게 하여 먼 곳에 있는 것을 잡아당기기 편하게 만든 갈퀴라는 말이다. 이것은 대정읍 하모리 변화옥(1924년생, 여) 씨가 필자의 부탁으로 복원하여 준 것이다. 제주도에서 '비께'는 남자들은 그물, 그리고 여자들은 잠수하여 '비께거낫'으로 잡는 수가 많았다. 안덕면 사계리 고술생(1911년생, 남) 씨에게 가르침받았다. 마라도에서는 음력 3월부터 5월 장마가 끝날 때까지, 그리고 안덕면 사계리에서는 음력 5월에 그물로 '비께'를 잡았다. '비께'는 장마가 끝난 음력 6월부터 중복 사이에 물속 바윗돌 틈이나 바다풀 숲속에 누워 산란을 준비하는 수가 많았다. 그때부터 '비께'는 그물로 잡을 수 없게 되었고, 대신 해녀들이 잠수하여 '비께거낫'으로 '비께'를 걸려 잡을 수밖에 없었다. 해녀 혼자 또는 둘이서 이것으로 '비께'를 잡았다. 두 해녀가 같이 잡을 때는 '비께거낫'의 손잡이 끝에 서너 발 길이의 줄을 묶었다. 한 해녀만 잠수하여 '비께거낫'의 날

도4-113 비께거낫(길이 88.6cm)

을 아가미에 걸고, 줄만 가지고 수면 위로 나왔다. 그 줄을 넘겨받은 나머지 한 해녀가 줄만 잡고 갯가로 헤엄쳐 나와 잡는다. 혼자만 잡을 때는 해녀가 여기저기 헤엄쳐 다니다가 '비께'가 누워 있는 것을 보고 잠수하여 물속으로 들어가서 '비께거낫'의 날을 '비께'의 아가미에 걸고, 한 손으로 꼬리를 잡아 수면 위로 나왔다.

그리고 마라도에서는 '비께거낫'으로 '비께'를 잡는 방법이 조금 달랐는데, 마라도 김창부(1921년생, 여) 씨에게 가르침받았다. 마라도에서는 음력 5월 전후에 '비께'가 새끼를 치려고 바위 그늘로 몰려들었다. 이 무렵의 상어를 '맛비께'라고 하였다. 마라도의 '장시덕'과 '살레덕'은 물속 바위 그늘이 발달하였다. 한발 길이의 나뭇가지 가장자리에 '비께거낫'의 슴베를 자루 옆에 꽂고, 다시 철사로 묶었다. 그래야 바닷물 속에서도 날이 빠지지 않아서 좋았다. 자루 끝에는 줄을 묶었다. 해녀는 줄과 막대를 양손에 나누어 잡고 물속으로 들어갔다. 물속 바위 그늘에 알을 치려고 둥지를 틀고 있는 상어를 찾아내어 '비께거낫'으로 걸었다. 해녀는 줄만 잡고 물 위로 나왔다. 갯밭에서 기다리고 있는 사람에게 줄을 넘겨주고 해녀 자신은 그 위치에서 벗어났다. 뭍에 있는 사람은 '비께'를 뭍으로 끌어올렸다.

잔손질에 따른 도구

원초 경제사회의 삶 속에서 어떠한 도구를 만들 때는 잔손질이 많이 들었다. 예를 들어 수확과 탈곡 도구인 멍석 하나를 짜려면, 짚을 보드랍게 만드는 잔손질부터 시작되었다. 이럴 때 짚을 부드럽게 하려고 할 때 받치는 '덩드렁'이라는 돌판과 짚 따위를 두드리는 커다란 방망이인 '덩드렁마께'가 필요하였다. 그 이외 나무와 돌을 다듬는 도구들도 여기에 넣었다.

덩드렁마께[도4-114]

'덩드렁마께'는 짚 따위를 두드리는 커다란 방망이다. 이것은 서귀포시 대포동 이지환(1925년생, 남) 씨 집에서 쓰던 것이다. 이 씨의 나이 10살이 되는 1935년에 이 씨 할아버지가 '가시낭'(가시나무)으로 만든 것이다. '덩드렁마께'로 짚 따위를 두드릴 때 받침돌인 '덩드렁' 위에 짚을 얹어 놓고 두드렸다. 이럴 때 짚은 지름 13cm 안팎으로 단을 묶었다. 묶은 줄을 '꿰미'라고 하였다. '꿰미' 밑동을 두드리기가 버거웠다. 그 일을 두고 '무시르다' 또는 '무스르다'라고 한

도4-114 덩드렁마께(길이 32.5cm, 지름 10.0cm)

다. '초불'(애벌)은 비교적 큰 '덩드렁마께'로 두드리고 '꿰미'를 다시
묶고 나서, 다음에는 비교적 작은 것으로 두드렸다. 큰 '덩드렁마께'
로만 두드리면 볏단이 바스러질 우려가 있기 때문이었다. 그리고
'덩드렁마께'는 옷에 감물을 들이려고 '떡도고리' 따위에서 풋감을
빻을 때도 쓰였다.

  애월읍 어음리 강시평(1939년생, 남) 씨 가르침에 따르면, '덩드렁마
께'는 기운 세고 사나운 황소를 유순하게 만들기 위하여 거세하는
도구로도 쓰였다. 거세하지 않아 힘이 넘친 황소를 '부사리', 그리고
불알을 깐 소를 '중성귀'라고 하였다. '부사리'는 사나운 기운을 꺾고
온순한 기운만 남아 있게 할 소용으로 불알을 깠다. 가을에 여러 가
지 절차에 따라 불알을 깠다. 소의 다리를 묶었다. 그리고 소를 넘어
뜨려 놓고, 옴짝달싹하지 못하게 할 양으로 왼쪽 앞뒤 다리와 오른
쪽 앞뒤 다리에 나무막대를 하나씩 따로 대어 다시 묶었다. 말총으
로 꼰 줄로 불알 주머니 길목인 '불목'을 묶었다. 그러면 불알 주머
니는 서서히 부어올랐다. '불목'에 나무막대를 양쪽으로 대어 다시
단단히 묶었다. 이때의 나무막대를 '목낭'이라고 하였다. 불알 주머
니 안에 든 불알을 '덩드렁마께'로 두드리는 일을 '불깬다'고 하였다.

'덩드렁' 위에 불알을 올려놓고, '덩드렁마께'로 1시간 동안 불알을 두드리며 불알을 깼다. 그런 후에 누워 있는 소를 일으켰다. 불알 기운이 몸속으로 되돌아갈까 염려하여 '불목'에 단단하게 묶어뒀던 '총줄'을 다시 느슨하게 풀어 묶었다.

불알을 깬 황소를 '쇠막'(외양간)에 몰아넣고, 한 보름 동안 빛과 소리를 철저히 차단하려고 애썼다. '멍석'이나 지푸라기 따위로 입구와 '창곰'을 막아 빛을 막았고, 집 안이나 집 바깥에서 시끄러운 소리가 나지 않게 주의를 기울였다. 가장 큰 고민은 집 바깥에서 들려올지도 모를 '굿소리'였다. '굿소리'를 들은 황소는 흥분하게 되고, 이로 말미암아 불알에서 고름이 생기게 되면, 불알 주머니는 오므라들다가 축 늘어져 버리는 수가 있었다.

덩드렁①[도4-115]

 '덩드렁'①은 집 안에서 짚을 방망이로 두드려 부드럽게 하려고
할 때 받치는 둥그렇고 미끈하게 생긴 돌판이다. 이것은 서귀포시
대포동 이지환(1925년생, 남) 씨 집에서 쓰던 것이다. '덩드렁'①은 이
씨 증조(1827~1900)가 서귀포시 대포동 '당앞개'라는 갯가에서 주워
온 것이다. 비교적 작은 '덩드렁'①은 '정지'(부엌)에 놓아두면서 짚신
따위를 짤 적은 양의 짚을 두드릴 때 썼다. '덩드렁'①을 달리 '족은
덩드렁'이라고도 한다.

덩드렁②[도4-116]

 '덩드렁'②는 집 바깥에서 짚을 방망이로 두드려 부드럽게 하려고
할 때 받치는 둥그렇고 미끈하게 생긴 돌판이다. 이것은 서귀포시
대포동 이지환(1925년생, 남) 씨 집에서 쓰던 것이다. '덩드렁'②는 마
당 구석에 놓아두면서 거친 짚을 비교적 큰 '덩드렁마께'로 두드릴
때 썼다. '덩드렁'②는 이 씨 증조(1827~1900)가 서귀포시 대포동 '당
앞개'라는 갯가에서 주워 온 것이다. '덩드렁'②를 달리 '큰덩드렁'이
라고도 한다.

도4-115 덩드렁①

(가로 29.0cm, 세로 28.0cm, 높이 12.0cm)

도4-116 덩드렁②

(가로 39.0cm, 세로 36.0cm, 높이 18.5cm)

번자귀[도4-117]

 '번자귀'는 자귀의 하나로 날이 가로로 되어 있어 주로 자그마한 통나무를 깎는 데 알맞게 만들어진 도구이다. 이것은 안덕면 감산리 오기남(1916년생, 남) 씨가 감산리 민속자료실에 기증한 것이다. '번자귀'는 재떨이, '함박', 나막신 등 비교적 작은 나무 그릇 따위를 만들 때 쓰는 경우가 많다. 손잡이와 머리가 한몸으로 이루어진 '쿳가시낭'(구지뽕나무)으로 자루를 박았다.

도4-117 번자귀
(가로 20.3cm, 세로 30.7cm)

돌자귀[도4-118]

'돌자귀'는 돌을 쪼거나 찍어 떼어내는 도구다. 돌을 다듬는 자귀라서 '돌자귀'라고 한다. 이것은 조천읍 함덕리 고선립(1921년생, 남)씨가 쓰던 것이다. 머리는 둥그렇고 날은 뾰족하게 만든 쇠붙이 한가운데 구멍을 내고 '윤누리낭'(윤노리나무) 자루를 박아 만들었다. '돌자귀'는 돌담을 쌓을 때 쓰는 수도 있었다. 머리로는 돌멩이의 군더더기를 때려 떼어냈고, 날로는 돌담의 돌멩이와 돌멩이 틈을 쪼며 다듬었다.

도4-118 돌자귀
(가로 18.0cm, 세로 30.5cm)

돌도치[도4-119]

'돌도치'는 커다란 바윗돌을 떼어내기에 앞서 내려쳐 찍으며 홈을 내는 도구다. '도치'는 도끼의 제주어다. 이것은 조천읍 함덕리 고선립(1921년생, 남) 씨가 쓰던 것이다. 나무를 찍어내는 제주도 전통적인 도끼의 머리가 뾰족하다면, 이것은 편편하다. '돌도치' 자루는 빠진 상태이다.

끌망치[도4-120]

'끌망치'는 돌멩이에 구멍을 내려고 끌[鑿]의 머리를 때리는 망치다. 이것은 조천읍 함덕리 고선립(1921년생, 남) 씨가 쓰던 것이다. 사각의 쇠망치 모서리를 살짝 깎아 8각이 되게 만들었다. 가운데 홈을 내고 '윤누리낭(윤노리나무)'의 자루를 박아 만들었다.

돌끌[도4-121]

'돌끌'은 커다란 바윗돌을 깨기에 앞서 구멍을 파는 도구이다. '돌끌'은 위에서부터 머리-몸-부리로 구성되었다. 몸을 한 손에 잡고, '끌망치'로 '돌끌'의 머리를 내려치며, 부리로 구멍을 냈다. 이것은 조천읍 함덕리 고선립(1921년생, 남) 씨가 쓰던 것이다. 부리가 뾰족한 '돌끌'을 '아귀끌'(길이 27.0cm), 그리고 부리가 납작한 '돌끌'을 '속고지끌'(길이 19.0cm)이라고 한다. 맨 처음에 '아귀끌'로 구멍을 내고 나서, '속고지끌'로 더욱 깊숙하게 구멍을 냈다. '아귀'는 아가리라는 뜻의 제주어이니, 이것으로 쪼아 뚫어 돌구멍의 아가리를 낸다는 말에서 비롯했다. 그리고 '속고지끌'은 그 속을 뚫는 끌에서 나온 말일 것이다. 원래 어느 것이나 30cm 길이의 것이었는데, 쓰다 보니 이처럼 몽땅하게 되어 버렸다.

도4-119 돌도치
(가로 5.0cm, 세로 14.0cm, 폭 4.0cm)

도4-120 끌망치
(길이 20.8cm)

도4-121 돌끌(위/ 27.0cm, 아래/ 19.0cm)

양태구덕 [도-122]

　'양태구덕'은 '양태판'을 받치는 대그릇이다. 이것은 제주시 삼양 동 변규서(1938년생, 남) 씨가 만든 것이다. '양태판'은 주로 벚나무나 느티나무로 만든다. 두께 7cm, 지름 28cm, 가운데는 4cm 정도의 네 모난 구멍이 나게 만든 판이다. '양태구덕'은 씨줄 대오리인 'ᄀᆞ른늘' 과 날줄 대오리인 '선늘'이 모두 9개로 구성되었다. 위아래가 둥그 렇게 바라지고 허리는 파인 모습으로 꾸며졌다. 그래야 아낙네들이 앉아 갓양태를 결을 때 무릎이 걸리적거리지 않고 편해서 좋다. '양 태구덕' 위쪽 움푹한 데를 '텅에'라고 한다. 제주도 사람들은 닭둥우 리를 '닭텅에'라고 한다. 그 모양이 '닭텅에'를 닮았다는 것이다. 여 기에 갓양태 겯는 데 따른 여러 가지 도구를 넣어두는 대그릇으로 도 활용될 수 있게 구성되었다.

　이원조(李源祚, 1792~1871)는《탐라지초본(耽羅誌草本)》에서, 제주도 여자들은 "짜는 일과 따는 일로 직업을 삼는다.(織採爲業)"라고 하면 서, "땅이 누에를 치고 면화를 재배함에 알맞지 않으니 여인들은 양 태를 짜고, 총모자를 겯고, 미역을 따고, 전복을 찾아내는 것으로 직 업을 한다. 겨우 10살에 이르면 이미 잠수하는 기술을 배운다.(土不 宜蠶綿 女人以織涼結鬘採藿抹鰒爲業 纔及十歲 已學潛水之技)."라고 하였다. 이처럼 양태를 짜는 것을 직업으로 삼았던 제주도 여성들에게 있어 '양태구덕'은 하나의 필수품으로 작용하였다.

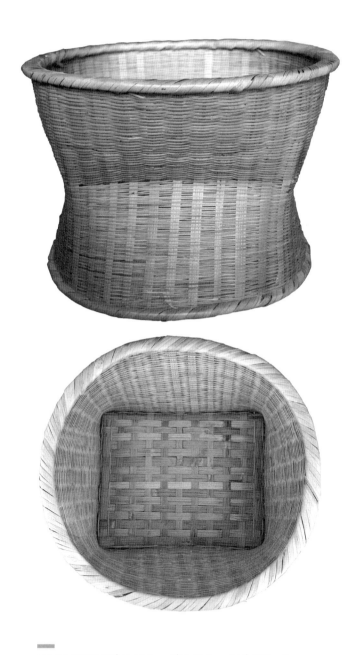

도4-122 양태구덕(가로 40.5cm, 세로 38.0cm, 높이 28.0cm)

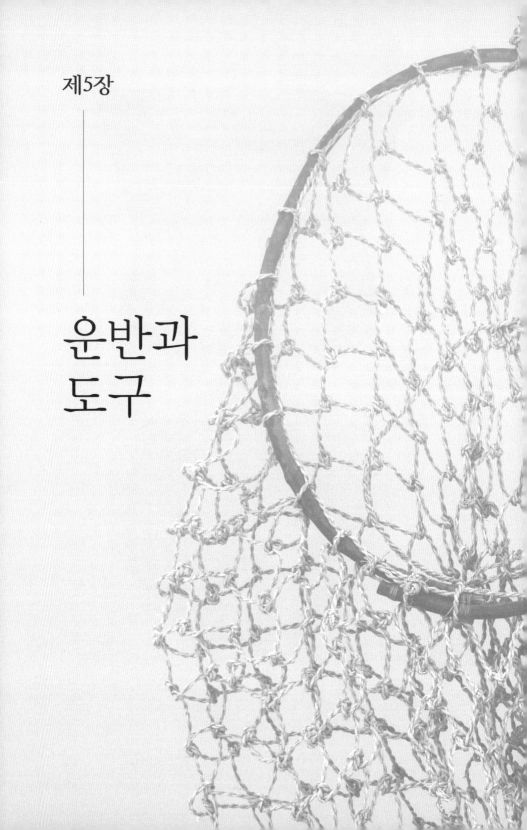

제5장

운반과
도구

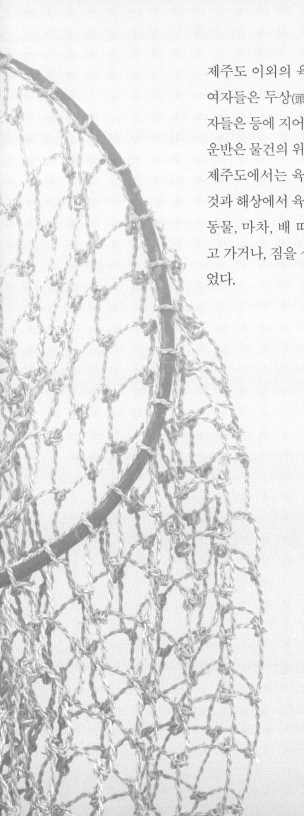

제주도 이외의 육지부와 그 주변 도서 지역 여자들은 두상(頭上) 운반, 그리고 제주도 여자들은 등에 지어 나르는 운반에 익숙하였다. 운반은 물건의 위치를 이동 변경하는 것이다. 제주도에서는 육상에서 육상으로 운반하는 것과 해상에서 육상으로 운반하는 것이 있다. 동물, 마차, 배 따위를 이용하여 사람이 오고 가거나, 짐을 실어 나르는 일도 운반에 넣었다.

운반과
도구

제주도 옛 문헌에는 제주도 여자들의
운반문화를 기록하였다. 김정(金淨, 1486~1521)은《제주풍토록》(濟州
風土錄)에서, '부이부대'(負而不載)라고 지적하였다. 제주도 사람들은
운반 대상의 짐을 등에 질지언정 머리에 이어 나르지 않았다는 것
이다.

제주도 이외의 육지부와 그 주변 도서 지역 남자들이나 제주도
지역 남자들의 운반문화는 어떠한 물건을 지게 또는 바지게에 올려
놓고 등에 지어 나르는 것이었으니, 김정의 '부이부대'는 제주도 이
외의 육지부와 그 주변 도서 지역 여자들의 두상(頭上) 운반문화와
제주도 지역 여자들의 배부(背負) 운반문화를 대비적 관점에서 지적
한 것이다.

제주도 이외의 육지부와 그 주변 도서 지역 여자들은 머리에 이
나 등에 지어 나르지 않았고, 제주도 지역 여자들은 등에 지나 머리
에 이어 나르지 않았기 때문이다. 1923년에 조사하고 1924년에 출
판된《미개의 보고 제주도》(未開の寶庫 濟州島)는, 제주도 여자들의
운반문화 일면을 다음과 같이 기록하였다.

짐을 머리에 이는 일은 없다. 작은 짐은 '롱'(籠)에 넣어서 허리에 차고, 무거운 것은 등에 진다. 또 여자가 외출할 때는 가진 물건이 없어도 '소롱'(小籠)을 차고 다니는 기풍(奇風)이 있다.[42]

제주도 지역 여자들이 비교적 작은 짐을 담아 허리에 차고 다니는 '롱'(籠)은 'ᄀᆞᆫ대출구덕'으로, 제주도 지역 여자들이 가는 대오리로 짜서 만든 옆구리에 차고 다니는 '구덕'이라는 말이다. 제주도 사람들은 '가늘다'[細]를 'ᄀᆞᆯ다', 그리고 '허리에 물건을 달다'라는 의미의 '차다'[佩]를 'ᄎᆞ다'라고 한다. 'ᄀᆞᆫ대출구덕'은 가는 대오리로 짜서 허리에 차고 다니는 '구덕'이라는 말이다. 제주도 지역 여자들이 비교적 무거운 것을 담아 등에 지는 '구덕'을 '질구덕'이라고 한다. 그리고 외출할 때 가진 물건이 없이도 '소롱'(小籠)을 차고 다닌다는 '소롱'은 'ᄀᆞᆫ대출구덕'이다. 'ᄀᆞᆫ대출구덕'은 부조(扶助) 물품인 쌀을 담고 다니는 대그릇으로 쓰이는 경우가 많았기 때문이다. 제주도 여자들이 사돈집, 친척 집, 이웃집에 쌀 부조를 주고 나서 돌아올 때 텅 빈 'ᄀᆞᆫ대출구덕'을 옆구리에 차고 다니는 경우가 흔했다. 이러한 모습이 일본인의 눈에는 기이한 풍속, 곧 '기풍'(奇風)으로 보였던 모양이다.

이이즈미 세이이치(泉靖一)는 문화인류학적 관점에서 연구한 《제주도》(濟州島)를 출간했다.[43] 《제주도》에는 제주도 풍속 사진 80컷이 실려 있다. 촬영 연월일이 표시되지 않은 사진은 1935년부터 1937년까지 2년 사이에 일본인 이이다 타츠오(飯山達雄)와 타무라 요시오(田村義也)가 촬영한 것이다. '제주의 풍속'(濟州の風俗)이라는 설명의 사진은 1935년부터 1937년 사이에 이이다 타츠오와 타무라 요시오가 찍은 사진일 가능성이 크다. '제주의 풍속' 사진 속에서

도5-1 제주의 풍속

는 제주도 여자 두 사람이 나란히 걸어가고 있는데, 왼쪽 여자는 무슨 짐을 질빵에 걸어 등에 지어 걸어가고 있고, 오른쪽 여자는 무슨 물건이 담긴 'ᄀᆞ는대출구덕'을 허리에 차고 걸어가고 있다. '제주의 풍속'은 제주도 지역 여자들이 등에 지어 나르는 운반문화와 허리에 차고 나르는 운반문화를 동시에 보여주고 있어 주목된다[도5-1].

조선총독부가 1927년에 조사하고 1929년에 출판한《생활상태조사》(生活狀態調査)는, 제주도 여자들의 운반문화를 다음과 같이 기록하였다.

> 육지 방면의 여자는 물품이 고체나 액체나 머리 위에 올려놓고 운반하지만, 제주도의 여자는 반드시 등짐으로 운반한다. 보다 가벼운 것은 허리뼈 위에 올려놓고 손으로 잡아 운반하는 것을 보았다.[44]

제주도 이외의 육지부와 그 주변 도서 지역 여자들은 두상(頭上) 운반, 그리고 제주도 여자들은 등에 지어 나르는 운반에 익숙하였다는 것이다. 운반은 물건의 위치를 이동 변경하는 것이다. 제주도에서는 육상에서 육상으로 운반하는 것과 해상에서 육상으로 운반하는 것이 있다. 동물, 마차, 배 따위를 이용하여 사람이 오고 가거나, 짐을 실어 나르는 일도 운반에 넣었다.

육상 운반과 도구

　　　　　원초 경제사회 때 육상 운반 수단으로
는 인력(人力), 축력(畜力)이 있었다. 인력(人力)으로의 운반과 함께, 소
의 힘을 이용하여 운반하는 우력(牛力), 말의 힘을 이용하여 운반하
였다. 그리고 제주도 지역은 대그릇 문화권에 속하지만, 대그릇을
바구니 또는 소쿠리라고 하지 않고 '구덕' 또는 '차롱'이라고 한다.
'구덕'은 제주도 여자들이 등에 지어 나르기 좋게 직사각형으로 만
든 대그릇이고, '차롱'은 아래위 두 '착'(짝)이 한 벌을 이루는 대그릇
이다.

지게[도5-2]

　'지게'는 짐을 얹어 주로 남자가 등에 지어 운반하는 도구이다. 이
것은 구좌읍 행원리 홍문표(1918년생, 남) 씨가 만들어 쓰던 것이다.
장나무에서 뒤쪽으로 갈라져 뻗어 나간 가지를 '지겟가달'이라고
하였다. '지겟가달'이 달린 소나무 2개를 마련하였다. 그 사이사이
에 4개의 나뭇가지를 끼웠다. 이를 '새장'이라고 하였다. '새장'은 위
에서 아래로 동백나무~윤노리나무~가시나무~가시나무의 나뭇조

각이었다. 그리고 지게 장나무 한가운데는 '텅갯줄'(탕갯줄) 대신 철
사를 조였다. 철사 가운데 구멍은 비녀장 자리다. 비녀장은 보이지
않는다. 철사로 조였기에 비녀장이 필요 없게 되었기 때문이다. 지
게 위아래로 끈을 걸었다. 이를 '지게친'(밀삐)이라고 한다. 등이 닿
는 곳에 등받이를 달았다. 이를 '지게방석'이라고 한다. 그리고 맨
아래 '새장' 뒤쪽으로 줄을 묶었다. 지게에 올려놓은 짐을 걸어 묶는
줄이다. 이를 '떼꼬리'라고 한다. 그리고 지게를 버티어 세우는 작대
기를 '지게작대기'라고 한다. 지게를 지고 다닐 때 지팡이 구실도 하
였고, 지게를 세울 때는 두 갈래로 갈라져 있는 윗부분을 새장에 걸
어 놓기도 하였다. '지게작대기'는 윤노리나무로 만들었다.

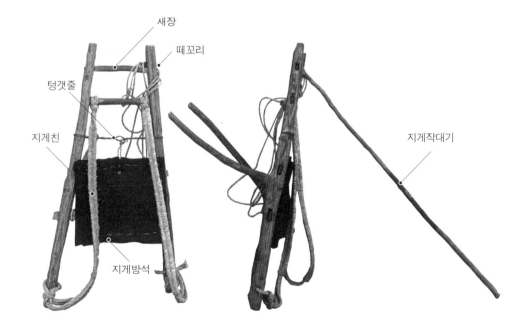

도5-2 지게
(가로 49.0cm, 세로 44.0cm, 높이 93.5cm)

바작[도5-3]

'바작'은 주로 남자들이 지게 위에 바로 올려놓을 수 없는 거름 따위를 지어 나를 때 쓰는 소쿠리 모양의 도구이다. 이것은 구좌읍 행원리 한주섭(1930년생, 남) 씨가 만들어 쓰던 것이다. 순비기나무를 나일론 줄로 엮어 만들었다. 나일론 줄이 흔해지기 전에는 '미줄'을 사용하였다. '미줄'은 '미삐쟁이'로 꼬아 만든 줄이라는 말이다. '미삐쟁이'는 참억새의 줄기 끝에 이삭같이 좀 뭉툭하게 된 부분이다. 그리고 '바작'을 얹은 지게를 바지게라고 하였다. 바지게로 거름, 미역, 톳 따위를 지어 나르는 경우가 많았다.

도5-3 바작(가로 120.0cm, 세로 72.5cm)

산태[도5-4]

'산태'는 긴 나무 두 개 사이에 막대기를 박아놓고, 그 안에 물건을 올려놓아 앞뒤에서 들어 나르는 도구이다. 달리 '들체'라고도 한다. 이것은 제주대학교박물관에 소장하는 것이다. '머쿠실낭'(멀구슬나무)으로 만든 긴 막대기 두 개에 다섯 개의 가로장과 두 줄의 철사를 박아놓거나 이어 묶었다. 안덕면 감산리 오임규(1939년생, 남) 씨 가르침에 따르면, 1960년대까지만 하더라도 통시에서 마당까지 거름을 운반할 때, 그리고 장사 때 봉분에 쌓아 올릴 흙을 나를 때 쓰는 일이 많았다. 그리고 초가집을 지으면서 흙을 나를 때 더욱 요긴하게 쓰였다. 동네 사람들이 모여들어 흙에 지푸라기와 물을 부어가며 사람과 소가 들어가 밟으며 이겼다. 이렇게 이긴 흙을 두고 '흙굿'이라고 하였다. 그 후에 동네 사람들이 이것에 흙을 뜨는 이, 운반하는 이, 그리고 돌멩이와 흙을 쌓는 이로 나눠진다. 이때 '흙굿'의 흙을 나르는 일을 두고 '산태질'이라 하였다.

도5-4 산태(길이 224.0cm, 폭 51.7cm)

돌산태[도5-5]

'돌산태'는 돌을 담아 나르는 도구이다. 이것은 구좌읍 송당리 김두향(1923년생, 남) 씨가 만든 것이다. '돌산태'의 둥그런 테두리는 지름 2cm의 '본지'의 줄을 불에 달구며 구부리고 나서 철사로 묶어 만들고, 다시 그 안에 지름 0.7cm의 '졸겡잇줄'(멀꿀)을 얽어 묶었다. '돌산태'에 돌멩이를 담아 옆구리에 걸쳐 운반하기 좋게 만들었다.

도5-5 돌산태
(지름 54.0cm)

약도리[도5-6]

　'약도리'는 남자들이 산행 때 등에 지고 다니는 그물주머니다. 이 것은 제주대학교박물관에 있는 것이다. 달리 '약돌기', '도술기'라고 도 한다. 지름 4mm의 노끈으로 만든 그물코 6.7cm의 그물주머니의 고리에 양어깨에 지는 지름 7～9mm의 끈이 걸려 있다. '약도리'는 해녀들이 '테왁'에 붙은 '망사리'처럼 짜서 만들었다. 억새꽃의 껍질 로 꼬아 만든 노끈으로만 만든 것이다. 이런 노끈을 '미노'라고 한 다.

도5-6 약도리
(길이 34.0cm)

홍세함[도5-7]

'홍세함'은 혼례를 치르는 날 신랑집에서 신붓집으로 가지고 가는 납폐함(納幣函)이다. 그 속에 예장(禮狀)과 무명을 넣고 붉은 포로 싸서 두 손에 들고 간다. 반드시 붉은 포로 싸는 것이기 때문에 '홍세함'이라고 했다. '홍세'는 홍사(紅絲)로 결은 보자기라는 말에서 비롯했다. 이것은 서귀포시 호근동 김희창(1940년생, 남) 씨 집에 있는 것이다. 대나무로 짜서 만들었다. 이것은 김 씨 증조부(~1885년)가 만든 것이다. 김 씨 증조부 장남은 남원읍 하례리 양씨 댁에 장가를 들었는데, 바로 그때 만든 것이다. 혼례가 끝난 후, 양씨 며느리가 친정에서 가지고 왔다. 위짝의 것은 없어졌고 밑짝만 남았다. 뚜껑인 위짝은 위짝의 밑바닥까지 내려왔었고, 또 위짝과 밑짝에 온통 명주로 발라 있었다고 한다. 대부분 '수리대'(이대) 대오리로 만들었지만, '간대'와 'ᄆ질대'만은 왕대나무 대오리를 박았다.

도5-7 홍세함
(가로 39.0cm, 세로 31.7cm, 높이 15.0cm)

총배질빵[도5-8]

'총배질빵'은 말의 갈기나 꼬리의 털로 드려 주로 여자들이 구덕 따위를 질 때 사용하는 밧줄이다. 이것은 제주대학교박물관에 있는 것이다. '총배질빵'은 여자들이 구덕 따위에 걸어 등에 지고 다닐 때 쓰는 굵다랗게 드린 줄이다. '총배질빵'은 제주도 여자들의 운반 도구 '질빵' 중에서 가장 고급스러운 것이다.

도5-8 총배질빵(길이 49.4cm, 폭 2.0cm)

헝겊질빵[도5-9]

　'헝겊질빵'은 헝겊 따위로 누벼 만들어 주로 여자들이 구덕을 질 때 사용하는 밧줄이다. 서귀포시 호근동 김희창(1940년생, 남) 씨 집에서 쓰던 것이다. '헝겊질빵'은 여자들이 구덕 따위에 걸어 등에 지고 다닐 때 쓰는 굵다랗게 누빈 밧줄이다. '헝겊질빵'은 제주도 '질빵' 중에서 가장 흔한 것이다.

아기구덕[도5-10]

　'아기구덕'은 제주도 여자들이 밭에 일하러 갈 때 아기를 눕혀서 지어 나르는 대그릇이면서 요람(搖籃)이다. 이것은 제주시 삼양동 변규서(1938년생, 남) 씨가 만든 것이다. '아기구덕'은 씨줄 대오리인 '구른늘'은 21개, 날줄 대오리인 '선늘'은 9개로 구성되었다. '아기구덕' 바닥에는 왕대나무 대오리(지름 1.4cm) 5개를 끼워 받쳤다. 그리고 '아기구덕' 밑바닥에서부터 13cm쯤 높이에 '정'(井) 자 모양으로 줄을 얽어맸다. 이를 '드들'이라고 한다. '드들'은 씨줄을 삼을 댓개비인 '촉'의 '겉'과 '속'을 분리시키는데, 이때 나온 '속'으로 새끼 꼬듯이 꼬아 만든 것으로 얽어맸다. 여름에는 '도들' 위에 삼베 조각, 그리고 겨울에는 보릿짚 따위를 깔았다. 표선면 가시리 강두진(1931년생, 남) 씨 가르침에 따르면, 제주도에서는 손자를 본 조부모가 '아기구덕'을 사고 산모(産母)에게 선물하는 것이 하나의 관습으로 작용하였다. 제주도 부녀들은 첫아기를 친정집에서 낳는 수가 많았다. 첫아기를 낳고 1개월 후에는 아기를 '아기구덕'에 지고 시집으로 왔다. 이때 아기 이마와 콧등에 솥 밑에 붙은 '기시렁'(그을음)을 발랐다. 마을 사람들 사이에서는 첫아기를 '아기구덕'에 지고 온다고 하지 않고 "숟 지영 왐구나!"라고 하였다.

도5-9 헝겊질빵
(길이 39.3cm, 폭 5.0cm)

도5-10 아기구덕
(가로 64.0cm, 세로 25.5cm, 높이 25.0cm)

걸렛배[도5-11]

 '걸렛배'는 주로 어린애를 업거나, 짐을 질 때 쓰는 천으로 단단히 누벼 만들어진 멜빵이다. '걸렛배'를 달리 '걸렝이'라고도 이른다. 제주도 무속사회에서 '구삼싱냄'이라는 굿을 할 때는 '아홉 자 걸렛배'라는 이야기가 전승된다. 1914년 5월, 일본인 인류학자 토리이 류우조오(鳥居龍藏)는 지금의 구좌읍 김녕리에서 '아홉 자 걸렛배'로 아기를 업은 모습을 유리건판으로 기록하였다.

도5-11 걸렛배로 아기 업기(1914년 5월, 구좌읍 김녕리) 촬영 토리이 류우조오(鳥居龍藏)

질구덕[도5-12]

'질구덕'은 제주도 여자들이 비교적 거친 짐 따위를 담고 질빵에 걸어 등에 지어 나르는 운반 도구 중에서 가장 큰 대그릇이다. 이것은 서귀포시 호근동 김희창(1940년생, 남) 씨가 만들어 쓰던 것이다. '질구덕'은 씨줄 대오리인 'ᄀ른늘'은 11개, 날줄 대오리인 '선늘'은 7개로 구성되었다. 'ᄀ른늘' 11개 중 8개는 '늘대'(날줄의 대오리) 2개를 붙이고 하나의 'ᄀ른늘'을 만들기도 하였다. 제주도 해녀들이 갯밭으로 물질하러 갈 때 땔감, 옷가지, '테왁', '망사리' 등 여러 가지 물질 도구를 담고 질빵에 걸어 지어 나르는 수가 많았다.

도5-12 질구덕
(가로 38.9cm, 세로 23.6cm, 높이 27.5cm)

주근대질구덕[도5-13]

　‘주근대질구덕’은 ‘주근대’(섬다래)로 만든 ‘질구덕’이다. 이것은 구
좌읍 하도리 조창진(1920년생, 남) 씨가 ‘주근대’와 ‘수리대’(이대)로 섞
어 만들어 쓰던 것이다. 테두리는 ‘상동낭’(상동나무)으로 붙이고, 칡
넝쿨로 얽어 만들었다. 조 씨는 이것에 고기를 담고 지고 나를 때 주
로 썼다.

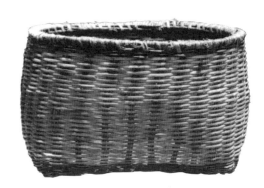

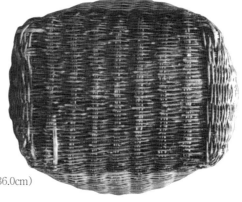

도5-13 주근대질구덕
(가로 43.3cm, 세로 29.3cm, 높이 36.0cm)

출구덕 [도5-14]

'출구덕'은 '질구덕'보다 작고, '조레기'보다 큰 '구덕'으로 허리에 차는 대그릇이다. 이것은 서귀포시 토평동 김홍식(1939년생, 남) 씨 집에 있는 것이다. 김 씨 외삼촌 오○○(1904년생) 씨가 생전에 만들어 준 것이다. 제주도 사람들은 '허리에 물건을 달다.'라는 의미의 말을 '차다'[佩]라고 한다. 고사리를 꺾은 것, 들나물을 캔 것, 갯밭에서 식용 해조류인 가시리 등을 딴 것을 담아 나를 때 등이나 허리에 차고 나르는 대그릇이다. 더러 메밀을 파종할 때 메밀 씨앗과 재거름 섞은 것을 담아 나르는 그릇으로도 쓰였다.

도5-14 출구덕
(가로 32.0cm, 세로 24.5cm, 높이 21.0cm)

물구덕[도5-15]

　'물구덕'은 제주도 여자들이 식수 운반용 옹기그릇인 '허벅'을 담고 등에 지에 나르는 대그릇이다. 이것은 제주대학교박물관에 있는 것이다. '물구덕'은 보통 씨줄 대오리인 'フ른늘' 11개와 날줄 대오리인 '선늘' 7개로 구성되었다. '물구덕'은 '질구덕'보다 얕게 만들었다. 죽세공들은 손 뼘으로 그 높낮이를 가늠하였다. '물구덕'은 한 뼘 높이, 그리고 '질구덕'은 한 뼘에 중지 손가락 한 마디를 더하여 높이를 가늠하였다. '물구덕' 밑바닥에 왕대나무 조각 8개를 엮어 붙였다. 그래야 '물구덕' 밑바닥이 쉬 헐리지 않았을 뿐만 아니라 질빵을 걸치기도 좋았다.

도5-15 물구덕
(가로 52.0cm, 세로 36.4cm, 높이 21.0cm)

허벅[도5-16]

　'허벅'은 물을 길어 나르는 동이다. 모양이 둥글며 배가 불룩하고 아가리는 아주 좁다. 이것은 감산리 민속자료실에 있는 것이다. '허벅'은 제주도 역사에서 다양하게 기록되었다. 김정(金淨, 1486~1521)은 《제주풍토록(濟州風土錄)》에서, 제주도 사람들은 사기그릇, 옹기그릇, 유기그릇을 만들지 않는다고 하였다. 그것을 만들 재료가 없거나 확보하기가 간단하지 않아서였다. 그러니 제주도 여자들은 먹는 물도 나무로 만든 통[木桶]에 길어 등에 지어 나른다는 것이다. 목통은 어떻게 생겼을까. 이건(李健, 1614~1662)은 〈제주풍토기(濟州風土記)〉에서, "벌통[蜂桶] 모양과 같이 긴 통[長桶]"이라고 하였다. 제주도 사람들은 이와 같은 목통으로 언제까지 먹는 물을 지어 날랐을까.

　이형상(李衡祥, 1653~1733)은 《남환박물(南宦博物)》풍속(風俗)에서, "여자들이 목통으로 물을 긷는다."라고 하였다. 조관빈(趙觀彬, 1691~

도5-16 허벅
(지름 34.2cm, 높이 37.5cm)

1759)은《회헌집(悔軒集)》탐라잡영(耽羅雜詠)에서, 제주도 여자들은 "식수를 병[瓶]에 길고 등에 지어 나른다."라고 하였다. 이때의 병은 어떤 모양일까. 조정철(趙貞喆, 1751~1831)은《정헌영해처감록(靜軒瀛海處坎錄)》탐라잡영(耽羅雜詠)에서, 제주도 여자들은 식수를 "큰 병[大瓶]에 길고 바구니[竹篚]에 넣고 등에 지어 나른다."라고 하였다. 이때의 큰 병은 '허벅'이고, 바구니는 '물구덕'이다. 이로 미루어보면, 조관빈의 병[瓶]은 '허벅'이다. '허벅'은 물을 길어 나르는 동이다. 모양이 둥글며 배가 불룩하고 아가리는 좁다. '물구덕'은 '허벅'을 담고 다니는 바구니다.

이형상은 조선왕조 숙종 28년(1702)년 6월에 제주 목사로 부임하고, 숙종 30년(1704)에 이임하였으니, 1704년까지만 하더라도 제주도에는 목통이 현존하고 있었던 모양이다. 그리고 조관빈은 조선왕조 영조 7년(1731)부터 영조 8년(1732)까지 제주도에서 유배 생활하였으니, 1732년에 제주도에는 '허벅'이 현존하고 있었던 셈이다. 이형상의 목통과 조관빈의 '허벅'과의 시간적 거리는 28년이다.

무지개[도5-17]

'무지개'는 '물허벅'을 지어 나를 때 쓰는 물받이다. '무지개'는 헝겊을 여러 겹으로 촘촘히 누벼 배자처럼 만든 것이다. 빨래하러 가면서 구덕을 등에 질 때 옷 위에 걸쳤다. 그래야 물을 등에 지고 걸어가는 동안에 웬만큼 물이 '허벅'에서 튀어나오더라도 '무지개'에 스며들어버려 옷이 젖지 않았다.

무지개

도5-17 무지개 걸치기(1914년 5월, 한림읍 명월리) 촬영 토리이 류우조오(鳥居龍藏)

승키구덕[도5-18]

'승키구덕'은 '승키'(푸성귀) 따위를 담아 나르는 대그릇이다. 이것은 구좌읍 행원리 홍복순(1931년생, 여) 씨 집에서 쓰던 것이다. '승키구덕'은 씨줄 대오리인 '고른늘'은 7개, 날줄 대오리인 '선늘'은 6개로 구성되었다.

고는대질구덕[도5-19]

'고는대질구덕'은 '고는대구덕' 중에서 제주도 여자들이 물건을 담아 등에 지어 나르는 대그릇이다. 이것은 제주시 삼양동 변규서(1938년생, 남) 씨가 나에게 '맨촌구덕'과 '맨촌차롱'의 생산 과정을 보여주려고 만든 것이다. '고는대질구덕'은 씨줄 대오리인 '고른늘'은 12개, 날줄 대오리인 '선늘'은 11개로 구성되었다. 신당(神堂)에 올릴 제물이나 사돈댁에 가져갈 부조 물품 따위를 담고 질빵에 걸고 등짐으로 지어 나르는 대그릇이다. 그리고 사돈집이나 친척집 대사(大事) 때는 보통 쌀 5되 정도를 부조하는 경우가 많았다. '고는대구덕' 하나 값을 김매기 3일의 노동으로 갚는 수도 있었다.

도5-18 숭키구덕
(가로 26.2cm, 세로 20.0cm, 높이 19.5cm)

도5-19 ?는대질구덕
(가로 34.0cm, 세로 26.5cm, 높이 20.0cm)

제물ᄀ는대질구덕[도5-20]

'제물ᄀ는대질구덕'은 산야에서 토신제(土神祭)를 지낼 제물 따위를 담아 지어 나르는 대그릇이다. 제주도에서 전승되는 'ᄀ는대구덕' 중에서 가장 큰 것이다. 이것은 서귀포시 대포동 이지환(1925년생, 남) 씨 집에서 쓰던 것이다. 토신제는 제주도 사람들이 장례(葬禮)를 치르기 전에 토신에게 올리는 제사다. 토신제 제주(祭主)는 몸이 비리지 않아야 할 뿐만 아니라 축문(祝文)을 쓰거나 송독(誦讀)할 수 있는 사람이다. 이 씨 아버지는 축문을 쓰고 송독할 수 있었을 뿐 아니라, 이웃의 부탁을 거절하지 못하는 마음이 여린 사람이었다. 그래서 이웃집에 초상(初喪)이 나면 이 씨 아버지는 토신제 제물을 마련하고 토신제를 지내는 경우가 많았다. 이때 토신제 제물을 담아 지어 나를 목적으로 마련한 대그릇이다.

사돈구덕[도5-21]

'사돈구덕'은 제주도 여자들이 사돈댁에 부조할 쌀 3되 정도를 담고 옆구리에 끼고 가는 대그릇이다. 이것은 구좌읍 행원리 홍복순(1931년생, 여) 씨 집에서 쓰던 것이다. '사돈구덕'은 씨줄 대오리인 'ᄀ른늘'은 13개, 날줄 대오리인 '선늘'은 11개로 구성되었다.

도5-20 제물ᄀ는대질구덕

(가로 36.9cm, 세로 26.5cm, 높이 24.8cm)

도5-21 사돈구덕

(가로 31.5cm, 세로 25.5cm, 높이 20.0cm)

떡구덕[도5-22]

제주도 여자들이 친정 부모 제사 때 떡을 담고 가는 대그릇이다. 이
것은 구좌읍 행원리 홍복순(1931년생, 여) 씨 집에서 쓰던 것이다. '떡구
덕'은 씨줄 대오리인 'ᄀ른늘'은 11개, 날줄 대오리인 '선늘'은 9개로
구성되었다. 이것에 떡을 담아 'ᄀ는대질구덕'에 넣고 '질빵'이라는
밧줄로 지고 제사 보러 가는 경우가 많았다. '떡구덕' 바닥에는 나일
론 줄로 소유를 표시하였다. 제주시 삼양동 변규서(1938년생, 남) 씨 가
르침에 따르면, '떡구덕' 하나 값을 김매기 2일로 갚는 수도 있었다.

조막구덕[도5-23]

'조막구덕'은 'ᄀ는대구덕' 중에서 가장 작은 대그릇이다. 보통 '바
늘상자'(반짇고리)로 쓰이는 경우가 많았다. '조막구덕'은 씨줄 대오
리인 'ᄀ른늘'과 날줄 대오리인 '선늘'이 모두 9개로 이루어졌다. 이
것은 필자가 골동품가게에서 구입한 것이다. 이 대그릇은 씨줄 대
오리인 'ᄀ른늘'은 9개, 날줄 대오리인 '선늘'은 8개로 구성되었다.
크기는 '떡구덕'과 비슷하다.

도5-22 떡구덕
(가로 22.5cm, 세로 19.7cm, 높이 15.5cm)

도5-23 조막구덕
(가로 24.0cm, 세로 20.5cm, 높이 14.0cm)

이바지차롱[도5-24]

　‘이바지차롱’은 큰일을 치르고 나서 사돈집 등에 음복용 음식을 담고 가는 대그릇이다. 이것은 제주시 삼양동 변규서(1938년생, 남) 씨가 만든 것이다. ‘이바지차롱’은 씨줄 대오리인 ‘ᄀᆞ른늘’은 15개, 날줄 대오리인 ‘선늘’은 13개로 구성되었다. ‘이바지차롱’은 ‘맨촌차롱’ 중에서는 가장 큰 것이다. 혼사 때 손님에게 대접할 삶은 돼지고기 썬 것을 담아두는 그릇으로도 쓰이는 경우가 많았다. ‘아바지차롱’ 하나 값은 김매기 4일 노동으로 계산하는 수도 있었다.

적차롱[도5-25]

　‘적차롱’은 여러 가지 제사 때 쓸 적(炙)을 담아두거나 운반하는 대그릇이다. 이것은 제주시 삼양동 변규서(1938년생, 남) 씨가 만든 것이다. ‘적차롱’은 씨줄 대오리인 ‘ᄀᆞ른늘’은 13개, 날줄 대오리인 ‘선늘’은 11개로 구성되었다. ‘적차롱’은 ‘이바지차롱’ 안에 쏙 들어갈 수 있는 크기로 만들었다.

도5-24 이바지차롱
(가로 32.0cm, 세로 25.0cm, 높이 14.5cm)

도5-25 적차롱
(밑짝/ 가로 27.5cm, 세로 21.0cm, 높이 13.5cm)

떡차롱[도5-26]

'떡차롱'은 여러 가지 제의(祭儀) 때 떡을 담아두거나 운반하는 대
그릇이다. 이것은 제주시 삼양동 변규서(1938년생, 남) 씨가 만든 것
이다. '떡차롱'은 씨줄 대오리인 'ᄀ른늘'은 11개, 날줄 대오리인 '선
늘'은 9개로 구성되었다. '떡차롱'은 '적차롱' 안에 쏙 들어갈 수 있는
크기로 만들었다.

밥차롱[도5-27]

'밥차롱'은 들이나 밭으로 일하러 나갈 때 점심밥을 담고 가는 대
그릇이다. 이것은 제주시 삼양동 변규서(1938년생, 남) 씨가 만든 것
이다. '밥차롱'은 씨줄 대오리의 'ᄀ른늘'은 9개, 날줄 대오리의 '선
늘'은 7개로 구성되었다. '밥차롱'은 '떡차롱' 안에 쏙 들어갈 수 있는
크기로 만들었다. '밥차롱'은 3인분 정도의 점심밥을 담아 운반할
수 있는 크기로 만들었다. 씨줄을 삼을 댓개비의 '속'으로 새끼 꼬듯
이 꼬아 만든 줄로 얽어맸다. 이 줄을 어깨에 걸어 '밥차롱'을 메고
다니는 수가 많았다.

도5-26 떡차롱

(밑짝/ 가로 23.0cm, 세로 17.0cm, 높이 11.0cm)

도5-27 밥차롱

(밑짝 / 가로 19.2cm, 세로 14.0cm, 높이 9.0cm)

테우리차롱[도5-28]

'테우리차롱'은 '테우리'[牧子]들이 산야로 우마를 가꾸러 갈 때 밥을 담아가는 대그릇이다. 어깨에 멜 수 있게 끈이 달렸다. 이것은 제주시 삼양동 변규서(1938년생, 남) 씨가 만든 것이다. '테우리차롱'은 씨줄의 대오리인 'ᄀ른늘' 9개와 날줄 대오리인 '선늘' 7개로 구성되었다. 씨줄을 삼을 댓개비의 '속'으로 새끼 꼬듯이 꼬아 만든 줄로 얽어맸다. 이 줄을 어깨에 걸어 '테우리차롱'을 메고 다니는 경우가 많았다.

고리짝[도5-29]

'고리짝'은 키버들의 가지나 대오리 따위로 엮어서 상자 같이 만든 물건이다. 아래짝에는 옷 따위를 담았고, 위짝은 덮개가 되었다. 이것은 애월읍 어음리 김종일(1912년생, 여) 씨가 쓰던 것이다. 김 씨가 1929년에 일본으로 건너가 오사카(大阪)에 있는 방직공장(紡織工場)에서 여공으로 일하다가 1935년에 귀국할 때 옷가지를 담아 두려고 산 것이다. 그것이 헐려가니, 제주도의 '풀 브른 구덕'처럼 종이를 붙여 쓰고 있다. 이것을 '고리짝'이라고 한다. 고리짝은 일본어 '코우리'(こうり)와 두 짝으로 이뤄진 물건에 붙는 접미사인 '짝'으로 이루어진 말이다. 《일본민구사전》(日本民具辭典)에서는 '코우리'를 다음과 같이 설명하고 있다.

옷감을 넣으려고 짜서 만든 것이다. 등나무 덩굴, 버들가지, 대나무로 만들어지는데, 등나무 덩굴로 만든 것을 '후지코우리', 버들가지로 만든 것을 '야나기코우리', 대나무로 만든 것을 '타케코우리'라고 한다. 값이 싸기 때문에 서민들 사이에 많이 보급되었다. 짊어지고 운반할 때도 쓰였다.[45)]

고리짝 겉에 종이를 발라버려 김 씨가 가지고 있는 것은 무엇으로 결어 만든 것인지를 알 수 없지만, 버들가지로 만든 '야나기코우리'가 아니었나 싶다. 오사카 가까운 쪽에 있는 효고우켄(兵庫縣)은 야나기코우리 산지로 유명했기 때문이다.

도5-28 테우리차롱
(밑짝 / 가로 14.0cm, 세로 10.5cm, 높이 5.8cm)

도5-29 고리짝
(가로 63.0cm, 세로 40.0cm, 높이 31.0cm)

대사기[도5-30]

'대사기'는 여자들이 외출할 때 손에 들고 다니는 손가방이다. 이것은 제주민속촌에 있는 것이다. 억새꽃의 껍질로 만든 줄로 만들었다.

도5-30 대사기
(가로 40.0cm, 세로 30.0cm)

질메[도5-31]

‘질메’는 소의 등에 얹는 도구이다. 이것은 안덕면 감산리 오기남 (1916년생, 남) 씨가 생전에 만들어 쓰다가 감산리 민속자료실에 기증한 것이다. 오 씨 ‘질메’의 구조는 다음과 같다.

① 앞가지: ‘앞가지’는 ‘질메’ 앞에 있는 ‘∧’ 자 모양의 가지다. 멀구슬나무 조각을 붙여 만들었다. ‘질메’ ‘앞가지’는 질메 뒷가지보다 높고 폭이 좁다. ‘앞가지’가 얹히는 소의 등에 맞추어 만들었기 때문이다.

② 뒷가지: ‘뒷가지’는 ‘질메’ 뒤에 있는 ‘∧’ 자 모양의 가지다. 구실잣밤나무로 만들었다. ‘뒷가지’는 ‘앞가지’보다 낮고 폭이 넓다. 뒷가지가 얹히는 소의 등에 맞추었기 때문이다.

③ 두물: ‘두물’은 ‘앞가지’와 ‘뒷가지’를 고정하는 나뭇조각이다. 앞뒤로 턱지게 홈을 낸 두 개의 나뭇조각이 질메 좌우 양쪽에 받쳐 있으면서 ‘앞가지’와 ‘뒷가지’를 고정한다.

④ 소용: ‘소용’은 ‘두물’ 위쪽에 꽂힌 둥그런 나무막대다. ‘두물’과 ‘소용’은 서로 줄로 묶어 ‘앞가지’와 ‘뒷가지’를 고정함과 동시에 ‘앞가지’ 쪽에는 ‘오랑’(뱃대끈)이라는 줄, 그리고 ‘뒷가지’ 쪽에는 ‘고들개친’을 묶는다. 그리고 ‘뒷가지’ 쪽 ‘소용’은 그 바깥쪽에 고리가 달렸다. 이를 ‘질메공쟁이’라고 한다. ‘질메’에 비교적 부피가 큰 짐(이를 ‘북짐’이라고 한다.)을 지울 때 ‘쉐앗배’(북두) 고리 구실을 한다. ‘쉐앗배’는 소의 ‘질메’에 실을 짐을 얽어매는 줄이다.

⑤ 질메고냥: ‘질메고냥’은 ‘질메’(길마)의 ‘고냥’(구멍)이라는 말이다. ‘돗거름’(돼지우리에서 생산한 거름), ‘허벅’(식수를 길어 나르

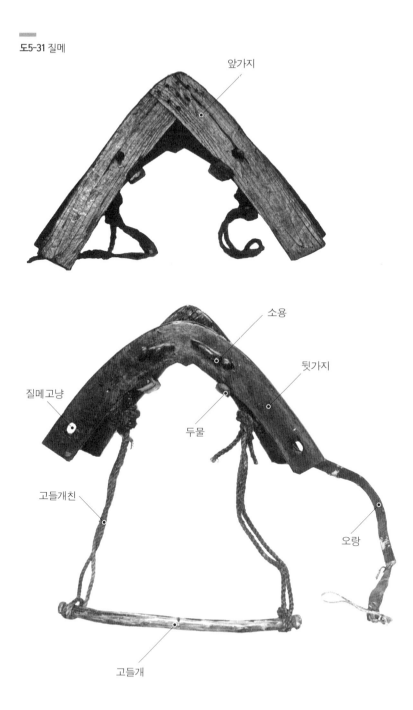

앞가지

소용

뒷가지

질메고냥

두물

고들개친

오랑

고들개

는 동이), 쌀 등 부피는 크지 않지만 보다 무거운 짐(이를 '촌짐'이라고 한다.)을 실어 나를 때는 '질메'에 짐을 지워놓고, '질메고냥'에 '쉐앗배'를 걸어 묶는다. '쉐앗배'도 짐의 종류에 따라 길이가 다르다. '북짐'을 묶는 '쉐앗배'는 6발, '촌짐'을 묶는 '쉐앗배'는 4발이다.

⑥ 고들개친: '고들개친'은 '고들개'의 두 끝을 묶은 '친'(끈)이다. '고들개친'은 '소용'에 걸어 묶는다.

⑦ 고들개: '고들개'는 무거운 짐을 싣고 비탈을 내려갈 때 '질메'가 앞으로 쏠리지 않도록 소 엉덩이에 걸치는 나무막대다. 표준어 '밀치'에 해당된다. '질메'에 짐을 가득 지운 소가 비탈길을 내려갈 때, '고들개'는 항문에 닿는 수도 있다. '고들개'가 소 항문에 부딪뜨리면 간지럼을 태우게 된다. 소는 간지럼을 참지 못하고 발버둥질하는 수도 있다. 그러니 어떤 경우에라도 '고들개'가 항문까지 올라가지 못하게 조정해야 한다. '고들개'와 '오랑'(뱃대끈) 사이에 다시 줄을 묶는다. 이 줄을 '살숙이'라고 한다. 그리고 "고들개 길이는 '한 자 두 치'라야 한다."라는 말도 전승된다. '한 자 두 치'는 약 36.3cm이다. 옛날 어떤 사람이 '질메'에 짐을 가득 싣고 소를 몰며 어디론가 가고 있었다. 옹기를 등에 지고 가는 사람과 '질메'에 짐을 지우고 걸어가는 소가 서로 부딪치는 바람에 옹기는 소의 '고들개'에 맞아 왕창 깨어지고 말았다. 옹기를 지고 가던 옹기장수는 소 임자를 상대로 송사(訟事)를 걸었다. 관청(官廳)에서는 '고들개'를 가지고 오라고 하였다. '고들개' 길이는 한 자 두 치였다. 만약 '고들개'의 길이가 그것보다 길었더라면 소의 임자가 변상하였을 것이다. '고들개' 길이는 한 자 두 치를 벗어나지 않았기 때문에 옹기장수는 손해배상(損害賠償)을 받지 못하게

되었다는 판결을 내렸다는 것이다. 그러니 '고들개' 길이는 한 자 두 치를 넘지 않게 만들었다는 것이다.[46]

⑧ 오랑: '오랑'은 '질메'를 소의 등에 얹고 배를 둘러 졸라매는 줄이다. 표준어 뱃대끈이다. '오랑' 줄은 질메 소용이라는 막대 좌우에 묶는다.

⑨ 도금: '도금'은 '질메' 밑에 까는, 짚방석 같은 물건이다.

⑩ 등태: '등태'는 '도금'이 소 등에 배기지 않게 걸치는 헝겊 따위다.

제주도 사람들은 '질메'로 운반하는 짐을 크게 두 가지로 구분하였다. 무게보다 부피가 큰 짐을 '북짐', 부피보다 무게가 큰 짐을 '춘짐'이라고 하였다. '촐'(우마 월동 사료인 목초), '지들컷', '새'[茅, 지붕을 이는 재료] 따위는 '북짐', 장작, 거름, 식수, 쌀 따위는 '춘짐'이라고 하였다. '질메'에 지운 짐은 한쪽으로 기울어지기 일쑤다. 그러면 기운 반대쪽 '쉐앗배'에 돌멩이 따위를 찔러 무게 중심을 잡았다.

안장[도5-32]

 '안장'은 원초적으로 사람을 오고 가게 하는 교통수단으로 마력을 이용하기 위한 대표적인 도구이다. 1960년 전후, 홍정표는 말에 안장을 지운 모습을 사진으로 기록하였다. 이 사진은 제주도 원초 경제사회 때 마력 교통의 대표적 도구인 안장을 보여주고 있다는 점에서 그 가치가 매우 높다. 안장은 아기자기하게 구성되었다.

① 무제미: '무제미'는 말머리에 묶은 헝겊 줄이다. '무제미'는 말의 굴레에 딸려서 말의 입 밑에 대어지며 한 끝은 '뮐석'(고삐)에 이어진다. 입 위쪽 줄을 '콧등지'(또는 광대), 입 아래쪽 줄을 '강타귀'(또는 목배)라고도 한다.
② 졸레석: '졸레석'은 말의 목에 매는 줄이다.
③ 뮐석: '뮐석'은 '졸레석'에 잡아매어 말을 부리는 줄이다.
④ 자갈: '자갈'은 말을 부리기 위하여 말 아가리에 가로로 물리는 쇠막대 재갈이다. 말에게 풀을 먹일 때는 '자갈'을 풀어 주었다.
⑤ 방울: '방울'은 말의 목에 달았다. 사진에서는 보이지 않는다.
⑥ 안장: '안장'은 말을 타기 편하도록 말 등에 얹어 놓는 틀이다. 사람이 앉는 부분을 '안장판', 손잡이를 '안장코'라고 한다. 조선왕조 영조 41년(1765)에 편집된《증보 탐라지(增補耽羅誌)》(김영길 번역본)에서는 안장을 만드는 장인을 '안자장'(鞍子匠)이라고 하였다.
⑦ 오랑: '오랑'은 안장을 고정하기 위하여 말 앞가슴을 휘감아 안장 양쪽에 묶은 줄이다. 사진에서는 보이지 않는다.
⑧ 미지(또는 '밀추'): '미지'는 안장 뒤쪽에서 궁둥이로 연결하여 다시 안장을 고정함과 동시에 사람이 타서 비탈길을 내려올 때 앞

으로 쉬 치우쳐짐을 막기도 하는 끈이다. 달리 '밀추'라고 한다.

⑨ 돌레: '돌레'는 말이 걸어갈 때에 흙이 튀지 않도록 안장 양쪽으로 드리우는 가리개다. 가죽으로 만든다. 조선왕조 영조 41년(1765)에 편집된《증보 탐라지(增補耽羅誌)》(김영길 번역본)에서는 '돌레'를 만드는 장인을 '월라장'(月羅匠)이라고 하였다.

⑩ 돌레눈썹: '돌레눈썹'은 '돌레'를 안장에 고정하기 위하여 그 양쪽에 끼워 묶을 수 있게 장치된 곳이다.

⑪ 안장도금: '안장도금'은 안장을 얹어 놓을 때 말 등이 상하지 않도록 등에 덮어 주는 것이다.

⑫ 등지[鐙子]: '등지'는 말을 타고 앉아 두 발로 디디게 되어 있는 물건이다. 안장에 달아 말의 양쪽 옆구리로 늘어뜨린다.

⑬ 등지친: '등지친'은 등지가 매달린 안장에서 내려뜨린 끈이다.

도5-32 안장
(1960년대, 제주도) 촬영 홍정표

제5장 운반과 도구 **435**

해상 운반과
도구

        해상 운반과 도구로는 남자들의 운반
도구인 배와 여자들의 운반 도구인 테왁과 망사리가 있다. 제주도
의 전통적인 배는 먼바다를 오가는 '덕판배', 근해를 오가는 용도로
통나무를 이어 붙여 만든 '터우'가 있다.《제주도세요람》(濟州島勢要
覽)에 따르면, 당시 제주도에는 '터우'는 533척, '덕판배'는 552척, 그
리고 지금도 가끔 보이는 일본식 풍선은 845척이나 있었다.[47] 그
리고 제주도 해녀 사회에서 전승되는 '망사리'는 해산물의 종류에
따라 4가지가 전승되었다.

터우[도5-33]

  '터우'는 통나무 여러 개로 평평하게 만든 배라는 말이다. 일본인
학자들은 제주도 '터우'를 조선학적(造船學的) 관점에서 조사하여 그
림으로 남겼다.[48] 1984년 5월 1일, 조천읍 신촌리 강하림(1896년생,
남) 씨에게 '터우'에 대하여 가르침받았다. 제주도에서 자생하는 나
무 중에서 '터우'의 재료가 될 수 있는 나무는 한라산(1,950m)에서 자

생하는 구상나무뿐이었다. '구상나무'는 다른 나무에 비하여 부력이 뛰어나서다. 제주도 어촌에서는 사람들이 공동으로 한라산에 올라 구상나무를 베어다가 '터우'를 만들었다. 구상나무를 베고는 일정한 곳까지 운반, 이를 다시 바닷길로 마을 포구까지 옮겼다. 6개월 이상 나무껍질을 벗기지 않은 채 바닷물에 담갔다가 말려서 만들었다. 조천읍 신촌리에서는 한라산에서 구상나무를 베어 제주시 서쪽 '도그내'까지 운반하였고, 그것을 다시 바닷길로 마을 포구까지 옮겼다. 한라산 서북쪽에 있는 구좌읍 월정리에서는 한라산 남쪽에 있는 남원읍 하례리와 서귀포시 하효동에 있는 효돈천까지 운반하였고, 다시 바닷길을 따라 구좌읍 월정리까지 운반하였다. 구상나무는 한라산 일부 지역에서만 자생하는 한정된 나무였기 때문에, 자원이 고갈되면서부터 일본 대마도에서 생산된 삼나무를 사다가 '터우'를 만드는 게 일반화되기에 이르렀다. 조천읍 신촌리에서 전승되는 '터우'의 구조는 다음과 같았다.

① 장쉐: '장쉐'는 '터우'의 통나무를 가지런히 놓았을 때, 앞뒤 양쪽을 가로로 끼우는 정사각형으로 다듬어 만든 나무토막이다. 그 재료는 '가시낭'(가시나무)이다. '장쉐'를 끼우기 위해서는 구멍을 뚫는데, 그 구멍을 '장쉐궁기'라고 한다. '장쉐'는 자연적으로 '터우' 앞 이물의 것이 '터우' 뒤 고물에 비하여 짧기 마련이었다. 이물 쪽 '장쉐'를 '이물장쉐', 고물 쪽 '장쉐'를 '고물장쉐'라고 한다. '터우'의 '장쉐'는 '이물장쉐'부터 끼웠다. '장쉐' 끝을 쳐가며 끼워나갈 때 '장쉐'가 깨질 염려가 있으니, 쇠망치 대신 나무망치로 쳐가며 끼웠다. '이물장쉐'가 완전히 끼워지면, 배 앞부분을 밧줄로 탄탄하게 틀어 묶어 조여놓고, '이물장쉐'를 끼울 때와 마찬가지

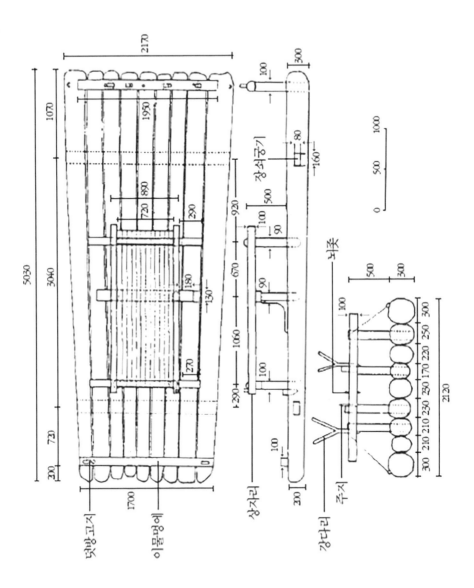

로 '고물장쉐'를 끼웠다.

② 멍에: '멍에'는 '터우'의 맨 앞뒤 쪽 위에 붙이는 나무토막이다. '터우' 앞에 붙이는 나무토막을 '이물멍에'(또는 '덧방'), '터우' 뒤에 붙이는 나무토막을 '고물멍에'라고 한다. '이물멍에'만은 가장자리 쪽에 나무못을 박아 '터우' 몸체에 고정하였다. 이를 '멍에틀'이라고 한다. 그 안쪽에 둥그런 나무못이 나오게 박아 고정하였다. 이는 닻줄을 묶어 두는 못과 같은 것인데, 이를 '덧방고지'(또는 '닷장')라고 한다.

'고물멍에'는 4개의 기둥(이를 '뒷멍에틀'이라 함)으로 받쳐 세워 놓는다. 또 양쪽으로는 철사나 칡넝쿨로 조여 묶는다. 받쳐 세운 나무토막 위에 '강다리'(또는 '가랑다리')·'주지' 그리고 '뇌좃'을 박았다. '강다리'는 여러 가지 도구들을 걸쳐두는 나뭇가지, '주지'는 '이물멍에'의 '덧방고지'처럼 닻을 묶어 두는 못, 그리고 '뇌좃'은 노를 끼워 젓는 쇠로 만든 못이다.

③ 펭게틀목: '펭게틀목'은 '고물멍에'와 '터우'의 통나무가 서로 의지하여 틀어 조여 묶는 단단한 줄과 나무막대이다.

④ 상자리: '상자리'는 '터우' 위에 세워 앉힌 '살평상'이다. 가시나무로 만든 6개의 발을 '터우' 위에 세워 놓고 그 위에 '살평상'을 올려 놓았다. '상자리' 위에 서서 노를 젓기도 하고, 어로작업 도중에 앉아 쉬거나 또 여러 가지 잔손질을 하는 공간이기도 하다. 거름 해조류 등 무거운 짐을 실어 '터우'가 가라앉을 위기를 맞았을 때는 '터우'의 상판 구실도 하였다.

⑤ 돗대궁기: '돗대궁기'는 돗대를 안전하게 세우기 위해 홈을 낸 구멍이다. '터우'는 풍선이 아니므로 원래는 돛이 필요 없다. 그러나 '자리'(자리돔)를 잡을 때는 그물을 드리우거나 끌어올리기도 하

는 도르래가 필요하다. 이때 도르래를 높이 달아매는 돛대가 필
요하게 마련인데, '터우'에서 돛대에 돛을 달아 올리는 일은 드물
고 도르래를 높이 달아맬 때만 쓰인다. 그래서 이것은 항시 고정
되어 있지 않고 작업할 때만 임시로 세워 놓는 장치가 필요하다.
'터우' 위에 돛대가 들어갈 만큼 구멍을 낸 나뭇조각을 덧붙여 놓
아 돛대를 끼워 세우는데, 이 구멍을 '돛대궁기'라고 한다.

⑥ 세역: '세역'은 '터우' 통나무와 '장쉐' 틈에 박아 단단하게 메워주
는 쐐기이다. '터우'는 풍선과는 달리 겨울에는 해체하여 보관해
뒀다가 어로 시기가 다가오면 재조립하는 게 일반적이다. 때문에
'장쉐구멍'은 해가 거듭될수록 넓어진다. '장쉐'와 '장쉐구멍' 사이
가 딱 들어맞지 않게 되면 노를 저을 때 배 전체가 삐걱대므로 여
러모로 불편하다. 속력도 떨어질 뿐만 아니라 '터우'도 쉬 낡아 버
린다. 벌어진 틈새마다 '세역'을 박아주어야 한다.

⑦ 터윗뉘: '터윗뉘'는 물을 헤쳐 '터우'를 항진하게 하는 도구이다.
물속에 잠기는 부분을 '뉏닙', 손잡이를 '부출'이라고 한다. '뉏닙'
은 어느 나무보다 침수성(沈水性)이 강하면서도 단단한 가시나
무로 만들었고, '부출'은 소나무나 삼나무로 만들었다. '뉏닙'과 '부
출'은 '한쉐'(또는 '장쉐')라는 나무못으로 연결된다. 그리고 '터윗
뉘'의 '한쉬' 가까이 '뇌좃'에 끼우게 된 구멍이 두 군데 나 있다.

⑧ 닷: '닷'(닻)은 배를 일정한 곳에 머물러 있게 밧줄에 매어 묶는 도
구이다. '닷'은 대개 돌이나 나무로 만든다. 돌멩이로 만든 '닷'을
'돌닷', 나무로 만든 '닷'을 '낭닷'이라고 한다. '돌닷'은 약 25kg 정
도의 돌멩이에 닷줄을 끼워 연결하는 구멍 하나만 뚫린 것이 있
는가 하면, 또 닷줄을 끼우게 된 구멍 말고도 그 반대쪽에다 크게
구멍을 뚫어 바닷물에 강한 소리나무로 만든 막대를 그 구멍에

맞게 끼워 고정시켜 놓은 것도 있다. 그 막대를 '고지'라 하는데, 이는 어떤 해저 조건에서도 잘 걸려서 닻돌을 한번 드리워 놓으면 함부로 빠지거나 흔들리지 않게 하기 위한 장치다. '낭닻'은 나뭇가지가 달리게 만든 닻인데, 바닥에 모래만 깔린 바다에서 배를 세울 때 쓰기에 안성맞춤이다.

⑨ 사울대: '사울대'는 배질을 할 때 쓰는 상앗대이다. 4~5m의 삼나무 막대다. 물이 얕아져서 노를 저을 수 없는 곳에서는 이것으로 배의 양쪽을 번갈아 가며 바다 밑에다 대고 밀면서 항진시키기도 한다. 또 포구에서 빠져나올 때 배가 성벽 등에 떠받칠 우려가 있을 때마다 이것으로 떠받쳐 주었다.

멜고리[도5-34]

'멜고리'는 멸치를 담아 나르는 큰 바구니이다. 이것은 제주대학교박물관에 있는 것이다. '날대·간대·모질대·바윗대', 그리고 일부의 '실대'는 '너덩'(으름덩굴)으로, 그리고 나머지의 '실대'는 왕대나무 대오리로 만들었다. '바윗대'에는 검게 물을 들였는데, 그 재료를 알수 없다. '터우' 한 척에 '멜고리' 8개를 실을 수 있었다. '멜고리'는 방진그물로 멸치를 잡는 계원들이 공동으로 마련하는 수가 많았다.

도5-34 멜고리
(가로 70.0cm, 세로 52.0cm, 높이 65.0cm)

테왁[도5-35]

'테왁'은 "해녀가 물질할 때 바닷물 위에 띄워 놓는 커다란 뒤웅박"이라는 말이다. 해녀가 거기에 몸을 의지해 쉬기도 하고 채취한 해산물을 담은 망사리를 매달아 놓기도 한다. 이것은 구좌읍 행원리 홍복순(1931년생, 여) 씨가 쓰던 것이다. 김영돈은 제주도 해녀들이 '테왁'을 만드는 과정을 기록하였다. 11월 말쯤에 지붕에서 박을 따냈다. '테왁' 만들기에 알맞은 단단하게 굳은 것을 골라서 '정지'(부엌) 천장에 매달아 천천히 말렸다. 연말에서 2월 사이에 말린 박으로 '테왁'을 만들었다. 지름 2cm쯤의 자그만 구멍을 꼭지 쪽에서 뚫고 댓개비 따위로 속에 든 박 씨를 전부 꺼낸다. 뚫린 구멍은 고무 따위로 막고 나서 정해진 방법에 따라 끈을 얽어매면 '테왁'이 만들어졌다. '테왁'을 얽어매는 끈의 재료는 다음과 같이 여러 가지로 변천했다. 대체로 사람의 머리털 → '미' → 신사라[新西蘭][49] → 나일론 끈의 순서다. '미'란 억새꽃이 피기 전에 그것을 싸고 있는 껍질을 말한다. 1960년대 중반에 이르러 '테왁'은 이른바 '나일론테왁'으로 바뀌었다. '테왁'도 그 크기에 따라서 '족은테왁, 중테왁, 큰테왁'이 있었다.[50]

도5-35 테왁(지름 33.0cm)

고지기망사리[도5-36]

'고지기망사리'는 해녀들이 '고지기'라는 거름 해조류를 따서 담고 테왁에 달아매어 바다에서 육지까지 운반하는 망사리다. 이것은 구좌읍 행원리 강생주(1921년생, 여) 씨가 만든 것이다. '에움'에 그물을 끼워 만들었다. '에움'은 해녀가 해산물을 채취하여 담아 넣는 그물로 된 자루인 망사리를 달아매는, 넝쿨이나 나무 따위로 만든 둥근 테두리라는 말이다. '에움' 재료는 다래나무이고 지름은 57.8cm다. '고지기망사리' 맨 아래쪽에 ⊗자 모양의 그물코가 있다. 이를 '알코'라고 한다. '알코'는 '고지기망사리' 만들기의 출발점이다. '고지기망사리' 그물코는 모두 255개다. 그물코 길이는 22cm다. 이를 '망사리코'라고 한다. 그중 그물코 3개 길이는 7.5cm다. 이를 '군코'라고 한다. 이때의 '군'은 '여분으로 꼭 필요한 것 이외'의 뜻을 지닌 말이다. 어느 망사리에서나 '군코'를 놓아야 망사리의 배가 불룩하게 되는 것이다.

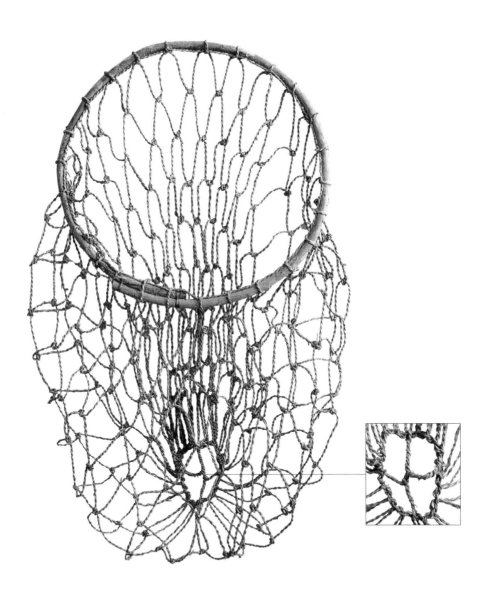

초불메역망사리[도5-37]

'초불메역망사리'는 첫 번째 허채(許採) 때, 해녀들이 미역을 딸 때 테왁에 달아매어 바다에서 육지까지 운반하는 망사리다. 이것은 구좌읍 행원리 강생주(1921년생, 여) 씨가 만든 것이다. '초불메역망사리'의 '에움' 재료는 상동나무이고 지름은 51.0cm다. '초불메역망사리' 맨 아래쪽 '알코'는 '초불메역망사리' 만들기의 출발점이다. '초불메역망사리'의 그물코는 모두 386개다. '망사리코'의 길이는 14.0cm이고 10개의 '군코' 길이는 7.0cm다.

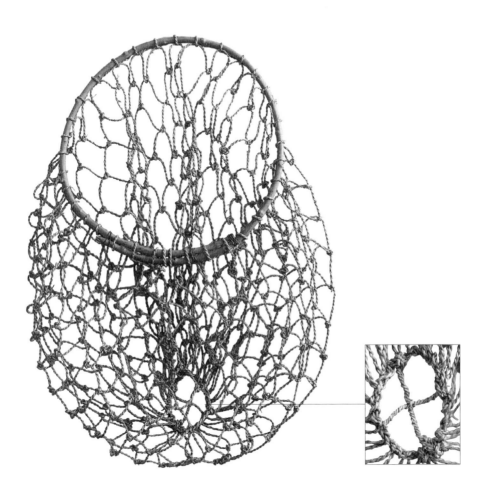

두불메역망사리[도5-38]

'두불메역망사리'는 두 번째 허채 때, 해녀들이 미역을 따서 담고 테왁에 달아매어 바다에서 육지까지 운반하는 망사리다. 이것은 구좌읍 행원리 강생주(1921년생, 여) 씨가 만든 것이다. '두불메역망사리'의 에움 재료는 상동나무이고 지름은 53.3cm다. '두불메역망사리' 맨 아래쪽에 그물코의 출발점인 '알코'가 있다. '두불메역망사리'의 그물코는 모두 412개다. '망사리코'의 길이는 13.0cm이고 그중 12개의 '군코'의 길이는 7.0cm다.

도5-38 두불메역망사리(테두리 지름 53.3cm)

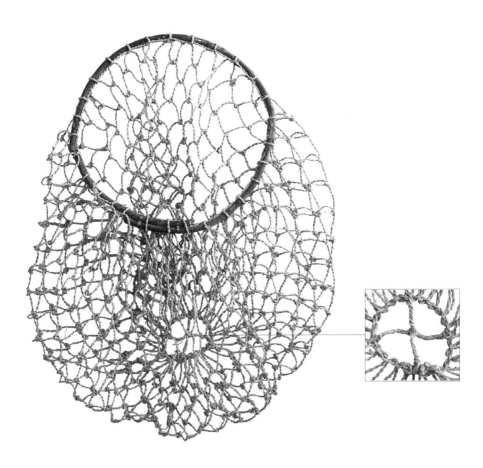

우미망사리 [도5-39]

   '우미망사리'는 해녀들이 '우미'(우뭇가사리)를 딸 때 테왁에 달아매어 바다에서 육지까지 운반하는 망사리다. 이것은 구좌읍 행원리 강생주(1921년생, 여) 씨가 만든 것이다. '우미망사리' '에움' 재료는 상동나무이고 지름은 48.0cm다. '우미망사리' 맨 아래쪽 '알코'는 '우미망사리' 그물코의 출발점이다. '우미망사리'의 '망사리코' 길이는 8.5cm, '군코' 길이는 4.0cm다. '망사리코'와 '군코'의 개수는 '두불메역망사리'보다 많다.

도5-39 우미망사리(테두리 지름 48.0cm)

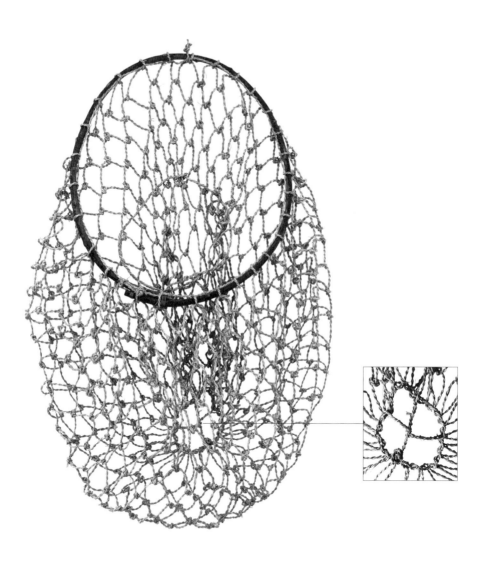

제6장

사회생활과
도구

제주도 사람들은 생산한 물건을 서로 나눌 때 수량을 헤아려 분배하였는데, 이에 따른 도구들이 전승되었다. 또한 노동 생활 속에서도 놀이가 전승되었다. 어린이들의 공기놀이와 '꼰'을 들여다보기로 한다.

계량(計量) 도구 제1절

　　　　　　　　제주도 사람들은 생산한 물건을 서로
나눌 때 수량을 헤아려 분배하였는데, 이에 따른 도구들이 전승되
었다.

말[도6-1]

'말'은 곡식 따위를 되는 도구이다. 이것은 제주대학교박물관에
있는 것이다. 두께 1cm의 '굴무기낭'(느티나무) 판자로 만들었다. 제
주도에서 전승되었던 전통적인 도구이다. 안덕면 감산리 고병수
(1916년생, 남) 씨 가르침에 따르면, 대승으로 3되가 드는 그릇이다.
조선총독부에서는 1938년 안팎에 그동안 써온 전통적인 말·되·홉
대신에 일본식 계량 도구를 마을 단위로 보급하였다. 보급품은 거
의 마을 이장네 집에 보관해두면서 곡식을 사고팔 때나 공출 때 이
것으로 계량할 것을 강요하였다.

도6-1 말

(가로 7.2cm, 세로 7.2cm, 높이 11.5cm)

놀이 도구　　　　　　　　　　　　　　　　제2절

　　　　　　　　　　　힘든 노동 생활 속에서도 놀이가 전
승되었다. 어린이들의 공기놀이와 '꾼'을 들여다보기로 한다.

공기[도6-2]

　'공기'는 밤톨만 한 돌이나 조개껍데기 따위를 땅바닥에 놓고, 일
정한 규칙에 따라 집고 받는 아이들의 놀이이다. 가파도(행정상, 대정
읍 가파리)에서 어린이들이 공기놀이 도구로 이용했던 조개껍데기
이다.《원색 한국패류도감》에서는 이 조개를 두고 '별개오지'라고
한다.51)

　가파도 사람들은 '별개오지'를 '절방귀'라고 한다. 가파도 해녀들
은 잠수하여 '절방귀'를 잡았다. '절방귀'는 가파도 서쪽 바다 조간대
점심대에서 자란다. '절방귀'는 큰 것과 작은 것 두 가지가 있다. 가
파도 해녀 김인귀(1918년생, 여) 씨 가르침에 따르면, 해녀들이 잠수하
여 눈에 보이는 대로 잡아냈다. 이것을 삶아서 알맹이는 바늘로 빼

내버리고 껍질만 모아두었다가 아이들에게 노리갯감으로 선물하
는 수가 많았다. 가파도 어린이들은 여럿이 모여 앉아 이런 놀이를
하며 놀았다.

꼰[도6-3]

　'꼰'은 땅이나 종이 위에 말밭을 그려 놓고 두 편으로 나누어 말을 많이 따거나 말 길을 막는 것을 다투는 놀이다. 이것은 제주돌문화공원에 있는 '꼰' 돌판이다. 편편한 돌멩이 위에 '꼰'의 방을 새겨 놓았다.

　'꼰'은 대개 남자들의 놀이다. 어른이나 아이나 이 놀이를 즐겼다. 고누판을 말판이라 한다. 가위바위보로 이긴 사람이 먼저 돌이나 나무로 된 말을 놓기 시작하여 번갈아 놓아 가는 것이다. 번갈아 가며 말을 하나씩 놓아 3개가 일렬로 늘어서기만 하면 상대방이 놓은 말을 하나 잡을 수 있다. 말이 일직선상에 3개가 나란히 놓이면 '꼰'하고 외친다. 그러면 상대방의 말 하나는 제거된다. 따라서 놓을 때는 자기 것을 일렬로 늘어서게 하려고 애쓰고, 상대방의 것은 3개가 늘어서지 못하도록 방해한다. 빈 밭이 없이 모두 말을 놓으면 이제는 말을 따낸 자리로 이동해 가면서 3개가 일렬이 되도록 하여 상대방 말을 하나씩 잡는다. 말이 줄어서 2개가 되면 지게 된다. 2개만으로는 싸울 수 없기 때문이다.

도6-3 끈(1960년대, 제주도) 촬영 홍정표

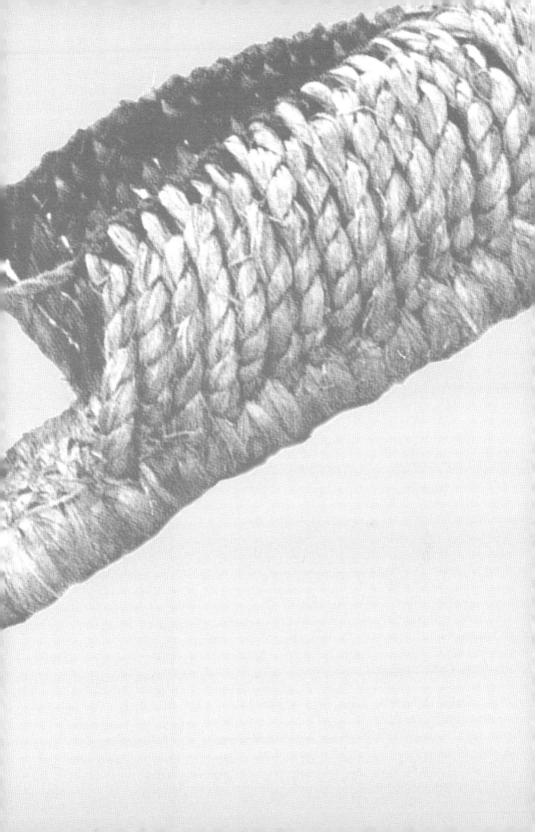

후기

나는 1979년에 교직 생활을 시작하여 2년 남짓 만에 그만두었다. 1982년부터 내 인생의 대부분을 박물관 연구원으로 보냈다. 박물관 연구원 생활은 쉽지 않았다. 박물관에 전시된 도구들도 모르면서 박물관 연구원이 된 셈이었기 때문이었다. 부끄럽지 않은 박물관 생활을 하려고 제주도 이 마을 저 마을을 다니면서 어르신들에게 도구들의 가르침을 받았다. 제주도 도구와의 인연은 이렇게 시작되었다.

제주도 도구 하나하나를 사진으로, 그림으로, 글로 기록하면서 박물관의 도구를 공부하였다. 1984년에는 〈제주도 민구Ⅰ-보습〉을 《耽羅文化》(제주대학교탐라문화연구소)에 발표하였다. 제주도 도구 공부의 첫 성과였다. 그러니 나의 박물관학 선생님은 제주도 이 마을 저 마을에서 도구를 창조하고 계승하며 살아오신 어르신들이었다.

제주도 여러 어르신에게 가르침받은 도구 자료를 토대로 하여, 이 책을 엮었다. 제주도 어르신들의 가르침은 끝이 없었는데, 그 가르침을 올곧게 기록하지 못하였으니, 부끄럽게 되었다. 어설픈 대로 이 책을 출판하였다.

그리고 제주도 어르신들의 가르침이 있었기에, 제주학연구센터의 출판비 지원이 있었기에, 한그루가 까다롭고 성가신 도구 원고를 책으로 만들겠다는 용기를 내었기에, 그리고 이혜영 선생께서 꼼꼼하게 교정을 보아주었기에 부끄럽고 어설픈 원고가 하나의 책으로 나오게 되었다. 제주도 여러 어르신, 제주학연구센터, 한그루, 이혜영 선생에게 감사드린다.

참고문헌

加藤秀俊(1991),《習俗の社會學》, PHP文庫.

慶幸生(1985),〈제주도 안팎거리형 살림집의 空向構成에 관한 調査研究〉, 건국대
　　학교 대학원 석사학위 청구 논문.

고광민(1984),〈제주도 민구1-보습〉,《耽羅文化》, 제주대학교탐라문화연구소.

고광민(1985),〈제주도 민구Ⅱ-제주도의 떼배와 어로행위들〉,《耽羅文化》, 제주대
　　학교탐라문화연구소.

고광민(1986),〈제주도 민구Ⅲ-푸는체〉,《耽羅文化》, 제주대학교탐라문화연구소.

고광민(1988),〈제주도 쟁기의 형태와 밭갈이법〉,《한국의 농경문화》, 경기대학교
　　박물관.

고광민(2004),《제주도의 생산기술과 민속》, 대원사.

고광민(2006),《돌의 민속지》, 도서출판 각.

고광민(2019),《제주도 도구의 생활사》, 한그루.

高橋昇(1998),《朝鮮半島の農法と農民》, 日本, 未來社.

高橋亨(1936),〈朝鮮民謠の歌へる母子の愛情〉,《朝鮮》九月號, 朝鮮總督府。

高富子(1994),〈濟州島 衣生活의 民俗學的 研究〉, 서울여자대학교 박사학위 논문.

고시홍(1996),〈땅이름과 옛터〉,《健入洞誌》, 건입동향토문화보존회.

宮本馨太郎(1991),《圖錄 民具入門事典》, 日本 柏書房.

權仁赫(1996),〈資料解題 耽羅營事例〉,《濟州島史研究》, 濟州島史研究會.

今村鞆(1934),〈濟州島の牛馬〉,《歷史民俗朝鮮漫錄》, 京城·南山吟社.

김동섭(2002),〈전래 농기구 연구〉, 제주대학교 박사학위 논문.

김영돈(1968),《濟州島의 石像·石具》, 無形文化財管理局.

金鍾喆(1995),《오름나그네》, 높은오름.

《南槎錄》(金尙憲)

《南宦博物》(李衡祥)

《唐書》

梅棹忠夫(1991),《回想のモンゴル》, 中公文庫.

飯沼二郎(1982),〈日帝下朝鮮における農業革命〉,《朝鮮史叢》第5·6合倂號, 靑丘文庫.

飯野貞雄(1985),〈燈火具〉,《民具研究ハンドブック》, 日本 雄山閣.

釜山商工會議所(1929),《濟州島とその經濟》.

山口賢俊(1985),〈越後背負い〉,《日本民俗文化大系 13 技術と民俗(上)》, 小學館.

《三國史記》(金富軾)

上江洲均(1986),〈濟州島の民具〉,《沖繩民俗硏究》第6號, 沖繩民俗硏究會.

上江洲均·德元葉子(1995),《ふるさと沖繩の民具》, 沖繩文化社.

송상조(2007),《제주말큰사전》, 한국문화사.

이경효(1998),〈제주도 전래 가마에 관한 연구〉, 원광대학교 석사학위 논문.

伊波普猷(1961),〈朝鮮人の漂流記事に現れた十五世紀末の南島〉,《伊波普猷選集》
　　　　上卷, 沖繩タイムスㅈ社.

이훈종(1992),《민족생활어사전》, 한길사.

일본풍속사학회日本風俗史學會(1994),《日本風俗史事典》, 弘文堂.

〈潛女歌〉(申光洙)

〈潛女說〉(金春澤)

長田平(1977),〈千齒扱〉,《多摩民具事典》, 關東民具硏究會.

全羅南道 濟州道廳(1924),《未開の寶庫濟州島》.

《靜軒瀛海處坎錄》(趙貞喆)

제주시·제주시문화원(1996),《濟州市 옛 地名》.

제주특별자치도민속자연사박물관(2015),《제주인의 삶과 도구 총서Ⅰ-애월읍》.

《濟州風土記》(李健)

〈濟州風土錄〉(金淨)

鳥居龍藏(1924),《日本周圍民族の原始宗敎》, 東京 岡書院.

朝鮮總督府(1929),《生活狀態調査1-濟州島》.

朝鮮總督府勸農模範場(1925),《朝鮮の在來農具》.

潮田鐵雄(1985),〈わらじ〉,《民具硏究ハンドブック》, 日本 雄山閣.

《增補耽羅誌》(김영길 번역본)

天野壽之助(1937),《朝鮮潛水器漁業沿革史》, 朝鮮潛水器漁業水產組合.

《耽羅錄》(李源祚)

《耽羅巡歷圖》(李衡祥)

《耽羅志》(李元鎭)

《耽羅誌草本》(李源祚)

玄容俊(1997),〈禮考〉,《濟州儒脈六百年史》, 濟州儒脈六百年史編纂委員會.

《晦軒集》(趙觀彬)

주석

1) 鳥居龍藏(1924),《日本周圍民族の原始宗敎》, 岡書院, 137-138쪽.

2) 朝鮮總督府(1929),《生活狀態調査一》, 121-126쪽.

3) 高橋昇(1988),《朝鮮半島の農法と農民》, 415-416쪽.

4) 泉靖一(1966),《濟州島》, 東京大學 東洋文化硏究所, 212-232쪽.

5) 김동섭(2002),〈제주도 전래 농기구 연구〉, 제주대학교 박사학위 논문.

6) 朝鮮總督府勸農模範場(1925),《朝鮮の在來農具》.

7) 제주특별자치도민속자연사박물관(2015),《제주인의 삶과 도구 총서Ⅰ-애월읍》.

8) 宮本馨太郎(1991),《圖錄 民具入門事典》, 柏書房.

9) 今村鞆(1928),〈濟州島の牛馬〉,《歷史民俗朝鮮漫錄》, 南山吟社(京城), 345쪽.

10)《成宗實錄》105권, 成宗 10년 6월 10일 乙未.

11) 鳥居龍藏(1924),《日本周圍民族の原始宗敎》, 東京 岡書院, 1924, 138쪽.

12) 고부자(1994),〈濟州島 衣生活의 民俗學的 硏究〉, 서울여자대학교 박사학위 논문, 62쪽.

13) 朝鮮總督府 農工商部(1910),《韓國水產誌》3권, 396-397쪽.

14) 사진 속의 베적삼은 그것이 뒤바뀌었다.

15) 朝鮮總督府(1929),《生活狀態調査-濟州島》, 121쪽.

16) 이훈종(1992),《민족생활어사전》, 한길사, 271쪽.

17) 潮田鐵雄(1985),《わらじ》,《民具研究ハンドブック》, 日本·雄山閣, 109쪽.

18) 高橋昇(1998),《朝鮮半島の農法と農民》, 日本·未來社, 261쪽.

19) 加藤秀俊(1991),《習俗の社會學》, PHP文庫, 82쪽.

20) 日本風俗史協會(1996),《日本風俗史事典》, 日本·弘文堂, 276쪽.

21) 金榮敦(1965),《濟州島民謠硏究》上, 一潮閣, 4쪽.

22) 金榮敦(1965),《濟州島民謠硏究》上, 一潮閣, 4쪽.

23) 김영돈(1984),〈제주도 연자매(ᄆᆞᆯ방애)〉,《濟州島硏究》第一輯, 濟州島硏究會, 323-364쪽.〈제주도 연자매(ᄆᆞᆯ방애)〉는 문화재관리국에서 1975년 3월에 간행된《民俗資料調査報告 第43號 硏子磨》를 바탕으로 그대로 옮긴 글이다. 1975년 10월 13일, 문화재관리국은 이 글을 바탕으로 애월읍 하가리 '잣동네말방아'와 애월읍 신엄리 '당거리동네말방아'를 중요민속문화재 제32호로 지정, 보호하

기에 이른다.

24) 玄容俊(1997), 〈禮考〉, 《濟州儒脈六百年史》, 濟州儒脈六百年史編纂委員會, 570쪽.

25) 高橋 亨(1936), 〈朝鮮民謠の歌へる母子の愛情〉, 《朝鮮》九月號, 朝鮮總督府, 34.

26) 天野壽之助(1935), 《朝鮮潛水器漁業沿革史》.

27) 이훈종(1992), 《민족생활어 사전》, 383-384쪽.

28) '홍세함'은 "제주도 혼례식에서, 혼례를 치르는 날, 신랑집에서 마련한 예장과 '선채'(先綵)나 납폐물 따위를 넣고 '홍세우시'가 신붓집에 드리는 붉은 포로 싼 예물함"이라는 말이다.

29) 쇠침도 대장간에서 만들었는데, 대장간에서 쇠침을 만드는 일도 '쇠침 친다'고 하였다.

30) 皆漢拏山之麓 崎嶇磽确 平土無半 畝耕者 如挑剔魚腹.

31) 余見耕田者 農器甚狹小 如兒戲之具 問之則曰 入土數寸 巖石 以此不得深耕云.

32) 八陽足踏 겨우 하여 薄田을 경작하니 / 자른 허뫼 적은 보십 辛苦히 매갓구어.

33) 이훈종(1992), 《민족생활어사전》, 한길사, 345쪽.

34) 長田平(1977), 〈千齒扱〉, 《多摩民具事典》, 關東民具研究會, 186-7.

35) 'ᄀ림질'은 제주시 영평동 고병송(여) 씨에게 가르침받았다.

36) '거상치기'는 애월읍 상가리 문수반(남) 씨에게 가르침받았다.

37) 高橋昇(1998), 《朝鮮半島の農法と農民》, 317쪽.

38) 高橋昇(1998), 《朝鮮半島の農法と農民》, 262쪽.

39) 朝鮮總督府(1910), 《韓國水産誌》3권, 440쪽.

40) 吉田敬市(1954), 《朝鮮水産開發史》, 日本·朝水會, 130쪽.

41) 朝鮮總督府 農工商部(1910), 《韓國水産誌》3권, 401쪽.

42) 全羅南道 濟州道廳(1924), 《未開の寶庫 濟州島》, 20쪽.

43) 泉靖一(1966), 《濟州島》, 東京大學 東洋文化研究所.

44) 朝鮮總督府(1923), 《生活狀態調査》, 142쪽.

45) 日本民具學會(1997), 《日本民具辭典》, 198쪽.

46) 이 이야기는 덕수리(안덕면) 송영화(1922년생, 남) 씨에게 가르침받았다.

47) 전라남도 제주도(1937), 《濟州島勢要覽》, 174~175쪽.

48) 柴田惠司·高山久明(1978), 〈對馬佐護湊で見聞した藻刈船について〉, 《海事史研究》, 87-97쪽.

49) 백합과의 여러해살이풀이다. 높이는 1.5미터 정도이며, 잎은 뿌리에서 모여 자

라는데 긴 칼 모양이며 섬유가 잘 발달하여 있다. 7~8월에 어두운 붉은색 또는 노란색의 꽃이 두세 개의 꽃줄기 끝에 피고 열매는 삭과(蒴果)로 10월에 익는다. 온대에서도 재배가 가능한 유일한 경질 섬유 원료 식물로 끈, 밧줄, 직물, 제지의 원료로 쓰인다. 뉴질랜드 늪지대가 원산지로 제주특별자치도의 중산간 지역과 해안가의 집 주변에 자생하기나 식재된다.(《표준국어대사전》, 국립국어연구원)

50) 김영돈(1999), 《한국의 해녀》, 민속원, 122쪽.
51) 權伍吉 등(1933), 《原色韓國貝類圖鑑》, 70쪽.

그림 차례

머리말

제1장 의생활과 도구

제2장 식생활과 도구

제3장 주생활과 도구

제6장 사회생활과 도구

찾아보기

일반

찾아보기
문헌명

찾아보기

인명

송영화(제주도 안덕면 덕수리, 1922년생, 남) 93